中国金融稳定报告

China Financial Stability Report

2018

中国人民银行金融稳定分析小组

中国金融出版社

中国人民银行金融稳定分析小组

组　长：范一飞　朱鹤新

成　员（以姓氏笔画为序）：

朱　隽　纪志宏　阮健弘　孙国峰

邵伏军　陆书春　周学东　徐　忠

温信祥

《中国金融稳定报告2018》指导小组

范一飞　朱鹤新　王兆星　陈文辉

李　超　刘　伟

《中国金融稳定报告2018》编写组

总　纂：周学东　匡小红　黄晓龙　陶　玲　杨　柳
统　稿：杨　柳　张甜甜
执　笔：

第一部分：

正　文：孙寅浩　刘　通　王一飞　马志扬　王　磊　刘　珂
专题一：孙寅浩　姜宁馨
专题二：郭旻蕙
专题三：纪宝林　李宏瑾
专题四：苗萌萌　李知常　陈　勇
专题五：刘　通　纪宝林　谷仕平

第二部分：

正　文：楼　丹　陈　敏　莫依依
专题六：周　媛
专题七：郭旻蕙
专题八：李敏波　莫依依
专题九：许　玥　莫依依
专题十：王少群　刘　浏
专题十一：程世刚　孙寅浩
专题十二：陈　盼
专题十三：苗萌萌

第三部分：

正　文：刘　通　周乙彬　孙　毅
专题十四：刘　勤　苗萌萌　陈　盼　陈　伟
专题十五：丁洪涛
专题十六：谢　丹　刘　婕　李　岩　吴文光　段小钰
专题十七：陈　敏　李恺宁
专题十八：谢　丹　朱　强　朱汉宁　杜　萌
专题十九：刘　通
专题二十：刘　勤
专题二十一：冯泽旭
专题二十二：欧阳昌民　孙　彬　丁　菁
专题二十三：张昕宁
附　录：纪宝林　刘　通　杨　青　刘　浏　莫依依

其他参与写作人员（以姓氏笔画为序）：

于　勇　于明星　于海旭　王　婧　王大波　王文静
王尊州　卢钇辰　刘诗颖　李　庆　佟岳男　李　军
赵　文　赵　民　胡永博　战天舒　姚　丰　夏伟亮
高　霞　殷　实　董　进　董英超　谢　容　雷昭明

综　述

2017年以来特别是进入2018年，世界政治经济格局发生深度调整变化。外部不确定性的增加，使得中国经济金融体系面临的外部环境日趋复杂。即便如此，在世界主要经济体中，中国经济仍然保持了较高增长水平，而且随着防范化解重大风险、精准脱贫、污染防治三大攻坚战的展开，经济增长质量持续改进，供给侧结构性改革在复杂多变的环境中持续向前推进，中国金融体系弹性增强，金融运行总体稳定。2017年中国实现GDP同比增长6.9%，比国际货币基金组织统计的2017年全球经济增长高出3.1个百分点，也高于多数新兴市场经济体同期的经济增速；就业形势基本稳定，全年新增就业超过1 100万人；通货膨胀总体温和，2017年CPI同比上涨1.6%，涨幅比上年回落0.4个百分点；国际收支总体平衡，2017年经常账户顺差1 720亿美元、储备资产增加915亿美元。2018年上半年，中国经济实现6.8％的增长，CPI同比上涨2.0％，城镇调查失业率稳定在5%左右。总体看，2017年及2018年上半年宏观经济金融数据符合市场预期。

过去一年来中国经济金融发展、改革，以及重大风险处置化解，不仅释放了金融风险，增强了金融体系的稳定性，为未来五年甚至更长一段时期中国经济的成功转型和健康发展打基础，赢得主动性，也为全球经济增长和持续复苏作出了重要贡献。

同时，我们也清楚地认识到，当前和今后一段时期，影响和威胁全球金融稳定的风险因素也在增加，特别是全球贸易保护主义抬头，由美国挑起的经贸摩擦，对全球及中国宏观经济和金融市场构成负面影响。同时，美国等主要发达经济体货币政策调整也可能引发全球流动性收紧，并对新兴市场国家形成外溢效应。国内方面，中国经济金融体系中多年累积的周期性、体制机制性矛盾和风险正在水落石出，经济运行中结构性矛盾仍较突出，调整体制机制性因素需要一个过程，化解潜在的风险隐患需要付出一定的成本，甚至经历一定阵痛，任务依然艰巨。我们认为，在推进供给侧结构性改革和防范化解重大风险的过程中，随着金融监管的加强，一些周期性的风险事件逐渐暴露，金融市场乃至宏观经济将感到“阵痛”，是可以预期、也应当接受的情景。

我们欣喜地看到，2017年全国金融工作会议召开，关于未来一段时期金融改革发展和维护金融稳定的大政方针和顶层架构已经确立，2017年底国务院金融稳定发展委员会成立，2018年“两会”后又进一步强化和完善，监管体制也做了调整。在新的架构下，金融监管协调机制切实加强，货币政策、财政政策、监管政策、产业政策之间的协调机制更加有效，以中央银行为核心的宏观审慎管理理念和框架逐步确立，系统性风险防范机制进一步强化。同时，审慎管理的基本制度逐步改进，以治理影子银行为导向出台资产管理新规，以治理金融控股集团野蛮成长为导向出台非金融企业投资金融机构监管指导意见，启动金融控股公司模拟监管，加快制定金融控股公司监管办法，补齐监管制度短板；持续开展互联网金融风险专项整治；建立金融市场外部冲击风险应对机制，保持股市、汇市、债市、房市的基本稳定，保持人民币汇率在合理均衡水平上的基本稳定；金融改革开放加快推进。此外，系统性风险监测评估不断加强，央行金融机构评级体系初步建立，跨境融资和资本流动宏观审慎政策不断完善。2017年以来，一系列措施收到了显著成效，宏观杠杆率过快上升势头得到遏制，金融风险总体收敛，金融乱象得到初步治理，资管业务逐步回归代客理财本源，债券市场刚性兑付有序打破，市场约束显著增强，金融机构合规意识、投资者风险意识显著提升。总体看，我国经济金融风险可控，不会发生系统性风险。

我们也看到，在推动防范化解风险的各项政策时，金融管理部门也十分注意把握好政策节奏和力度，加强预期引导。2018年以来，面对经济金融领域的新情况、新变化，特别是中美贸易摩擦等不确定性增加，加强政策预调、微调，实施稳健中性货币政策，保持流动性合理充裕，调整宏观审慎评估参数，支持银行表外融资回表，保持社会融资规模合理增长。

展望2019年，全球经济和金融市场仍存在较大不确定性，中国经济在由高速增长向高质量增长的转型与结构调整过程中，一些“灰犀牛”性质的金融风险可能仍将释放，但中国经济体量大、市场大、韧性强等基本态势没有变，中国坚持市场化方向、坚持改革开放的基本政策取向没有变，也不会变。针对经济运行中的边际变化，要努力实现稳就业、稳金融、稳外贸、稳外资、稳投资、稳预期，坚决抓好落实，处理好稳增长、调结构、防风险的关系。可以预期的是，2019年中国宏观经济金融政策的前瞻性、灵活性进一步提高，协调性、有效性进一步增强，中国金融改革的深度广度将会进一步拓展，对外开放的步伐只会加快不会放缓。随着三大攻坚战特别是防范化解重大风险攻坚战在“稳定大局、统筹协调、分类施策、精准拆弹”基本政策指导下持续推进，体制机制性风险将会逐步得到平稳治理和化解，中国宏观经济和金融体系的稳健性将会进一步提高，金融稳定运行的基础将会更加稳固，金融服务实体经济的能力和风险抵御防范能力也将进一步增强。

目 录

第一部分

宏观经济运行情况

2017年，全球经济同步复苏，中国经济稳中向好，各项经济指标持续改善，但国际国内经济金融形势依然复杂严峻。从国际看，发达国家经济金融政策的外溢效应、逆全球化和保护主义等潜在风险仍需关注。从国内看，我国经济运行中的结构性矛盾仍较突出，防范金融风险的任务依然艰巨。下一步，要坚持稳中求进工作总基调，打好决胜全面建成小康社会的三大攻坚战，深化供给侧结构性改革，加强宏观审慎管理，激发各类市场主体活力，推动形成全面开放新格局，促进经济社会持续健康发展。

一、国际宏观经济金融环境

（一）主要经济体经济形势

2017年以来，全球经济呈现同步复苏态势。美国经济复苏态势良好，欧元区经济形势继续改善，日本经济复苏势头转好，新兴市场经济体总体增长较快，但部分经济体仍面临调整与转型压力。

美国复苏态势良好，已接近充分就业。美国2017年第一季度国内生产总值（GDP）增长1.2%，第二、三季度反弹至3.1%、3.2%，连续创近两年最快增速，第四季度增长2.9%，全年增长2.3%。通胀方面，居民消费价格指数（CPI）、核心CPI均自2017年初2.0%的高位下降，仅CPI年末有所反弹，11月、12月CPI同比分别上涨2.2%和2.1%；同期核心CPI同比上涨1.7%、1.8%，连续9个月低于2%的目标。劳动力市场持续改善，2017年10月以来失业率降至4.1%，连续保持2001年以来最低水平，新增非农就业整体稳健但略有波动，劳动参与率低于历史平均水平（见图1–1）。

欧元区经济复苏逐渐加快。欧元区各经济体普遍增长较为强劲，内需和投资成为经济复苏的主要动力。2017年四个季度欧元区GDP增长率分别为2.1%、2.4%、2.6%与2.7%，全年增速为2.5%，明显高于2016年1.7%的水平。通胀水平较为温和，综合物价指数（HICP）在2017年第一季度触及2.0%高位后持续低于1.5%，11月、12月通胀率分别为1.5%、1.4%。劳动力市场有所改善，失业率稳步下降，11月、12月均为8.7%，连创欧洲债务危机以来低位（见图1–2）。

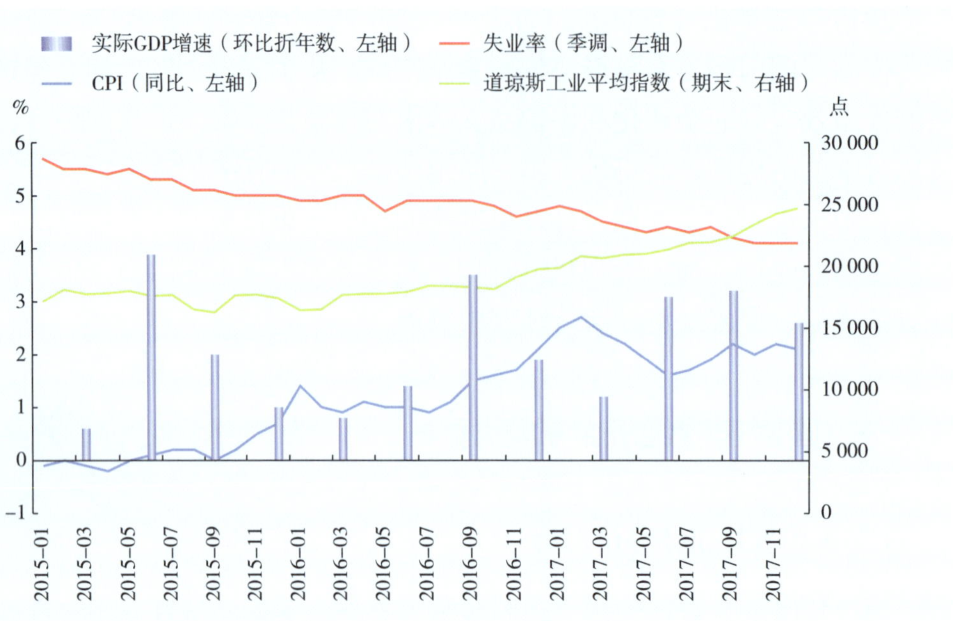

数据来源：美国相关统计部门及美联储。

图1−1　美国主要经济金融指标

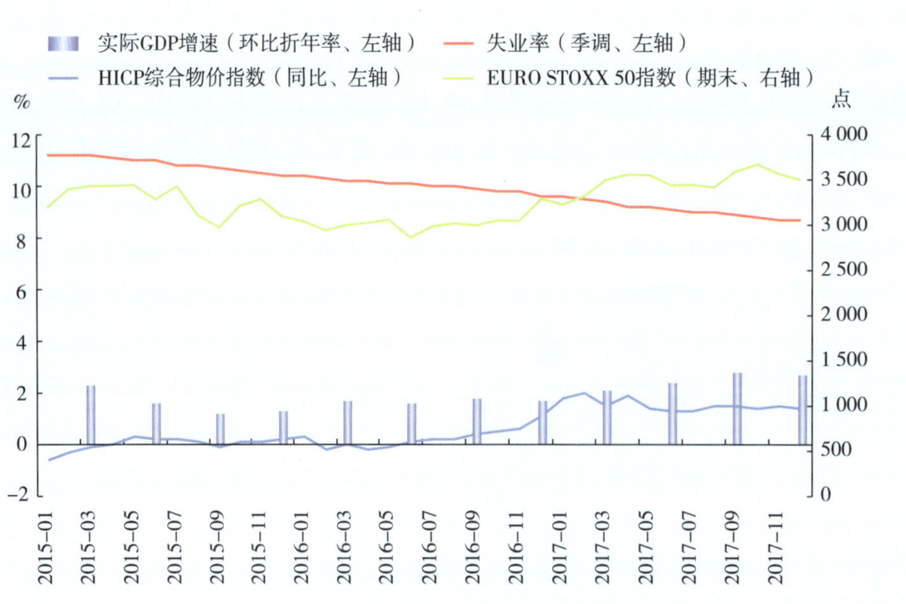

数据来源：欧元区相关统计部门及欧央行。

图1−2　欧元区主要经济金融指标

日本经济复苏势头转好。2017年各季，日本GDP增长率分别为1.9%、2.4%、2.4%与1.6%，保持连续8个季度的正增长，全年增长1.7%。但在经历十几年通缩后，企业涨薪动力不足，生产商涨价意愿不强，通胀水平依然疲软，2017年以来CPI未超过1.0%，远低于日本银行2%的通胀目标（见图1–3）。

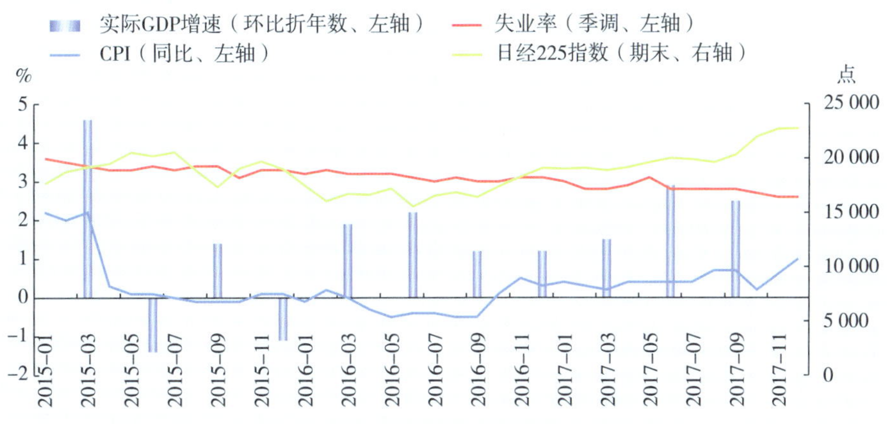

数据来源：日本相关统计部门及日本银行。

图1–3　日本主要经济金融指标

新兴市场和发展中经济体总体增长较快，但部分经济体仍面临调整与转型压力。2017年，新兴市场和发展中经济体GDP增长4.6%，预计2018年增速进一步加快。其中，受税收改革等因素影响，印度经济增长放缓后回升，2017年各季度GDP同比增长分别为6.1%、5.6%、6.3%与7.0%。由于石油等大宗商品价格回升，俄罗斯和巴西经济逐步企稳，通胀得到控制，近期有所下行。在发达经济体货币政策可能转向正常化的背景下，部分新兴市场经济体面临跨境资本波动等潜在风险，存在调整与转型压力。

（二）国际金融市场形势

美元指数全年走弱。截至2017年末，美元指数收于92.30，较上年末下降9.85%。日元、欧元和英镑等主要发达经济体货币对美元升值。日元对美元汇率收于112.67日元/美元，较上年末升值3.72%；欧元对美元汇率收于1.1996美元/欧元，较上年末升值14.11%；英镑对美元汇率收于1.3512美元/英镑，较上年末升值9.53%。新兴市场经济体方面，俄罗斯卢布、印度卢比、墨西哥比索对美元汇率较上年末分别升值6.26%、6.45%和5.43%，土耳其里拉、巴西雷亚尔分别贬值1.78%和6.92%（见图1–4）。

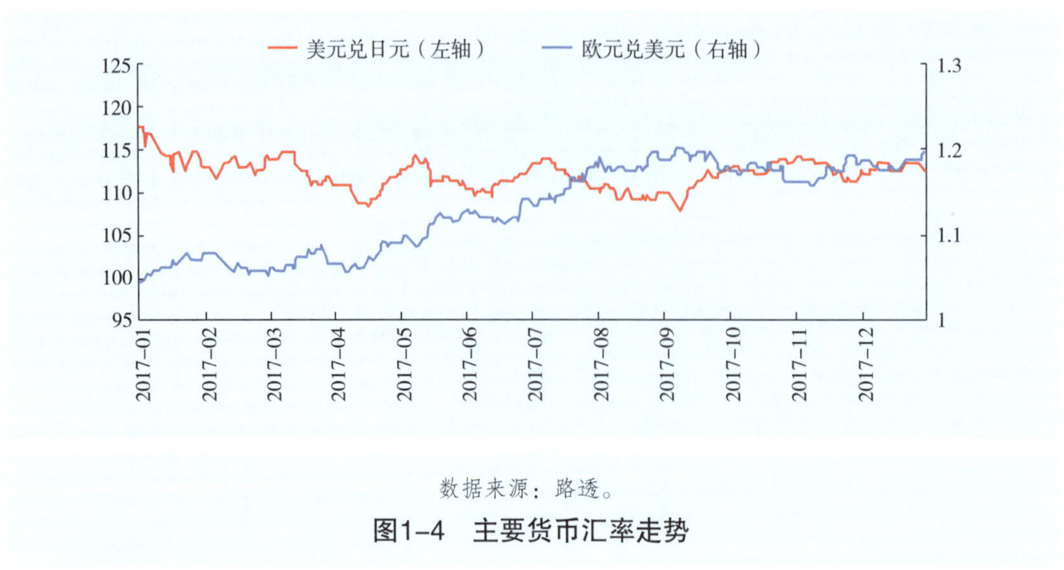

数据来源：路透。

图1-4 主要货币汇率走势

主要经济体国债收益率走势继续分化。发达经济体方面，截至2017年末，美国和英国10年期国债收益率分别收于2.411%和1.188%，较上年末分别下降2.1个和5.2个基点。日本和德国10年期国债收益率分别收于0.050%和0.424%，较上年末分别上升0.1个和21.7个基点。新兴市场经济体方面，俄罗斯、巴西10年期国债收益率较上年末分别下降79个和119个基点；印度、墨西哥和土耳其10年期国债收益率分别上升80.2个、27个和34个基点（见图1-5）。

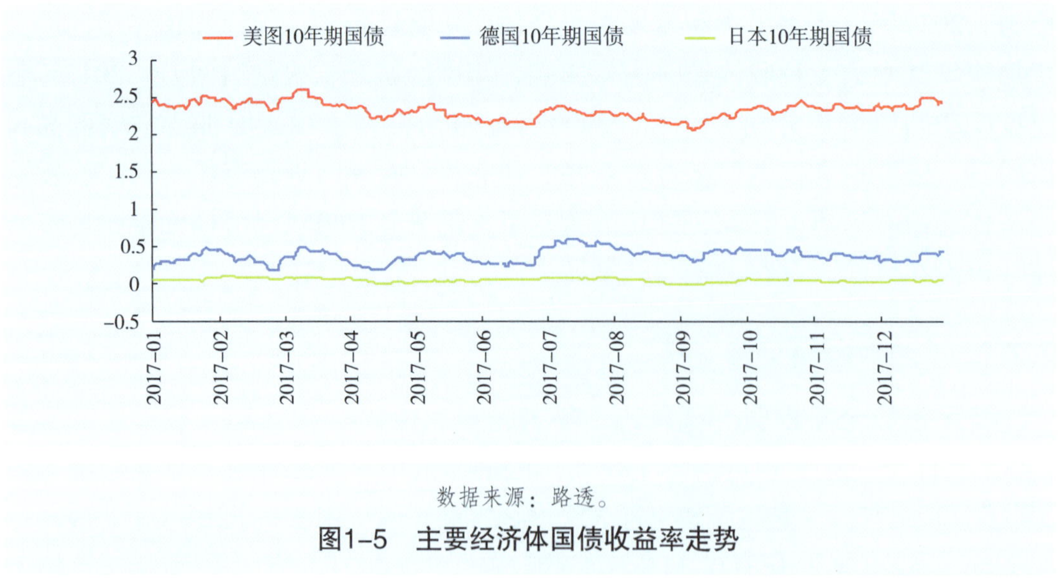

数据来源：路透。

图1-5 主要经济体国债收益率走势

主要经济体股市普遍上涨。截至2017年末，美国道琼斯工业平均指数、德国法兰克福DAX指数、日本日经225指数、欧元区STOXX50指数与英国富时100指数较上年末分别上涨了25.08%、12.51%、19.10%、6.49%和7.53%。新兴市场经济体中，俄罗斯、印度、巴西、墨西哥、土耳其股市分别上涨0.18%、27.91%、26.86%、8.13%和48.81%（见图1–6）。

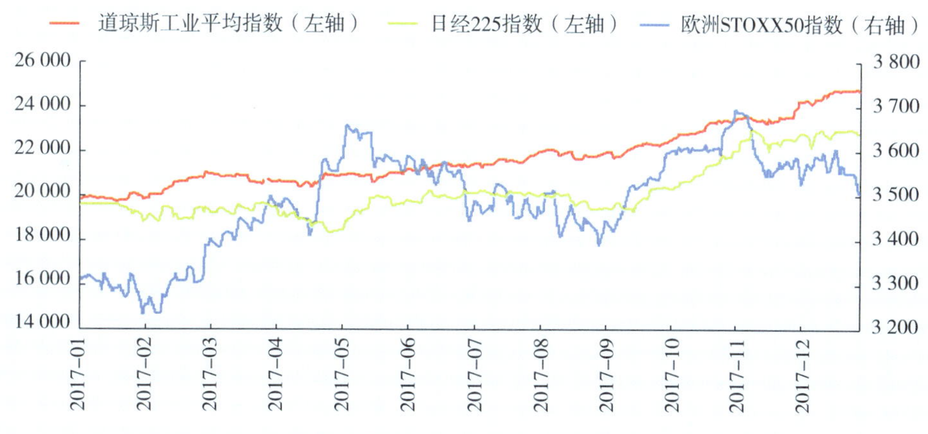

数据来源：路透。

图1–6　主要股指走势

原油价格与国际金价均大幅反弹。截至2017年末，美国商品调查局（CRB）现货综合指数报收432.34，较上年末回升9.26。伦敦布伦特原油期货和纽约轻质原油期货价格分别为66.87美元/桶和60.42美元/桶，较上年末分别上升17.69%与12.47%。国际金价波动上升，年末黄金现货价格为1 306.30美元/盎司，较上年末上升13.59%（见图1–7）。

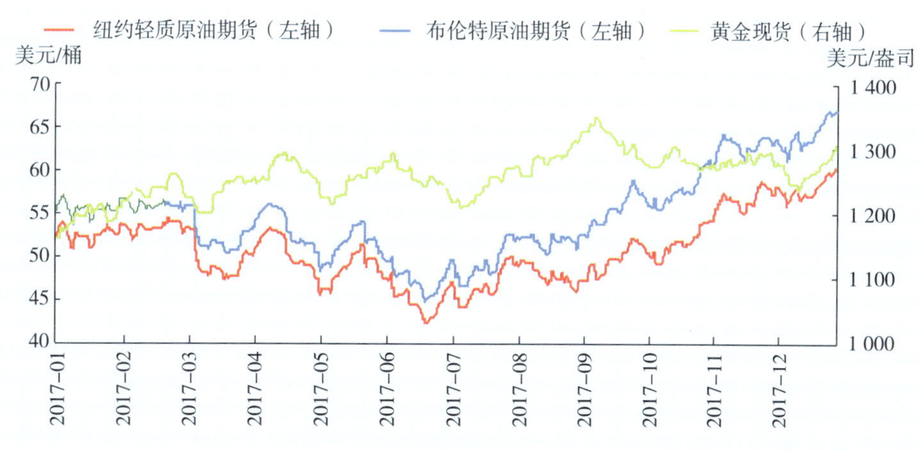

数据来源：路透。

图1–7　国际黄金、原油价格走势

（三）风险与挑战

国际货币基金组织（IMF）在2018年7月更新了《世界经济展望》中的预测，2018年和2019年全球经济增长均为3.9%。其中发达经济体经济增速预计分别为2.4%、2.2%；新兴市场和发展中经济体经济增速预计分别为4.9%、5.1%。目前，全球经济有以下风险和挑战值得关注：

美国“宽财政+紧货币”政策组合的溢出效应需密切关注。2017年12月，美国国会通过“税改”方案，将大幅降低企业所得税税率，采用有限属地征税体系，对企业海外累积利润进行一次性征税，并略微下调个人所得税税率。同时，美联储货币政策进一步正常化，2017年全年加息三次，2018年3月、6月、9月三次加息，市场普遍预计2018年还将加息一次。此外，美联储继续实施缩减资产负债表计划。“税改”的宽财政政策与美联储货币政策收紧相结合，将对全球流动性、投资者风险偏好产生影响，进而影响全球金融市场和全球经济。

其他主要发达经济体货币政策正常化值得关注。随着发达经济体持续复苏，除美联储外，其他主要发达经济体央行也逐渐开始货币政策正常化。欧央行从2018年1月起进一步降低购债规模；英格兰银行于2017年11月启动了10年来的首次加息；此外，市场对日本央行何时、以何种方式退出宽松货币政策的关注度也在上升。和之前紧缩周期相比，本轮货币政策正常化存在一些新特点，如全球范围内杠杆率相对较高，长期通胀率和生产率结构性改变，政治不确定性升高等，一旦货币政策收紧过快，导致长期利率抬升，可能对宏观经济和资产价格产生较大影响，阻碍复苏进程并引发金融风险。

逆全球化和保护主义风险仍须重视。近期，收入分配不平等、全球贸易失衡导致反全球化思潮与保护主义情绪的进一步加剧，国际贸易及投资保护主义风险仍需重视。短期内，保护主义可能通过阻碍贸易、抑制外商直接投资削弱全球需求，威胁经济持续复苏。长期内，保护主义会阻碍资本和劳动力流动，影响资源的有效配置，抑制全球价值链参与者的竞争，拖累生产率的提升和经济增长。

通胀前景仍存在不确定性。目前，全球通胀水平仍较为温和，部分发达国家通胀率持续低于目标水平，通胀表现与经济复苏态势出现背离的“通胀之谜”预示着经济复苏态势可能仍不稳固，引发广泛关注，对于通胀低迷源于暂时性因素还是趋势性仍存在争议。有观点认为，受劳动生产率低迷、全球价值链分工、人工智能蓬勃发展、全球性产能过剩等因素影响，低通胀可能成为趋势。如果通胀水平长期低迷，有可能降低市场通胀预期，增加央行货币政策调控难度。

高杠杆和沉重债务负担可能使消费和投资增长承压。从全球范围看，主要国家非金融部门杠杆率总体攀升。在住户部门杠杆率高企、工资上涨迟缓、贫富差距不断增大的背景下，消费对经济复苏的拉动作用可能减弱。而受生产率增长长期低迷、政治不确定性上升、人口增长放缓及企业债务高企等因素影响，全球投资前景也面临不确定性。一些新兴市场经济体企业部门美元债务利息上升也进一步制约了其投资增长。

此外，地缘政治冲突多点爆发，风险因素和不确定性加速累积，对经济金融的影响加大。与此同时，与金融科技等新技术相伴而生的新风险亦不容忽视，对全球金融监管构成新的挑战。

二、国内宏观经济运行

（一）经济增长稳中向好，产业结构继续改善

国家统计局初步核算，2017年我国GDP为82.71万亿元，按可比价格计算，同比增长6.9%，各季度增速分别为6.9%、6.9%、6.8%和6.8%（见图1-8）。分产业看，第一产业增加值6.55万亿元，同比增长3.9%；第二产业增加值33.46万亿元，同比增长6.1%；第三产业增加值42.70万亿元，同比增长8.0%。从产业增加值占GDP比重看，第一产业为7.9%，比上年下降0.6个百分点；第二产业为40.5%，比上年提高0.6个百分点；第三产业为51.6%，与上年持平。

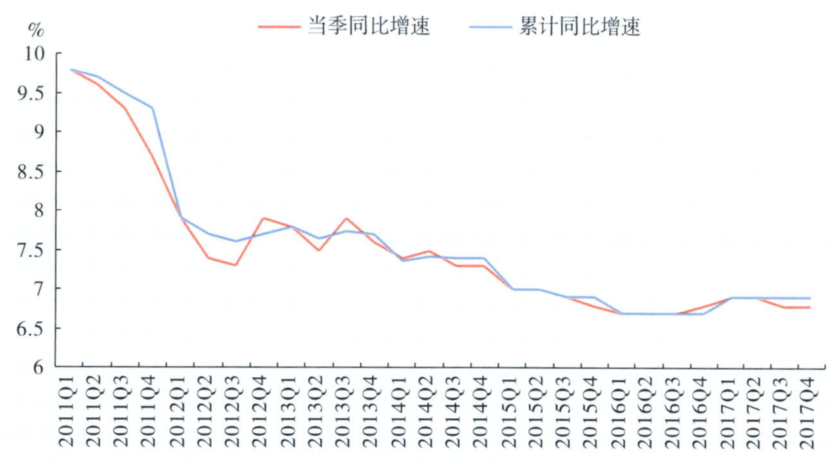

数据来源：国家统计局。

图1-8　中国经济增长情况

（二）需求结构不断优化，国际收支总体平衡

2017年，固定资产投资（不含农户）63.17万亿元，同比增长7.2%（见图1-9），增速比上年回落0.9个百分点。社会消费品零售总额36.63万亿元，同比增长10.2%，增速比上年回落0.2个百分点。货物进出口总额27.79万亿元，同比增长14.2%，改变了连续两年下降的局面。其中，出口15.33万亿元，增长10.8%；进口12.46万亿元，增长18.7%。进出口相抵，全年贸易顺差2.87万亿元。需求结构不断优化，2017年最终消费支出对GDP增长的贡献率达到58.8%，比资本形成总额高26.7个百分点；货物和服务净出口对GDP增长的贡献率为9.1%，改变了前两年贡献率为负的情形。

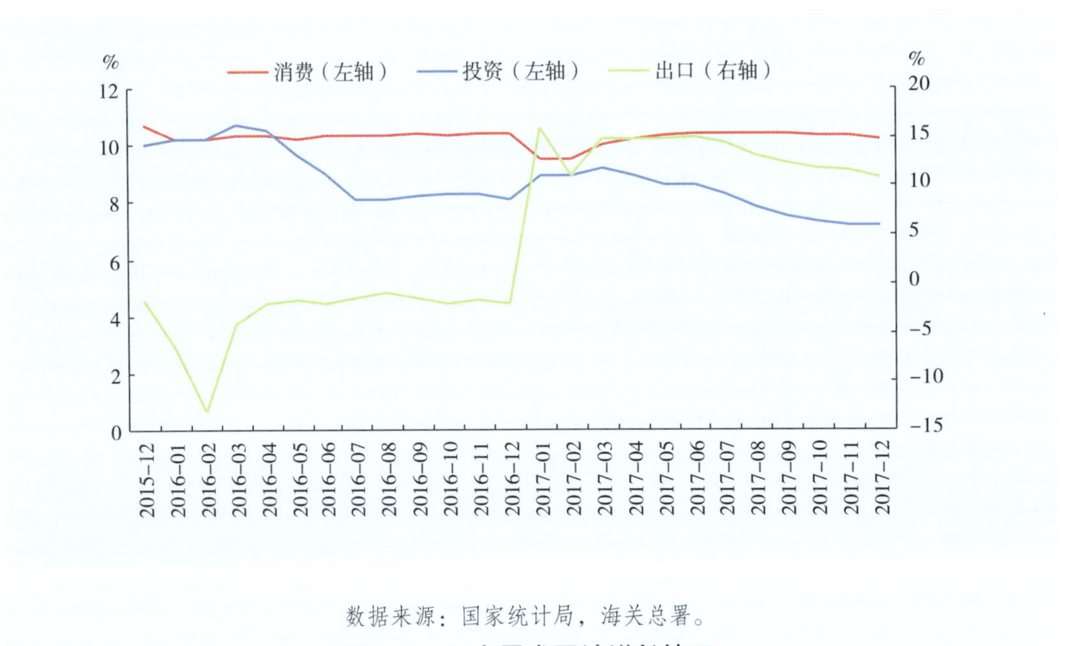

数据来源：国家统计局，海关总署。

图1-9　三大需求累计增长情况

2017年，我国经常账户顺差1 720亿美元，与同期GDP之比为1.4%；资本和金融账户逆差91亿美元，其中非储备性质的金融账户顺差825亿美元，储备资产增加915亿美元。2017年末，我国外汇储备余额为3.14万亿美元，比上年末增加1 294亿美元，增长4.3%。

（三）CPI温和上涨，PPI上涨较快

2017年，CPI同比上涨1.6%，涨幅比上年回落0.4个百分点（见图1-10），其中各季度涨幅分别为1.4%、1.4%、1.6%和1.8%。分类看，食品价格下降1.4%，涨幅比上年回落6.0个百分点；非食品价格上涨2.3%，涨幅比上年提高

0.9个百分点；消费品价格上涨0.7%，涨幅比上年回落1.2个百分点；服务价格上涨3.0%，涨幅比上年提高0.8个百分点。

2017年，工业生产者出厂价格指数（PPI）同比上涨6.3%，涨幅比上年提高7.7个百分点，其中各季度涨幅分别为7.4%、5.8%、6.2%和5.9%。其中，生活资料价格涨幅大体稳定，生产资料价格涨幅大幅提高。生活资料价格同比上涨0.7%，涨幅比上年高0.7个百分点；生产资料价格同比上涨8.3%，涨幅比上年高10.1个百分点。工业生产者购进价格指数（PPIRM）同比上涨8.1%，涨幅比上年高10.1个百分点，其中各季度涨幅分别为9.4%、8.1%、7.7%和7.1%。

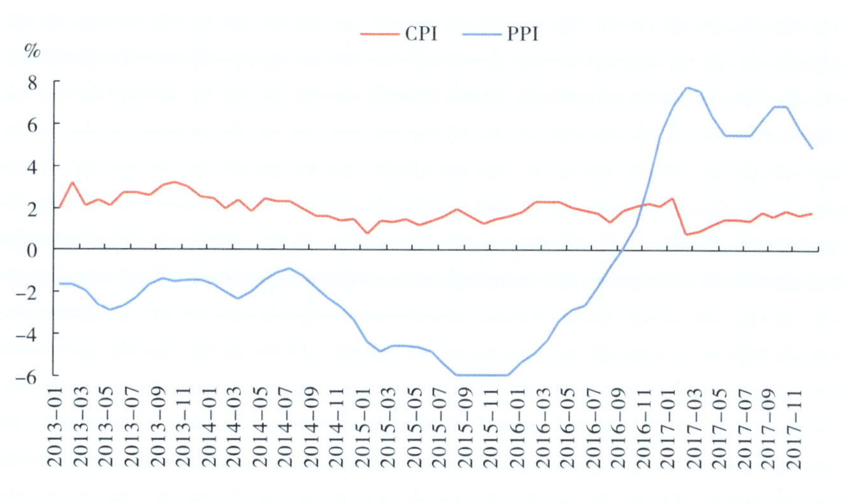

数据来源：国家统计局。

图1-10　主要物价指数月度同比走势

（四）财政收入、支出增速回升

2017年，全国一般公共预算收入17.26万亿元，同比增长7.4%（同口径，下同），增速比上年提高2.9个百分点（见图1-11），改变了近年来增速逐年放缓的态势。其中，中央一般公共预算收入8.11万亿元，约占全国一般公共预算收入的47.0%，同比增长7.1%；地方一般公共预算本级收入9.14万亿元，约占全国一般公共预算收入的53.0%，同比增长7.7%。从收入结构看，税收收入14.44万亿元，约占全国一般公共预算收入的83.7%，同比增长10.7%；非税收入2.82万亿元，约占全国一般公共预算收入的16.3%，同比下降6.9%。

全年全国一般公共预算支出20.33万亿元，同比增长7.7%，增速比上年提高1.3个百分点。其中，中央一般公共预算本级支出2.99万亿元，同比增长

7.5%；地方一般公共预算支出17.35万亿元，同比增长7.7%。

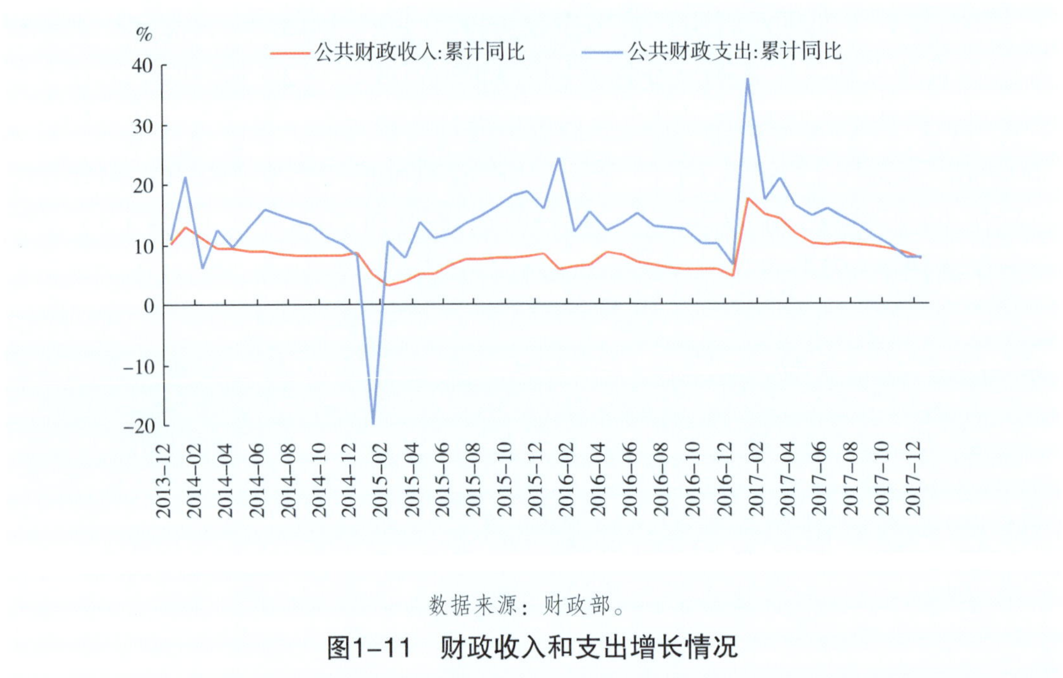

数据来源：财政部。

图1-11　财政收入和支出增长情况

（五）实体经济保持稳定，进入稳杠杆阶段

2017年以来，我国宏观杠杆率上升势头放缓，杠杆结构呈现优化态势。2017年末宏观杠杆率248.9%，比2016年高2.4个百分点，增幅比2012—2016年杠杆率年均增幅低10.9个百分点。2017年末企业部门杠杆率163.6%，比2016年末下降1.4个百分点，是2011年以来首次出现净下降，且国有企业资产负债率明显回落。2017年末住户部门杠杆率49%，较2016年末上升4.2个百分点，但上升速度边际放缓，截至2018年6月末，居民贷款增速连续14个月回落，从2017年4月的峰值24.7%降至18.8%。政府部门杠杆率持续回落，2017年末为36.3%，比2016年末低0.4个百分点，连续三年回落。杠杆率趋稳一方面是供给侧结构性改革取得明显成效，另一方面也是稳健中性货币政策和协调有序加强金融监管的效果。

（六）工业企业效益继续改善

2017年，全国规模以上工业企业实现主营业务收入116.5万亿元，同比增长11.1%；主营业务成本98.9万亿元，同比增长10.8%；实现利润总额7.52万亿元，同比增长21%，增速比上年提高12.5个百分点；主营业务收入利润率为

6.46%，比上年提高0.54个百分点。在41个工业大类行业中，37个行业利润总额比上年增加，1个行业持平，3个行业减少。

人民银行5 000户企业调查结果表明工业企业效益继续改善。从盈利看，样本企业主营业务收入和利润均有所提升。5 000户工业企业2017年主营业务收入同比提升13.7%，增速比上年[①]扩大12.5个百分点。利润总额同比提升46.4%，增速比上年扩大19.1个百分点。从资产周转看，样本企业存货周转率较上年略有提升，总资产周转率与上年基本持平，营业周期有所减短。2017年，5 000户工业企业存货周转率为5.3次，比上年提高0.3次；总资产周转率为0.8次，与上年基本持平；企业营业周期为133天，比上年减少8天。从资产负债率看，样本企业资产负债率有所下降，长期偿债能力有所提升。2017年末，5 000户工业企业资产负债率下降至60.3%，比上年末下降1.7个百分点；流动比率为104.7%，比上年末提升4.8个百分点；速动比率79.5%，比上年末提升4.2个百分点（见图1-12）；利息保障倍数为5.6倍，比上年末提升1.9倍。

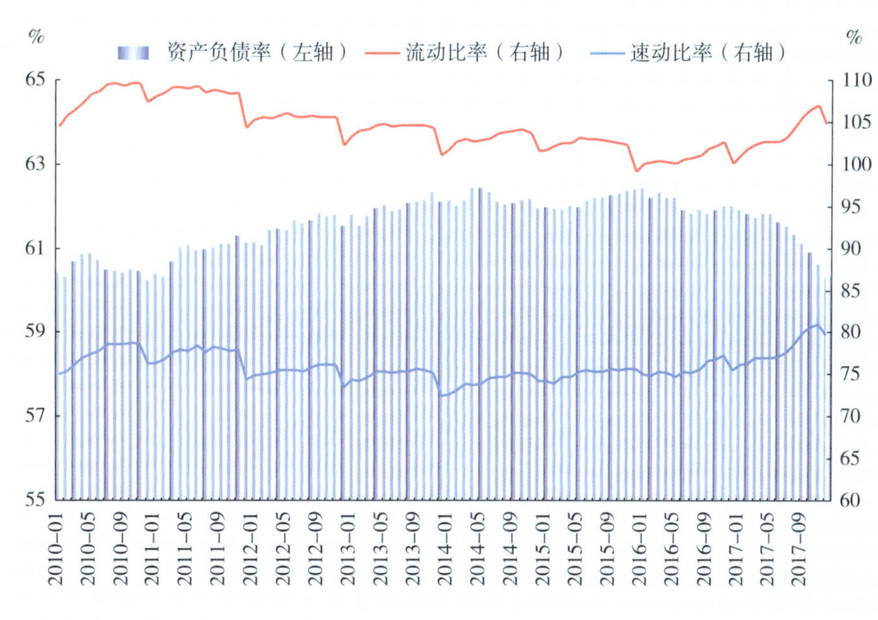

数据来源：中国人民银行。

图1-12　5 000户企业资产负债率、流动比率和速动比率

① 由于样本企业调整、财务数据更新等原因，本文所用的2016年末数据均为最新的、经过调整后的数据，可能与上年报告中的数据存在一定差异。

（七）就业形势基本稳定，居民收入增长加快

2017年，城镇新增就业1 351万人，比上年多增37万人，城镇登记失业率3.90%[①]，比上年下降0.12个百分点。居民人均可支配收入25 974元，扣除价格因素实际同比增长7.3%，比上年提高1.0个百分点。其中，城镇居民人均可支配收入36 396元，扣除价格因素实际增长6.5%；农村居民人均可支配收入13 432元，扣除价格因素实际增长7.3%。城乡居民人均收入倍差2.71，比上年缩小0.01（见图1-13）。

截至2017年末，住户部门存款余额65.2万亿元，同比增长7.5%，增速比上年末低2.4个百分点。住户贷款余额40.5万亿元，同比增长21.4%，增速比上年末低2.1个百分点。

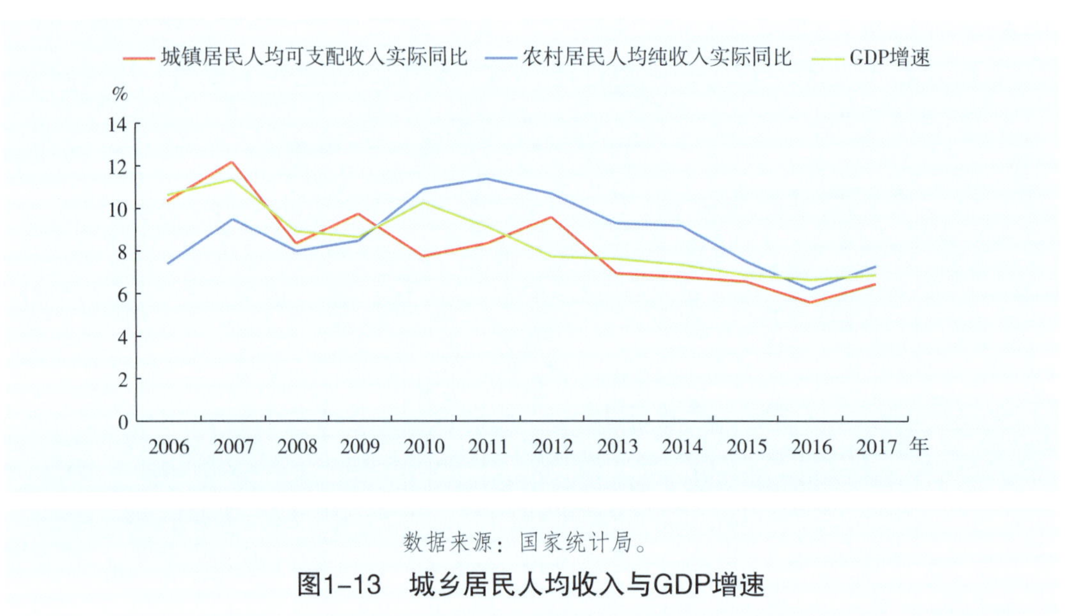

数据来源：国家统计局。

图1-13　城乡居民人均收入与GDP增速

三、展望

当前，中国经济保持总体平稳、稳中向好态势，主要宏观调控指标处在合理区间，经济结构持续优化，但也面临一些新问题、新挑战，外部环境发生明显变化。我国经济结构性矛盾仍较突出，国内防范金融风险的任务仍然艰巨。

① 国家统计局自2018年4月起定期发布全国城镇调查失业率。2018年1—3月全国城镇调查失业率分别为5.0%、5.0%、5.1%，比上年同期分别下降0.2个、0.4个、0.1个百分点。

企业部门杠杆率虽有所下降，但总体依然较高，部分国有企业杠杆率问题值得关注，地方政府隐性债务等问题值得关注。部分领域和地区金融三乱问题仍然突出，影子银行快速上升势头虽有所遏制，但业务存量仍较为庞大。一些机构在没有取得金融牌照情况下非法从事金融业务，部分非法金融活动借金融创新和互联网金融之名迅速扩张，少数野蛮成长的金融控股集团存在风险。

下一步，要全面贯彻党的十九大精神，以习近平新时代中国特色社会主义思想为指导，加强党对经济工作的领导，坚持稳中求进工作总基调，坚持新发展理念，紧扣我国社会主要矛盾变化，按照高质量发展的要求，统筹推进“五位一体”总体布局和协调推进“四个全面”战略布局，坚持以供给侧结构性改革为主线，统筹推进稳增长、促改革、调结构、惠民生、防风险各项工作，大力推进改革开放，创新和完善宏观调控，推动质量变革、效率变革、动力变革，在打好防范化解重大风险、精准脱贫、污染防治的攻坚战方面取得扎实进展，引导和稳定预期，加强和改善民生，促进经济社会持续健康发展。

坚持稳中求进工作总基调。要统筹各项政策，加强政策协同。积极的财政政策取向不变，确保对重点领域和项目的支持力度，切实加强地方政府债务管理。稳健的货币政策要保持中性，管住货币供给总闸门，保持货币信贷和社会融资规模合理增长，保持人民币汇率在合理均衡水平上的基本稳定，促进多层次资本市场健康发展，更好地为实体经济服务。结构性政策要发挥更大作用，强化实体经济吸引力和竞争力，优化存量资源配置，强化创新驱动，发挥好消费的基础性作用，促进有效投资特别是民间投资合理增长。

打好防范化解重大风险攻坚战。坚持底线思维，坚持稳中求进，抓住主要矛盾，发挥国务院金融稳定发展委员会的牵头抓总作用，加强部门间协调配合，明确时间表、路线图、优先序，集中力量，优先处理可能影响经济社会稳定和引发系统性风险的问题。抓紧补齐监管制度短板，有效控制宏观杠杆率和重点领域信用风险，积极化解影子银行风险，稳妥处置各类金融机构风险，全面清理整顿金融秩序，守住不发生系统性风险的底线，坚决打赢防范化解重大风险攻坚战。

深化供给侧结构性改革。要推进中国制造向中国创造转变，中国速度向中国质量转变，制造大国向制造强国转变。着力提高供给体系的质量和效益，深化要素市场化配置改革，大力破除无效供给，把处置“僵尸企业”作为重要抓手，推动化解过剩产能；大力培育新动能，强化科技创新，推动传统产业优化升级，培育一批具有创新能力的“排头兵企业”；大力降低实体经济成本，降低制度性交易成本。

激发各类市场主体活力。要推动国有资本做强做优做大，完善国企国资改革方案，围绕管资本为主，加快转变国有资产监管机构职能，改革国有资本授权经营体制。加强国有企业党的领导和党的建设，推动国有企业完善现代企业制度，健全公司法人治理结构。支持民营企业发展，落实保护产权政策，依法甄别纠正社会反映强烈的产权纠纷案件。全面实施并不断完善市场准入负面清单制度，破除歧视性限制和各种隐性障碍，加快构建亲清新型政商关系。

继续深化改革、扩大开放。进一步推进利率市场化和人民币汇率形成机制改革，提高金融资源配置效率，完善金融调控机制。提高直接融资比重，促进多层次资本市场健康发展，加强债券市场制度建设。加强宏观审慎管理，统筹监管金融控股公司和系统重要性金融机构，加强金融基础设施的统筹监管和互联互通，推进金融业综合统计和监管信息共享。推进金融机构公司治理改革，切实承担起风险管理、遏制大案要案滋生的主体责任。坚定不移奉行互利共赢的开放战略，坚持“引进来”和“走出去”并重，推动形成陆海内外联动、东西双向互济的开放格局。大幅度放宽市场准入，已宣布的放宽银行、证券、保险行业外资持股比例限制的重大措施要确保落地，同时要加快保险行业开放进程，放宽外资金融机构设立限制，扩大外资金融机构在华业务范围，拓宽中外金融市场合作领域。

专题一 国际经济金融政策重大调整综述

2017年，全球经济呈现同步复苏态势，然而不稳定、不确定因素仍然较多，主要经济体经济金融政策调整外溢效应明显。综合来看，需关注的重大政策调整包括主要发达经济体货币政策正常化、美国“税改”的外溢性影响，以及全球贸易保护主义的新趋势及风险。

一、主要发达经济体货币政策正常化及其外溢影响

2008年国际金融危机之后，全球主要发达经济体央行相继实施了以资产负债表扩张为代表的非常规货币政策，以提供流动性，促进经济增长。近年来，随着全球实体经济持续复苏，以及非常规货币政策的负面影响日益显现，相关经济体已逐步开始推动货币政策正常化。

（一）货币政策正常化的路径

货币政策正常化是危机以来非常规货币宽松的逆过程，分为利率政策和资产负债表政策两个维度，主要包括以下措施：

退出量化宽松（QE），央行逐步减少资产购买，直至新增资产购买规模降为零。之后，维持到期证券本金再投资，资产负债表规模保持基本稳定。

加息，央行逐步提升短期目标利率。

缩表，部分或全部到期证券的本金不再重新投资，逐渐收缩央行资产负债表规模。

上述三项措施的紧缩效果逐渐递增。其中，退出QE是非常规货币政策的收尾，此时货币政策环境依然保持宽松，流动性继续增加，但宽松程度有所下降。加息和缩表意味着货币政策环境开始收紧，流动性开始减少。

（二）主要发达经济体的货币政策正常化过程

由于不同经济体经济复苏情况存在差异，目前美、日、欧分别处于货币政策正常化的不同阶段。

美联储走在货币政策正常化的前列。2013年12月18日，美联储正式宣布开始削减QE，至2014年10月29日，彻底结束QE。此后，美联储开始谨慎地推动

加息工作，在多次向市场释放加息信号后，美联储于2015年12月17日首次提升联邦基金目标利率，此后又多次稳步加息，2018年3月22日、6月14日、9月27日，美联储三度提升联邦基金目标利率至2%~2.25%，市场普遍预计，2018年美联储还将加息1次。在缩减资产负债表方面，美联储已于2017年9月公布相关详细方案。计划开始时，每月缩减规模上限分别为60亿美元的国债和40亿美元的抵押资产支持证券（MBS），缩减规模上限每季度增加一次，增幅分别为60亿美元国债和40亿美元MBS，直至每月缩减规模上限达到300亿美元国债、200亿美元MBS，此后会保持在以此为上限的范围之内，直到联邦公开市场委员会认为美联储持有的证券量缩减到了有效执行货币政策所需的水平为止。

欧央行货币政策正常化进程慢于美联储，6月会议声明维持三大利率不变，维持每月债券购买规模300亿美元至9月，此后于10月至12月间每月缩减债券购买规模150亿欧元，并最终于2018年底正式退出QE。欧央行计划维持当前利率水平至少到2019年夏天。

日本银行货币政策正常化进程相对缓慢。尽管日本银行尚未就退出QE进行表态，但从政策操作方面可观察到，日本银行购买政府债的步伐已经在逐步放缓。日本银行表示，购债规模取决于收益率目标调控的需要，可能会有所起伏；减少购债规模主要是因为10年期国债收益率已基本稳定在略高于0的目标水平，并非是要开始退出宽松货币政策。

（三）影响及潜在风险分析

理论上讲，利率政策主要通过短期利率影响中长期利率，进而影响融资成本、通胀水平和汇率。资产负债表政策通过资产供求渠道的影响最为直接，随着购债规模的不断下降和到期本金再投资的逐渐退出，新发行债券可能面临市场需求的下降，从而推升债券收益率和期限溢价。资产负债表政策也会通过流动性渠道影响经济，停止到期证券再投资会降低银行体系的超额准备金数量，造成金融体系流动性收缩。在当前背景下，主要发达经济体货币政策如果收紧过快，可能带来的风险值得警惕。

全球金融市场可能出现调整。2008年国际金融危机以来，全球流动性极度宽松，投资者风险偏好普遍较高，导致金融资产价格高企、泡沫风险积聚。主要发达国家货币政策正常化将直接推升短期利率，进而导致长期利率上升。金融环境的紧缩可能引发全球金融市场调整。此外，如果货币政策正常化过程中的政策沟通不足，也可能通过投资者预期渠道进一步加剧金融市场波动。

全球经济复苏进程可能受到影响。货币政策正常化导致利率上升，将加重居民部门偿债压力、增加实体经济融资成本，从而制约消费支出、降低企业投资意愿。如果货币政策正常化步伐过快，可能影响全球经济复苏进程。

对新兴市场经济体的负面溢出效应尤为显著。新兴市场经济体在面临全球流动性变化时，具有更高的脆弱性，2013年美国宣布退出QE时，就曾引发部分新兴市场国家货币贬值、资产价格下跌。主要发达经济体货币政策正常化的进展，可能导致发达经济体和新兴市场经济体间的利差扩大，资金回流发达经济体，进而对新兴市场经济体产生负面溢出效应。那些外债规模较大、经济脆弱性较高的新兴经济体可能面临更大冲击。

二、美国“税改”及其外溢影响

为减轻税负并吸引海外企业利润回流，提振制造业，提升美国的国际竞争力，特朗普政府推出“税改”法案，并于2018年1月开始实施。

（一）“税改”法案主要内容及影响

个税方面。1.维持七档税率，下调除最低档外的其他档位税率，其中最高档税率由39.6%下调至37%。2.保留遗产税，但将起征点从现行549万美元上调至1 098万美元。3.为州及地方税抵扣项设置了1万美元的抵扣上限。4.为房贷利息设定75万美元的抵扣上限。5.保留个人替代性最低税，提高了豁免额度。6.废除奥巴马医改法案中强制个人参保的条款，在未来十年内减少3 380亿美元的财政赤字。此外，“税改”法案还将个人标准抵扣额上调近一倍，废除4 050美元的个人免征额，并大幅上调子女税收抵免。由于参议院受到预算规则的约束，上述措施并非长期有效，政策截止期限为2025年底。

企业税方面。1.将企业所得税税率由35%下调至21%。2.对企业利息抵扣设定上限，前四年约为息税折旧及摊销前利润的30%，此后约为息税折旧前利润的30%，债务融资依赖度高的公用事业和房地产行业可不受此限。3. 允许企业在五年内将新增投资完全费用化，五年后逐步取消该优惠政策。4.以股东个人所得税名义缴纳企业所得的独资企业、合伙企业等，保留原有税率，允许将符合条件商业收入的20%用于抵扣个税。

海外利润方面。1.采用有限属地征税体系，海外子公司汇回股利、未分配利润中用于形成美国资产的部分无须纳税。2.对海外累积利润进行一次性征税（无论是否汇回），现金及现金等价物适用15.5%的税率，非流动资产适用8%的税率。3.设置“全球低税无税所得（GILTI）”制度，降低跨国公司转移至避税天堂生产投资的意愿。4.设置防税基侵蚀条款，限制跨国公司利用税收漏洞避税的行为。

"税改"对美国的影响分析。特朗普政府推动"税改"的目的主要在于刺激经济增长，短期来看，减税作为大规模的财政刺激，将对美国经济产生一定拉动作用；同时，特朗普政府强调"税改"促进经济增长、增加税基的效应，认为不会扩大财政赤字。但有观点认为，美国已接近充分就业，在这种情况下，大规模财政刺激难以明显提高总产出，反而可能推升通胀进一步走强，促使美联储加快加息进程；"税改"增大税基的效应并不明显，因此将大幅增加政府债务。中长期来看，政府债务和利率的上升，将对私人部门的投资和消费产生挤出效应，影响美国经济的持续增长。根据美国国会税收联合委员会（JCT）估算，"税改"在未来10年促进美国GDP增长合计仅约0.7%，但未来10年净减税1.5万亿美元，考虑减税刺激经济扩大税基的作用后，仍将增加1万亿美元赤字。JCT还强调，"税改"主要惠及高收入人群，其减税幅度大于中低收入人群，因此可能加剧贫富分化。

（二）"税改"溢出效应分析

对美元汇率的影响具有两面性。短期来看，"税改"加大了美国财政对经济的刺激力度，加之美国货币政策正处于加息通道，宽财政与紧货币的政策组合将促进美国利率上行，短期对美元汇率起到了一定支撑作用。从中长期来看，如果减税刺激经济增长、增大税基的效应不明显，则可能增加美国财政赤字和贸易逆差，对美元形成贬值压力。

对资本流动产生一定影响。"税改"法案从属人制转向属地制征税体系，降低了美国企业将利润留存海外、规避美国税收的动力，在一定程度上会增加跨国企业的资金回流。但"税改"法案规定仅海外子公司汇回股利、未分配利润中用于形成美国资产的部分可予以免税，条件较为严格，能否吸引美国企业大规模汇回海外利润尚有待观察，发生大规模资金回流的概率较小。此外，美国企业大部分海外现金及现金等价物以美元形式或投资于美元计价证券的形式存在，即使将利润汇回美国，也主要影响离岸美元流动性，较少涉及美元与其他货币的汇兑问题。

三、全球贸易保护主义趋势及风险分析

2008年国际金融危机后，逆全球化倾向抬头，在政治上表现为民粹主义影响力上升，在经济上表现为贸易保护主义。尤其是美国掀起的美中、美加等全

球范围内的贸易摩擦，打乱了各国经济金融修复计划，给全球经济金融带来极大的负面影响和不确定性，不但扰乱全球主要商品供应链体系，而且可能冲击市场信心，扭曲投资者预期，放大全球金融市场波动，从而增加我国金融市场和金融体系遭受外部冲击从而大幅波动的可能性。

（一）贸易保护主义的最新趋势

美国退出或重谈相关多边贸易协定。特朗普就任总统后公布了“百日计划”，提出退出《跨太平洋伙伴关系协定》（TPP），并于2017年1月正式退出TPP。2017年，美国正式启动对《北美自由贸易协定》（NAFTA）的重新谈判。目前，美国、加拿大与墨西哥已就修订NAFTA开展了多轮谈判，尚未达成最终协议。但2018年6月美国宣布对加拿大钢铁、铝等产品征收关税，已经导致美国与加拿大之间爆发贸易摩擦。

美国与欧盟间爆发贸易摩擦。2018年3月22日，美国宣布对进口钢铁和铝分别加征25%和10%的关税，受到欧盟及其相关成员国的批评。3月26日，欧盟委员会发布公告，决定对进口钢铁产品发起保障措施调查，此举被视作针对美国前期政策的反制措施。6月6日，欧盟、加拿大向世界贸易组织提起有关美国钢铁、铝关税的申诉。7月25日，美国总统特朗普与欧盟委员会主席容克会晤后发表共同声明，承诺将推进零关税、废除贸易壁垒等措施，但落实相关承诺存在一定困难，目前尚无实质性进展。

美国对中国开展“301调查”并提出贸易保护措施。自2017年8月起，美国贸易代表办公室针对中国开展“301调查”①。2018年3月，美国贸易代表办公室发布调查结论，认为中国政府在知识产权保护等方面存在“不合理”或“歧视性”的政策和措施，对美国经济每年造成至少500亿美元的损失。为此，于4月提议对从中国进口的特定商品额外征收25%的关税。以该项调查为依据，2018年3月，美国针对中国提出贸易保护主义措施，包括对从中国进口的商品大规模征收关税；美国贸易代表办公室将向世界贸易组织提出诉讼，状告中国在技术许可等方面的做法有违世贸规则；责成美国财政部牵头出台方案，限制中国企业投资美国重要产业和技术等。自2018年3月起，中美双方就贸易摩擦进行了多轮磋商，力图解决分歧、实现双赢。5月19日，中美两国经贸磋商代表团发表联合声明，宣布两国同意采取有效措施实质性减少美对华

① “301调查”诞生于20世纪冷战时期，源自美国《1974年贸易法》第301条。该条款规定，当美国贸易代表办公室确认某贸易伙伴的某项政策违反贸易协定，或被美国单方认定为不公平、不公正或不合理时，即可启动任何措施（手段通常包括中止贸易协定、关税等进口限制、取消免税待遇和强迫签订协议等）。

货物贸易逆差；但6月15日，美国政府不顾上述共识，宣布将对中国输入美国的、价值500亿美元的商品加征25%的关税，7月6日开始正式对上述500亿美元商品中的第一组（340亿美元）中国产品加征25%的关税。8月7日，美国政府公布了500亿美元商品中第二组（160亿美元）商品最终征税清单，宣布从8月23日开始征收25%的关税。8月末，美国国际贸易委员会（USTR）就对2 000亿美元中国商品加征25%的关税举行听证，参会的300余家中美利益相关方代表中，大多数反对对华商品加征关税。但9月18日，美国政府仍宣布于9月24日起对2 000亿美元中国商品加征10%关税的决定，并将于2019年1月1日起对上述关税水平上升至25%。针对美国一意孤行的贸易保护主义行为，中国采取了必要的反制措施，但也始终保持开放的态度，希望通过平等、诚信的对话磋商解决问题。

（二）贸易保护主义的成因分析

近年来，贸易保护主义情绪在全球范围内逐渐抬头，其主要原因是长期以来全球贸易的失衡，但这一问题的成因复杂，不应将其简单归咎于“自由贸易”本身。以中美间的贸易逆差为例。

贸易不平衡是结构性问题。中国处于产品附加值价值链的末端，即中国进口日本、韩国以及中国台湾地区的产品，然后再出口至美国。在统计数据上，中国对美国的贸易顺差和中国对日本、韩国和中国台湾地区的贸易逆差并存，中国的贸易顺差反映了整个东亚地区对于美国的顺差。因此，需从多边角度看待中美贸易不平衡的问题。

贸易不平衡是宏观经济问题的反映。一国的宏观账户除包含经常项目外，还包括政府收支、投资和私人储蓄。美国政府财政赤字不断增长，为保持宏观账户平衡，经常账户逆差必然不断增长。此外，美国私人储蓄率有所下降，这也会造成缩减经常账户逆差的困难。

国际贸易分工格局体现了各国的比较优势。发展中国家基于资源、劳动力的成本优势，易于发展劳动密集型的出口产业，而发达国家基于资金、技术优势，易于发展服务贸易。例如，美国在服务贸易方面优势较大。随着服务业的进一步开放，美国将会在未来的服务贸易当中具有更大优势，从而有利于改善贸易不平衡的现状。

衡量贸易不平衡需考虑跨国公司因素。中美贸易逆差未考虑美国跨国公司在中国的销售以及获取的利润，如将这个因素也考虑进去，整个不平衡的状况会有较大的改善。

此外，此次中美经贸摩擦具有特殊性，虽然其内在成因仍是中美贸易的不平衡，但美方主要以“强制技术转移”为借口，对中国发起攻击。然而美国“301调查”报告中并没有任何证据证明中国法律规定外国企业必须转让技术给中国合作伙伴。事实上，中国在知识产权方面取得的进步并非靠所谓“强制技术转让”，而是依靠对创新的高度重视和不断增加的研发投入；一些美国企业对华技术转让是企业双向选择和自主决策的结果，属于正常的商业行为。加入世界贸易组织以来，中国全面履行承诺，外资准入门槛持续降低，知识产权保护力度不断加大，因此美方指责并不成立。

（三）相关风险分析

打乱了现行成熟的贸易分工格局。当前的全球贸易格局基于各国资源禀赋和比较优势，是市场自由选择的结果。政府干预将造成资源错配和效率低下，如果短时期内打乱成熟的贸易分工格局，还会导致极高的转型调整成本，冲击劳动力市场。

导致“双输”“多输”的结局。首先，贸易保护政策所针对的国家出口将受到不利影响；其次，从贸易保护政策的发起国国内来看，虽然保护了出口部门，但事实上是以牺牲进口部门的利益为代价，可能面临进口商品价格上升导致的通货膨胀等问题；最后，贸易保护政策针对的国家还可能发起反制措施，引发“贸易战”等连锁反应，将导致“双输”“多输”的结局。

对全球经济造成负面影响。历史经验已经证明，贸易保护政策可能对全球经济构成严重负面影响，1929—1933年“大萧条”的成因之一就是各国普遍采用了以邻为壑，相互增加关税的政策。当前，全球经济复苏初现曙光，但保护主义措施影响全球资源配置，增加进口成本，进而影响实体经济。世界银行预计，如果全球关税普遍提高至法定上限，可能导致全球贸易量下降9%，相当于2008—2009年国际金融危机期间贸易下跌程度。贸易保护主义还可能增加全球投资壁垒，对外汇、股票、大宗商品等市场造成冲击。

对中国经济的直接影响有限，但需关注对投资者情绪的影响。根据部分国际投行及相关研究机构的估计，美国在500亿美元基础上对额外2 000亿美元的中国出口产品加征25%关税，对我国GDP增速的影响在0.2%至0.5%之间，因此中国经济增长所受影响较为有限。但中美经贸摩擦对投资者情绪的影响难以定量估计，应关注投资者悲观情绪放大负面冲击、导致我国金融市场出现非理性波动的相关风险。

专题二　非金融企业的高杠杆及治理

一、我国非金融企业债务情况

高杠杆是宏观金融脆弱性的总根源，在实体部门体现为过度负债，在金融领域体现为信用过快扩张。截至2017年末，中国宏观杠杆率为248.9%[①]，与美国（251.2%）、欧元区（258.3%）相当，高于巴西（151.7%）、印度（124.3%）[②]。

中国宏观杠杆率高主要体现在非金融企业部门。截至2017年末，非金融企业部门杠杆率为163.6%,占宏观杠杆率的65.7%。横向比较来看，中国非金融企业部门的杠杆率在主要经济体中位列第一，远高于欧元区的101.6%、日本的103.4%和美国的73.5%，更高于俄罗斯、印度和巴西等新兴市场经济体。纵向比较来看，2007—2017年，中国非金融企业部门杠杆率一直呈现上升趋势，十年间上升65.9个百分点（见图1–14、图1–15）。

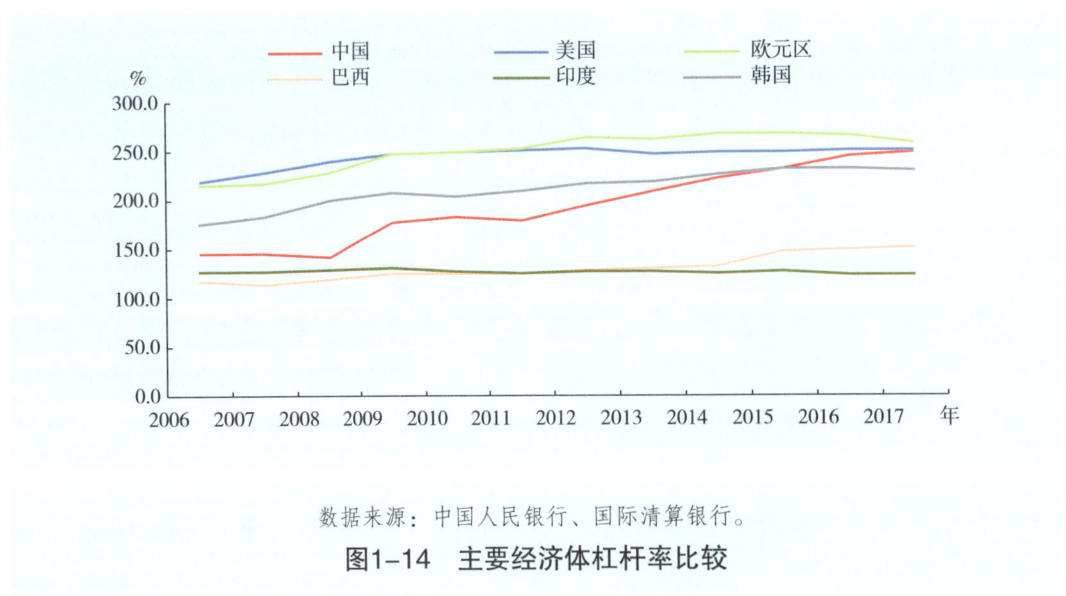

数据来源：中国人民银行、国际清算银行。

图1–14　主要经济体杠杆率比较

---

① 数据来源：中国人民银行。

② 其他国家数据均来自国际清算银行（BIS），下同。

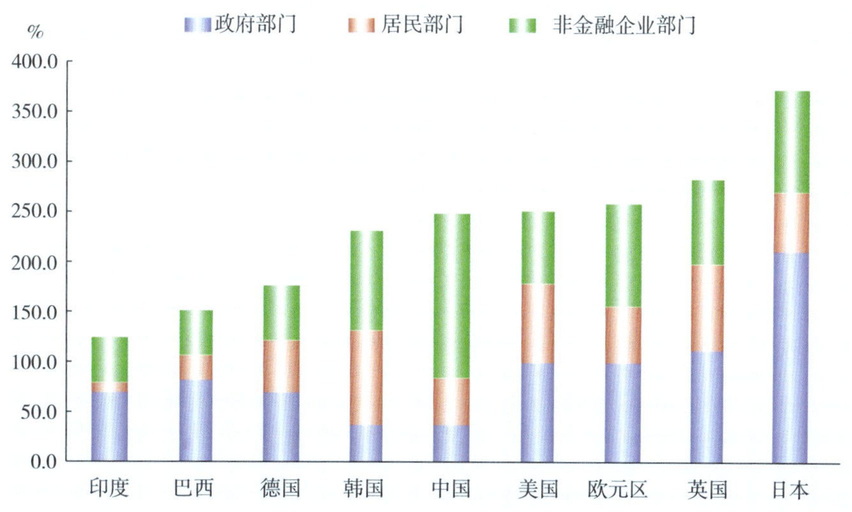

数据来源：中国人民银行、国际清算银行。

图1-15　2017年末分部门杠杆率

在非金融企业部门中，国有企业杠杆率较高。截至2017年末，我国规模以上国有工业企业平均资产负债率达60.4%[①]，较全部规模以上工业企业资产负债率高出4.9个百分点，必须采取措施有效防范和化解国有企业债务风险。

二、相关工作及进展

降低企业杠杆率是供给侧结构性改革重点任务之一。按照2016年发布的《关于积极稳妥降低企业杠杆率的意见》的要求，有关部门和市场主体采取推进兼并重组、完善现代企业制度强化自我约束、盘活存量资产、优化债务结构、有序开展市场化银行债权转股权、依法破产、发展股权融资七大综合性措施，积极稳妥推动降低企业杠杆率和防范化解潜在债务风险相关工作。

目前，降杠杆综合性措施取得初步进展。市场化债转股取得良好开局，截至2017年末，各类实施机构已与102家企业签署市场化债转股框架协议，协议金额超过1.6万亿元。依法破产推动市场出清力度加大，“僵尸企业”出清能力进一步提高，依法破产大幅增加，2017年全年依法结案6 257件。现代企业制度建设迈出新步伐，国企改革“1+N”政策文件体系深化落实，已开展10项

① 数据来源：国家统计局。

改革试点，其中混合所有制改革已批复实施3批50家企业试点方案，建立了中央企业负债率管控机制。股权融资规模和份额进一步扩大，截至2017年末，非金融企业股权融资余额6.85万亿元，占社会融资规模存量的3.8%，同比提高0.1个百分点。

在降杠杆各项措施综合作用下，我国非金融企业部门杠杆率呈现稳中趋降的态势，债务风险趋于下降。宏观上看，2017年末，非金融企业部门杠杆率163.6%，较2016年下降1.4个百分点，2011年以来首次出现净下降。微观上看，市场化债转股协议实施后有利于化解对象企业资金链断裂风险，降低企业财务负担，提振企业发展信心。国有企业混合所有制改革引入多元化股权投资，不仅降低了资产负债率，也推动企业治理结构完善。

三、面临的困难及治理思路

虽然降杠杆工作取得初步进展，但我国企业杠杆率过高的局面还未得到根本扭转，非金融企业杠杆率与其他主要经济体相比仍较高，不少企业还处在财务负担重、债务风险高的困难境地。对于降杠杆工作，特别是推进债转股工作中暴露出来的问题和困难，需认真研究和解决。

（一）国有企业降杠杆动力不足

目前，国有企业资产负债率仍明显高于非国有企业，且资产负债率回落速度慢于非国有企业，其背后是多方面的体制机制因素。国有企业的资本金补充机制不完善、资产负债自我约束和外部约束机制不健全、降杠杆内生动力不足。同时，商业银行规模偏好较强，垒大户现象普遍，贷款投放过于向国有大型企业集中。

对此，应进一步健全国有企业降杠杆的体制机制，落实国有企业降杠杆主体责任，强化国有企业资产负债约束机制，明确相关激励惩戒措施，遏制国有企业负债投资冲动，倒逼国有企业通过多种方式降杠杆，推动国有企业改革。

（二）仍需积极探索债转股模式

从国内外经验看，债转股是企业重组方式之一，涉及资产重组、业务重组、财务重组和公司治理架构重组等诸多环节，对金融机构来说就是一种投行类业务。从当前的实践看，转股对象企业经营状况复杂、债转股需求不同，需针对不同企业制定个性化市场化债转股实施方案，不可能按照一种交易模式开展市场化债转股。

市场化确定债转股模式是推进债转股的关键，应坚持市场化、法治化原则，尊重市场主体有益的探索和创新，由银行、实施机构、企业自主协商确定债转股模式。在防范风险前提下，赋予债转股实施机构灵活机制，鼓励其积极探索多种业务模式，包括收债转股、发股还债、以股抵债等，不必拘泥于某种固定模式，充分调动各方积极性，真正促进市场化债转股长期健康发展。

（三）债转股资金来源和投向不匹配

前期银行参与债转股的过程中，资产方为股权投资，负债方以理财资金为主，存在负债方与资产方不匹配问题。为满足理财资金的期限和收益率要求，实施机构以承诺回购等各类手段向企业要求固定收益、约定固定期限，表现为“明股实债”，并非真正意义上的股东，对参与企业公司治理的积极性不足，难以提升企业的治理水平和盈利能力，达不到实施债转股的根本目的。

债转股资金应坚持市场化方式筹集，募集社会资金投资债转股股权，发挥私募股权投资基金引进股权投资的作用，使债转股资产风险和收益由合格投资人承担，真正实现债转股资产从银行体系出表，通过社会资本力量约束企业行为。目前我国储蓄率较高，社会资金充裕。破解当前市场化债转股资金来源和成本问题，达到降低企业杠杆率的目的，关键是要完善储蓄转化为股权投资的长效机制，推进债转股的资金来源即负债方的转变，促进社会资本形成。如果将负债方转变为股权投资资金，投资者作为股东将参与企业公司治理，承担投资风险，分享投资收益，也没有固定回报要求，资金成本、“明股实债”、股权退出等问题也都将得到有效解决。

（四）企业公司治理不到位

当前我国企业公司治理尚不健全，不仅影响了微观市场主体的健康性，也影响了企业降杠杆和社会资金参与债转股的积极性。从企业角度看，我国国有企业的经营问题和财务问题，主要源于所有权人丧失对企业的控制力，董事长、经营管理层缺乏约束，部分央企国企通过高负债片面追求规模效应，认为没必要降杠杆，更不愿出让治理权。从投资人角度看，在无法参与企业公司治理的情况下，投资人必然要求固定回报、约定退出期限，退化成债权人。

市场化债转股本质上必须基于控制权分享，股东必须拥有公司治理参与权，否则必然退化为债权人。投资者通过参与企业公司治理，分享企业长期发展收益，实现真正意义的债转股。为推动市场化债转股深入发展，应发挥私募股权投资基金引进股权投资的作用，支持实施机构发起设立私募股权投资基金开展市场化债转股，通过探索多种业务模式、设计合理的架构和产品、完善相关风险管理、切实参与企业公司治理，做好市场化债转股相关业务，促进市场化债转股工作的长期健康发展。

四、下一步工作重点

改善企业公司治理，推动企业规范建立现代企业制度。支持通过增资扩股、引入战略投资者等充实资本，推进混合所有制改革。推动将市场化债转股与建立现代企业制度、国有企业混合所有制改革等工作有机结合。研究出台加强转股股东权利保护的政策措施，推动实施机构积极参与转股企业公司治理。

拓宽社会资金转变为股权投资的渠道。支持各类股权投资机构参与市场化债转股。制定筹措稳定的中长期低成本股权投资资金的办法，出台以市场化债转股为目的设立私募股权投资基金的措施。研究依托多层次资本市场开展转股资产交易。

加强市场化债转股实施机构力量。指导金融机构利用现有机构、国有资本投资运营公司开展市场化债转股，支持符合条件的银行、保险机构新设实施机构，鼓励资产管理公司增强资本实力。

完善企业债务重组和依法破产政策机制。推进和完善金融机构债权人委员会工作，发挥协同解决困难企业债务危机的积极作用。解决破产案件立案启动难问题，建立关联企业破产制度，研究解决“僵尸企业”破产费用保障问题，探索建立破产案件快速审理机制。建立政府、企业、银行依法合理分担损失的机制。

专题三　地方政府隐性债务分析

2014年出台的《国务院关于加强地方政府性债务管理的意见》和2015年正式实施的新《预算法》明确提出，我国对地方政府债务余额实行限额管理，地方政府举债规模由国务院报全国人民代表大会或者全国人民代表大会常务委员会批准。此后，地方各级政府加快建立规范的举债融资机制，积极发挥政府规范举债对经济社会发展的支持作用，防范化解财政金融风险，取得了阶段性成效，地方政府债务规模得到有效控制。但当前一些地方政府违法违规举债行为仍然存在，地方政府具有实际偿付责任的新型隐性债务发展情况值得关注。应当进一步规范地方政府的举债行为，切实防范化解地方债务风险。

一、规范清理地方政府显性债务风险

截至2017年末，全国地方政府债务余额16.47万亿元，从用途来看，一般债务10.33万亿元，专项债务6.14万亿元；从举债方式来看，政府债券14.74万亿元，其他形式的债务1.73万亿元。2017年，全国发行地方政府债券4.36万亿元。其中，新增债券1.59万亿元，置换债券2.77万亿元；按用途划分，一般债券2.36万亿元，专项债券2.0万亿元。由于地方政府存量债务总规模锁定为2014年底的余额数，随着置换工作的推进以及地方政府自行化解部分存量债务，待置换存量债务规模有所下降，2017年地方政府用于置换存量债务的债券发行较上年减少2.11万亿元，但限额内新增债券发行较上年增加0.42万亿元。截至2017年底，全国地方政府累计发行置换债券10.9万亿元，目前尚有未置换存量债务1.73万亿元。

2015—2017年，中央对地方政府进行大规模债务置换，并对举债行为进行规范清理，政府债务管控取得了较好效果，风险总体可控。根据国际清算银行的统计，截至2017年末，我国政府部门杠杆率为47%，这一数据不仅远低于发达经济体平均水平（100.9%），甚至低于新兴市场经济体平均水平（49%）。

二、地方政府隐性债务风险

2015年新《预算法》实施，要求地方政府债务全部纳入预算管理，唯一合法举债方式为发行地方政府债券，并通过限额管理给地方政府举债设置上限。在此背景下，一些地方政府进行违规融资的冲动较为强烈，再加上金融机构具有主动借贷的意愿，并通过影子银行提供融资服务，造成近年来地方政府负有偿还责任的隐性债务快速增长，与此相关的风险不容忽视。具体而言，目前我国地方政府隐性债务风险主要体现在以下几个方面：

（一）供需两方面因素导致地方政府债务规模控制难度大

一方面，地方政府融资需求强烈，通过加大基础设施建设力度拉动经济增长，以及保障各类民生支出，在财政财力不足的情况下，只能通过扩大负债满足需求。另一方面，金融机构也倾向于向有政府背景的项目提供融资，一是金融机构普遍存在“政府信用幻觉”，认为政府的项目有财政兜底，资产质量较高；二是涉政贷款金额大，与中小微企业贷款相比，营销和管理成本低。

人民银行对某省份（以下简称×省）的调研显示，该省民间投资持续下滑，政府投资成为拉动经济的主要动力，财政收支缺口逐年扩大，该省五分之三以上的县市对上级补助的依赖度超过70%，普遍存在强烈的融资冲动，全省信贷资源不断向政府信用项目倾斜。在我国大力降杠杆的背景下，全省超半数的银行机构2017年涉政信用项目新增贷款不降反升。

（二）隐性债务底数不清，增长较快，规模较大

目前，地方政府隐性债务缺乏统一的认定标准和统计口径。隐性举债方式多样，地方政府通过平台公司、购买服务、PPP、各类发展基金和引导基金等进行融资，资金来源除传统的表内贷款，以及保理、银票保函等表外授信外，还包括资管计划等表外类信贷融资，其中部分涉及明股实债、抽屉协议、承诺回购等违规方式，导致隐性债务规模快速增长。

以×省为例，截至2017年末，该省政府隐性债务余额较显性债务高出80%。从其债务的构成来看，银行显性债务及隐性债务合计在全省总债务中占比超过35%；此外，还有平台公司等发行企业债、中期票据、短期融资券、其他债务工具等形成政府债务，信托等非银行机构融资、企业和个人借款、供应商应付款等形成政府债务等债务形式。特别是2015年初至2017年末，该省形成的银行涉政信用项目隐性债务占银行对政府债权超过55%，属于违规举债清理整顿范围，存在较大风险隐患。

（三）债务期限错配风险较大，且存在担保链风险

政府债务主要投向中长期基建项目，投资周期长、回报慢，一些项目在今后较长一段时期内收益难以保证，但资金来源期限较短，主要依赖滚动债务维持项目运转，借新还旧压力较大。部分涉政信用项目通过平台公司间互联互保增信，形成担保圈，单一公司流动性风险沿担保链传递可能造成大范围债务违约。

以×省为例，截至2017年末，该省银行隐性债务中约有65%用于基础设施建设；用于棚户区改造、异地扶贫搬迁的占比近20%；用于园区建设的占比近10%；用于平台日常经营的占比近5%。其中，约有15%的债务抵押担保不足且项目现金流无法覆盖偿债本息，基本依靠借新还旧维持项目经营。

（四）市县级政府隐性债务风险更为突出

从债务分布来看，地方政府隐性债务主要集中在市县两级，一些市县实际负债率较高。以×省为例，该省银行隐性债务总额中，区县级占比超过45%；市（州）本级占比超过40%；省本级仅占比约15%，远低于市县两级。个别区县债务额度高，到期时间集中，还款来源不足，偿债压力大，其隐性债务风险明显高于省级。

（五）财政风险有可能转化为金融风险

规范地方隐性债务过程中可能会加大金融机构风险暴露，财政风险最终转嫁给金融部门。例如，一些省份在清理地方政府融资担保的过程中，出现了撤销各类担保函、承诺函的现象，在无法提供增信手段的情况下，金融机构基于风险考量，停止了政府信用项目信贷投放，导致部分平台公司在建项目的融资需求无法得到满足，部分在建项目面临停工，造成了政府与银行间的纠纷。

三、政策建议

为防范地方政府隐性债务风险，2017年以来，财政部相继发布《关于进一步规范地方政府举债融资行为的通知》和《关于坚决制止地方以政府购买服务名义违法违规融资的通知》，积极采取多种措施进一步规范地方政府融资行为。2018年关于防范化解地方政府隐性债务风险的相关文件也陆续出台。

下一步，随着中国经济由高速增长阶段转向高质量发展阶段，风险形成的条件和机制出现很大变化，防范化解地方政府债务风险，不应也不可能重走过去债务扩张拉动经济增长进而稀释存量债务的老路，而是要立足长远、标本兼治。一是全面监测地方政府隐性负债，坚决控制增量，妥善化解存量。开好地方政府规范举债融资的“前门”，明确市县政府管理责任。进一步理顺中央地方财税事权体系，提高地方政府收入和支出的匹配度，深化体制机制改革，健全长效机制。有效动员更多民间资本进入基础设施和公共服务领域，理顺价格管理体制，使企业获得合理回报。二是进一步加强金融监管，健全金融监管体制，完善中央与地方金融监管职责分工，避免地方政府对金融监管的不当干预。指导金融机构加强信贷风险管理，严格执行监管要求。进一步加强影子银行监管，统一监管标准，堵住监管漏洞，阻断违规资金流入地方政府隐性债务的渠道。三是强化审计和问责，硬化地方政府预算约束、弱化GDP考核导向，树立正确政绩观。

专题四　我国住户部门债务分析

近年来，我国住户部门债务水平呈不断上升趋势，个人住房贷款保持较快增长，短期消费贷款于2017年高速增长，互联网金融作为居民负债的补充渠道呈现“井喷式”发展。与其他国家相比，我国住户部门债务风险并不突出，住房信贷政策也更为审慎，但债务增速偏高的趋势应引起关注。下一步，应坚持从宏观审慎视角密切关注住户部门债务变化，多措并举抑制住户部门债务水平的过快上涨。

一、住户部门债务水平及结构

2017年末，我国住户部门债务[①]余额40.5万亿元，同比增长21.4%，较2008年增长7.1倍。存款类金融机构住户部门贷款占全部贷款余额比例为32.3%，较2008年增加14.4个百分点。从结构上看（见表1–1、图1–16），住户部门债务主要由消费贷款和经营贷款构成，2017年末，两者占住户部门债务余额的比例分别为77.8%和22.2%，同比增速分别为25.8%和8.1%。我国住户部门债务结构呈现以下特点：

表 1-1　　2017年住户部门债务余额及增速

单位：亿元，%

类型	余额	同比增速
消费贷款	315 296	25.8
其中：短期消费贷款	68 123	37.9
中长期消费贷款	247 173	22.9
其中：个人住房贷款	218 605	22.2
经营贷款	89 854	8.1
其中：短期经营贷款	45 854	–0.8
中长期经营贷款	43 999	19.1
总计	405 150	21.4

数据来源：中国人民银行。

① 根据国际货币基金组织和国际清算银行的统计口径，住户部门债务为存款类金融机构信贷收支表中的住户贷款。

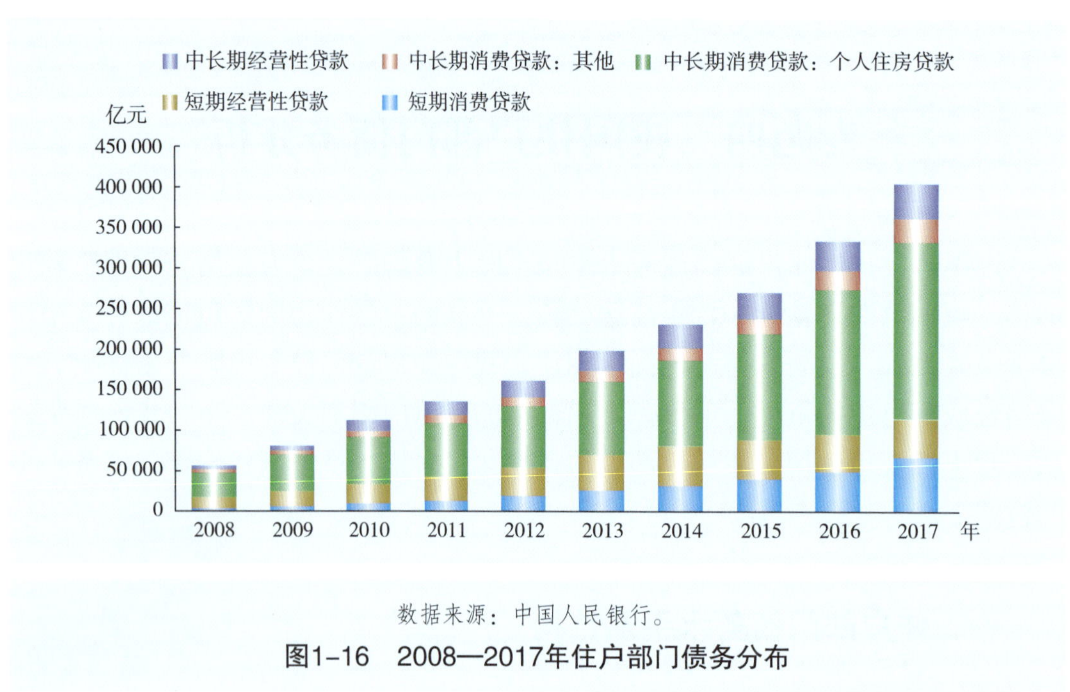

数据来源：中国人民银行。

图1-16　2008—2017年住户部门债务分布

（一）个人住房贷款占据主体地位，整体债务水平与房价相关性较高

自1997年商业银行开办个人住房抵押贷款业务以来，住户部门债务中个人住房贷款一直占据主体地位。2008—2017年，个人住房贷款余额从3.0万亿元增至21.9万亿元，占住户部门贷款余额的比例保持在45%~54%（见图1-17）。

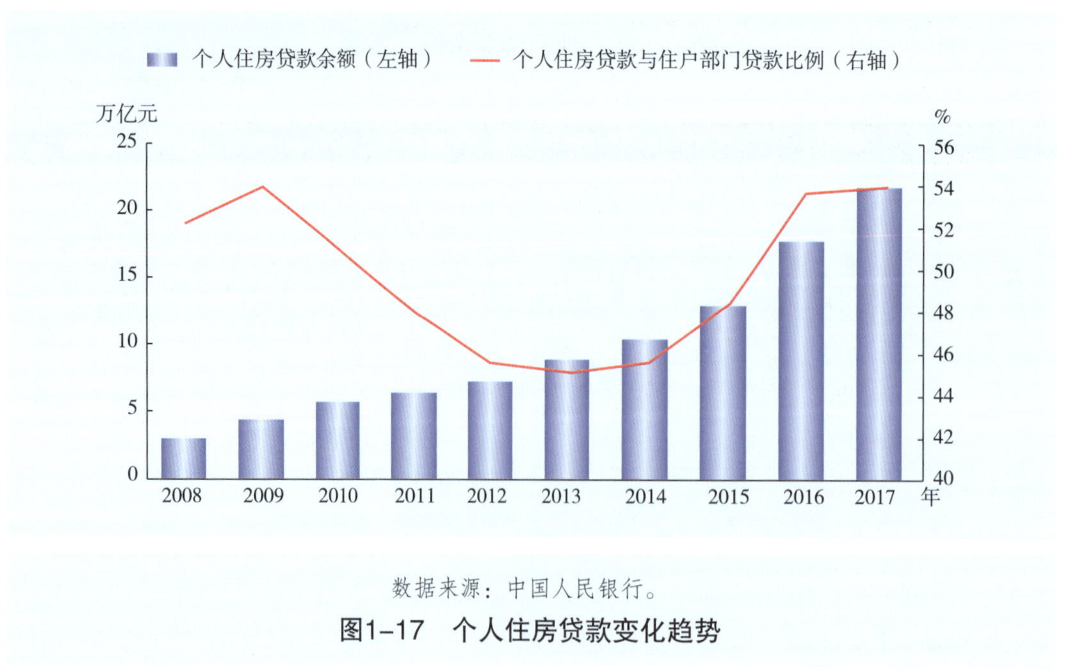

数据来源：中国人民银行。

图1-17　个人住房贷款变化趋势

住户部门债务水平与房价呈现较大的相关性（见图1-18）。2009年，我国实行积极的财政政策和适度宽松的货币政策，采取了一系列促进房地产市场发展的政策，房地产市场价格止跌回升，住户部门债务也随之快速增长。2009年底，住户部门债务余额8.2万亿元，同比增长43.3%，其中个人住房贷款余额4.4万亿元，同比增长47.9%。2010年，为抑制部分城市房价过热，国家加大房地产市场调控力度，金融管理部门出台差别化信贷政策，对抑制投机需求、控制房价起到了积极作用。与此同时，个人住房贷款增速和住户部门债务增速也在2010—2012年持续下降。此后，房价增速随着政策调控的放松与收紧而交替呈现上升—下降的M型波动态势，住户部门债务增速依然与房价增速保持一致的变动趋势。

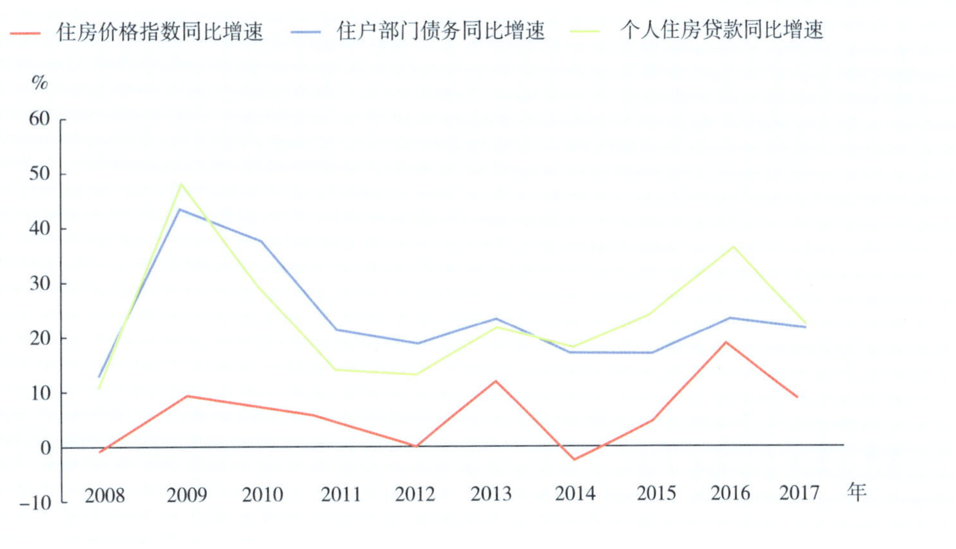

数据来源：中国人民银行、国家统计局。

图1-18　住户部门债务水平与房价的关系

2017年3月起，针对房价上涨过快问题，相关部门出台一系列房地产调控政策。此后，北京、上海等城市的房地产交易量明显下降，房价过快上涨的势头得到了有效抑制。与此同时，2017年末，个人住房贷款余额同比增速相应降至22.2%。

（二）2017年短期消费贷款高速增长

近年来，随着市场的发展、各类消费需求的提升以及信用卡的普及，短期消费贷款在住户部门债务中占比不断提升，2008—2017年末，该比例从7.3%

增至16.8%。短期消费贷款的增长对于提高居民生活水平、支持经济发展起到了积极作用。但值得注意的是，2017年，中长期消费贷款增速下降，而短期消费贷款增速大幅上升。2017年1月，短期消费贷款余额同比增速为19.9%，至2017年10月已增至40.9%（见图1-19）。

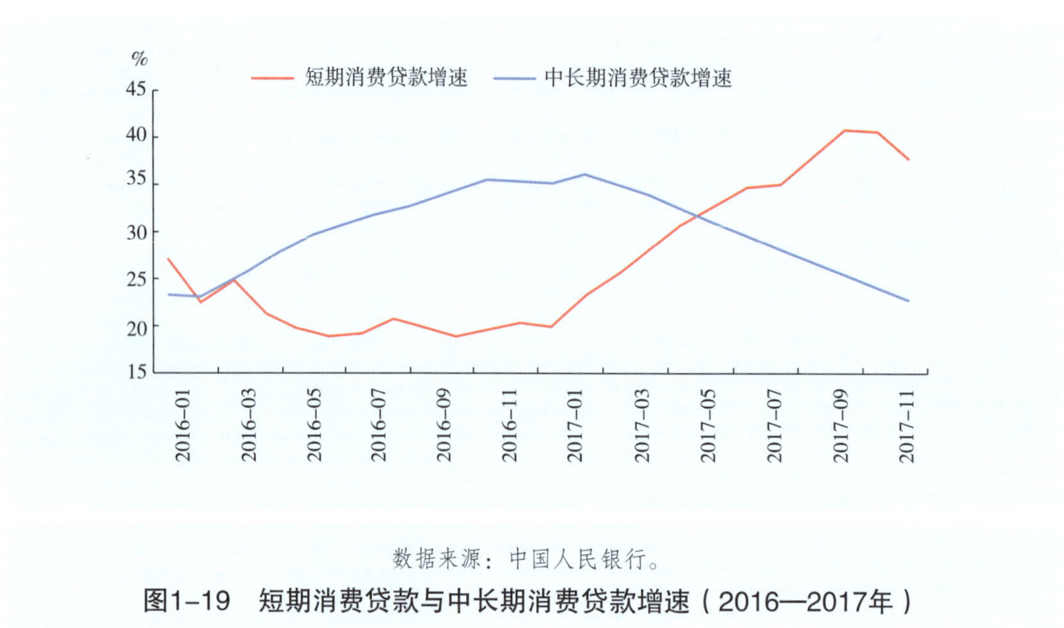

数据来源：中国人民银行。

图1-19 短期消费贷款与中长期消费贷款增速（2016—2017年）

初步分析，短期消费贷款的异常增长可能有如下原因：首先，在整体利差处于低位的情况下，银行有动力投放收益更高的消费信贷，P2P监管趋严也促使了部分消费贷款回流银行体系。2012—2016年，年度新增短期消费贷款占同期银行业金融机构新增全部贷款的比例维持在5.8%~7.7%，而2017年，该比例增长至13.8%。其次，近年来购房开支骤增透支了部分居民的消费能力，使其转向利用短期消费贷款维持消费水平。最后，部分购房者利用消费贷等产品规避首付比的限制。

（三）互联网金融和民间借贷等成为住户部门负债的渠道之一

除上述纳入统计范围的住户部门债务外，互联网金融、民间借贷、典当行等也是居民获取资金的途径。2013年起，互联网金融依托互联网技术的便利性和低成本，提供小额、短期、低门槛的贷款服务，业务呈现井喷态势。除传统银行开办的网络审批贷款业务外，个人从互联网获取贷款的渠道主要包括P2P平台、网络小贷公司以及持牌消费金融公司。据不完全统计，2013—2017年，P2P等网贷行业贷款余额（包括企业贷款和个人贷款）的年均复合增长率达到

159%[①]。互联网金融在弥补传统金融服务不足、便利居民借贷等方面发挥了积极作用。然而，部分居民不考虑还款能力，利用互联网金融征信缺失过度借贷，造成逾期无法偿还，甚至引发暴力催收等恶性事件。此外，还有部分居民通过典当行、民间借贷等非正规融资渠道借款。

二、住户部门债务风险分析

从整体水平看，中国住户部门债务负担低于国际平均水平，且住房贷款抵押物充足、违约率低，当前债务风险总体可控，但债务积累过快需予以关注。

（一）住户部门杠杆率低于国际平均水平，但增速较快

2017年末，我国住户部门杠杆率（债务余额/GDP）为49.0%，低于国际平均水平（62.1%），但高于新兴市场经济体的平均水平（39.8%）（见图1-20）。国际货币基金组织认为，住户部门债务与GDP的比值低于10%时，该国债务的增加将有利于经济增长，比值超过30%时，该国中期经济增长会受到影响，而超过65%会影响到金融稳定[②]。

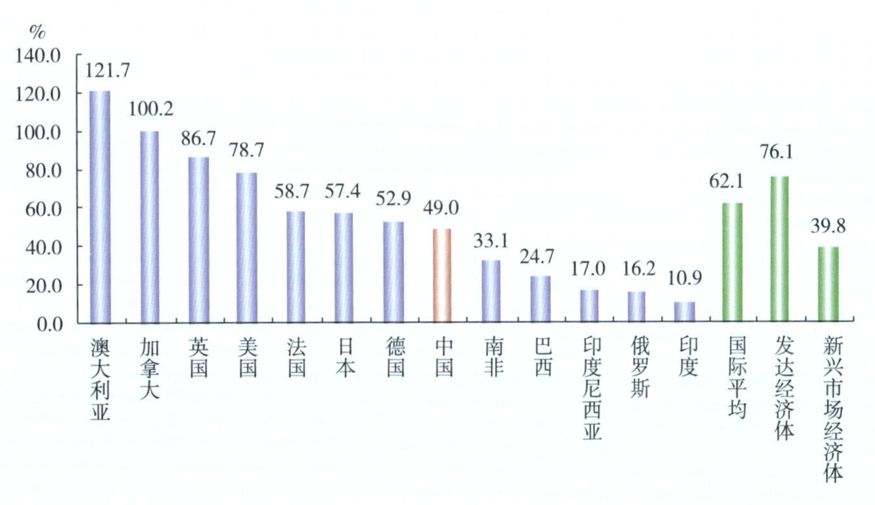

数据来源：中国住户部门杠杆率数据由人民银行工作人员计算所得，其他国家杠杆率数据来自国际清算银行。

图1-20 2017年末部分经济体住户部门杠杆率

① 相关数据来自中国互联网金融协会。
② 引自《全球金融稳定报告》，2017年10月，国际货币基金组织。

尽管我国住户部门杠杆率低于国际平均水平，但近年来增速较快。2008年末，我国住户部门杠杆率为17.9%，至2017年末已经达到49.0%，10年间上升31.1个百分点。在中国住户部门杠杆率快速上升的同时，其他主要经济体的住户部门都经历了不同程度的去杠杆（见图1–21）。例如，美国住户部门杠杆率从2008年末的95.4%显著降至2017年末的78.7%，同期日本住户部门杠杆率从59.5%降至57.4%，欧盟从60.4%降至58.0%。

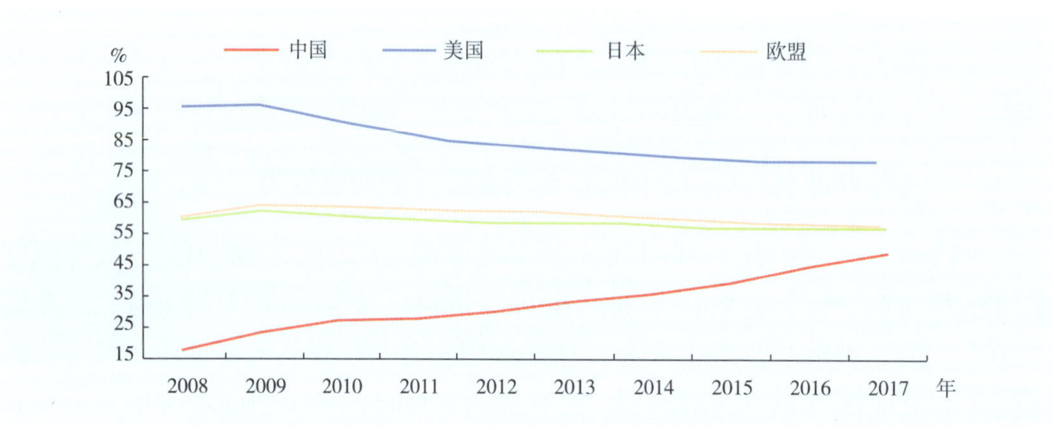

数据来源：中国住户部门杠杆率数据由人民银行工作人员计算所得，其他国家杠杆率数据来自国际清算银行。

图1–21 主要经济体住户部门杠杆率变化趋势（2008—2017年）

综合各经济体住户部门当前债务水平和增长趋势（见表1–2），截至2017年末，住户部门债务风险呈“高红预警”的为中国香港、韩国、卢森堡、瑞士、挪威、瑞典。以上经济体住户部门杠杆率超过65%，并且仍呈增长态势。中国住户部门杠杆率在30%~65%，亦呈增长态势，应受到重视。

表1-2 2017年各经济体住户部门杠杆率水平及变化趋势

变化趋势	住户部门杠杆率超过65%		住户部门杠杆率在30%与65%之间		住户部门杠杆率低于30%	
增加	中国香港 韩国 卢森堡	瑞士 挪威 瑞典	比利时 智利 中国	以色列 法国	阿根廷 印度	墨西哥 俄罗斯
平稳或下降	澳大利亚 加拿大 丹麦 芬兰 马来西亚	荷兰 葡萄牙 泰国 英国 美国	奥地利 德国 希腊 爱尔兰 意大利 捷克	日本 波兰 新加坡 南非 西班牙	巴西 哥伦比亚 印度尼西亚 沙特阿拉伯	土耳其 匈牙利

数据来源：国际清算银行。

（二）偿债比率处于国际平均水平，债务收入比增长迅速

偿债比率考察的是住户部门用多少收入来偿还债务，即住户部门当年应还债务本金与利息之和与住户部门可支配收入的比值。根据国际清算银行关于住户部门偿债比率的计算方法①，2017年末，我国住户部门偿债比率为9.4%，与其他国家相比处于中等水平，接近英国的偿债比率（见图1-22）。发达经济体的偿债比率分布比较分散，荷兰、澳大利亚、丹麦、挪威等经济体比较高，日本、法国和德国则处于较低水平。

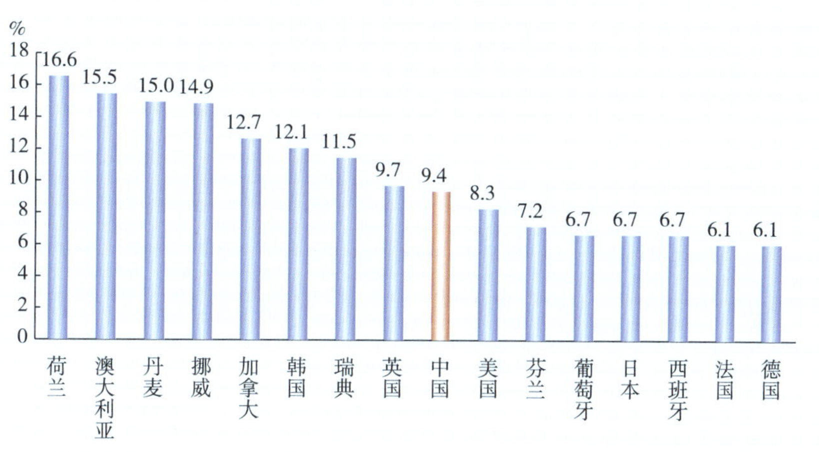

数据来源：中国的偿债比率数据由人民银行工作人员按照国际清算银行的方法估算，其他国家的偿债比率数据来自国际清算银行公布数据。

图1-22　部分经济体住户部门偿债比率（2017）

债务收入比是以可支配收入衡量的住户部门债务水平。2008—2017年，我国住户部门债务收入比从43.2%增至112.2%，10年间上升69个百分点。其中，房贷收入比（个人住房贷款/可支配收入）从2008年末的22.6%增至2017年末的60.5%，10年间上升37.9个百分点。

① 该方法假定住户部门债务余额为D，可支配收入为Y，贷款季度利率为i，贷款剩余期限为t个季度（假定各国住户部门贷款剩余期限均为18年，即72个季度），则偿债比率 = $\frac{i}{1-(1+i)^{-t}} \times \frac{D}{Y}$。为保证与国际清算银行公布的其他国家偿债比率的可比性，本文估算我国住户部门偿债比率时亦假定我国住户部门贷款的平均剩余期限为18年，可支配收入为国家统计局公布的人均可支配收入乘以我国总人口，同时假定贷款利率为我国5年期以上贷款的基准利率，即4.9%。

（三）住户部门债务抵押物充足，违约风险较低

长期以来，我国实施审慎的住房信贷政策，对首付比要求较其他多数国家更为严格。2017年，我国个人住房贷款平均抵借比（即当年批准的抵押贷款金额除以当年批准的抵押品价值）为59.3%，风险抵御能力较强。此外，我国住户部门贷款的不良率一直处于较低水平。2017年末，个人不良贷款余额6 149.3亿元，不良率为1.5%，低于银行贷款整体不良率0.35个百分点。个人住房贷款、个人信用卡贷款和个人汽车贷款不良率分别为0.3%、1.6%、0.7%，较上年分别降低0.1个、0.3个和0.1个百分点。

（四）东南沿海地区住户部门债务风险相对较高

从区域分布看，2017年全国各地区住户部门债务风险程度不一。杠杆率超过全国平均水平的省份分别是：上海（65.5%）、浙江（65.4%）、甘肃（59.8%）、广东（59.1%）、北京（58.8%）、福建（57.5%）、重庆（50.6%）、宁夏（49.3%）和江西（49.2%）。上述地区中，上海、浙江、广东、福建、重庆5个省市的住户部门债务与存款的比例以及债务收入比也超过全国平均水平，应加以关注（见图1–23）。

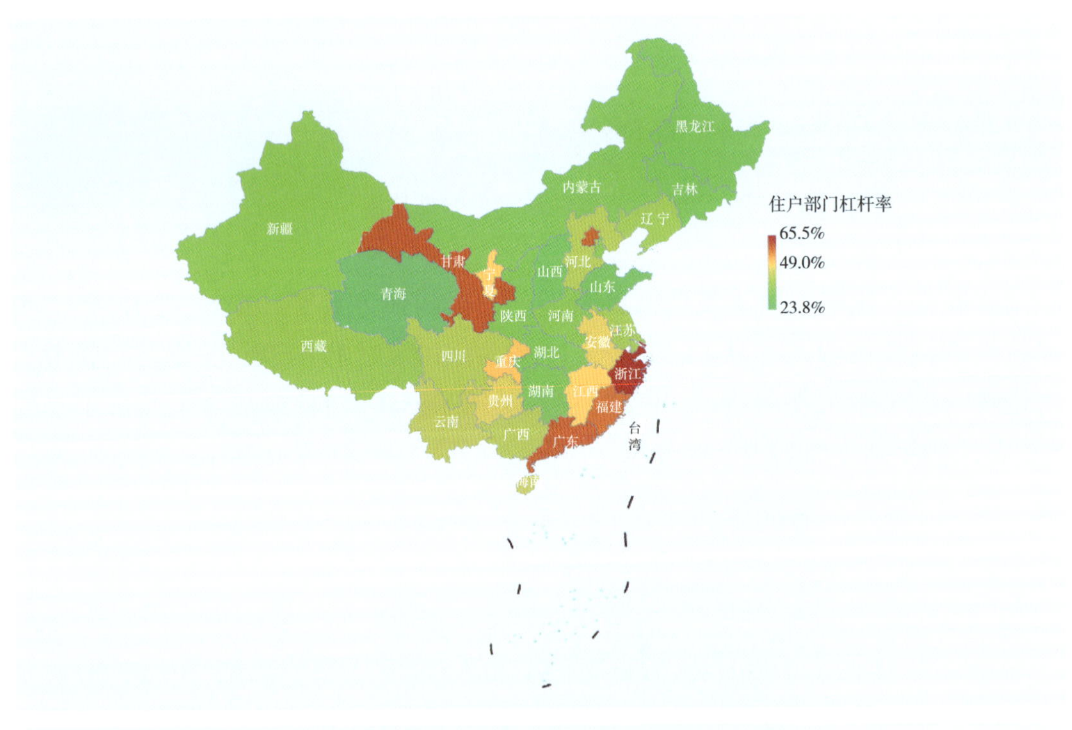

数据来源：人民银行金融稳定局工作人员测算。

图1–23 中国境内各地区住户部门杠杆率

三、政策建议

在我国经济从高速发展向高质量增长转型过程中，应坚持以宏观审慎视角密切关注住户部门债务变化，多措并举应对住户部门债务增速过快问题。坚持“房子是用来住的、不是用来炒的”定位，落实地方政府主体责任，强化“因城施策”的房地产宏观调控，规范金融机构住房金融业务，促进房地产市场平稳健康发展。鼓励金融机构加快推进消费信贷管理模式和产品创新，同时加强风险管理，严厉打击挪用消费贷款、违规透支信用卡等行为。积极运用大数据分析，加快推进覆盖全社会的征信系统建设。加强金融知识普及，持续开展风险提示和宣传教育，提高消费者金融素养，引导树立正确的财务观念，避免过度负债。

专题五　房地产市场发展及风险分析

2017年，全国商品房销售面积和销售金额均创新高，土地购置、房屋开工和房地产投资较快增长。随着“因城施策”的房地产调控政策不断发布，部分城市房价过快上涨的局面总体得到抑制，房地产信贷增速放缓。我国房地产金融政策审慎，房地产信贷质量较好，相关金融风险总体可控，但要关注房地产信贷占比过高、部分居民违规加杠杆购房、部分房地产企业债务率过高等风险。

一、2017年我国房地产市场发展概况

2017年，贯彻“房子是用来住的，不是用来炒的”的政策定位，多地出台房地产调控措施。初步统计，2017年有50多个城市出台调控政策，有15个城市实行“认房又认贷”二套房认定标准，有48个城市实行限售、限购、限贷等政策。与此同时，各地政策着力于逐步增加住房供给，引导部分购房需求由购买转向租赁。由此，部分城市房价过快上涨的局面得到一定遏制。

房地产销售面积和销售额均创新高，但增速放缓。2017年全年商品房销售面积累计16.9亿平方米，同比增长7.7%，增速较上年低14.8个百分点。商品房销售额13.4万亿元，同比增长13.7%，增速较上年低21.1个百分点（见图1-24）。2017年3月起，针对房价上涨过快问题，各地相继出台了一系列房地产调控政策，北京、上海全年商品房销售面积同比均出现明显下降，下降幅度分别为47.8%和37.5%。

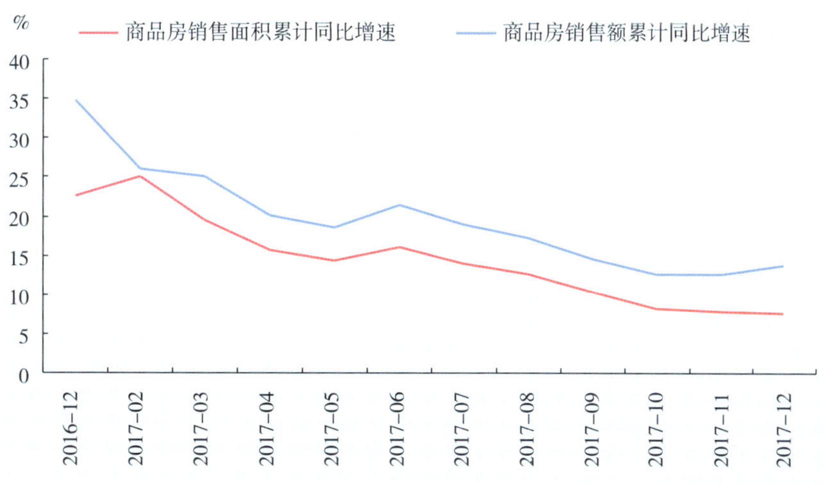

数据来源：国家统计局。

图1-24　商品房销售累计同比增速变化趋势

主要大中城市房价趋于平稳。2017年12月，按照简单算术平均计算，70个大中城市新建商品住宅价格指数同比上涨5.8%，涨幅较上年低5个百分点。其中，北京、上海、广州和深圳4个一线城市房价涨幅回落最为显著，新建商品住宅价格指数同比上涨0.6%，较上年低26.5个百分点；31个二线城市新建商品住宅价格指数同比上涨5.1%，较上年低8.8个百分点；35个三线城市新建商品住宅价格指数同比上涨6.9%，较上年高出0.7个百分点。70个大中城市二手住宅价格走势与新建商品住宅总体一致，价格指数同比上涨5.0%，较上年低2.9个百分点。北京、上海、广州和深圳新建住宅价格指数同比分别上涨-0.2%、0.2%、5.5%和-3.0%，比上年分别低28.6个、31.5个、18.8个和26.8个百分点；二手住宅价格同比分别上涨-1.6%、0.3%、9.8%和1.5%，比上年分别低38.3个、32.5个、16.1个和17.8个百分点（见图1-25、图1-26）。

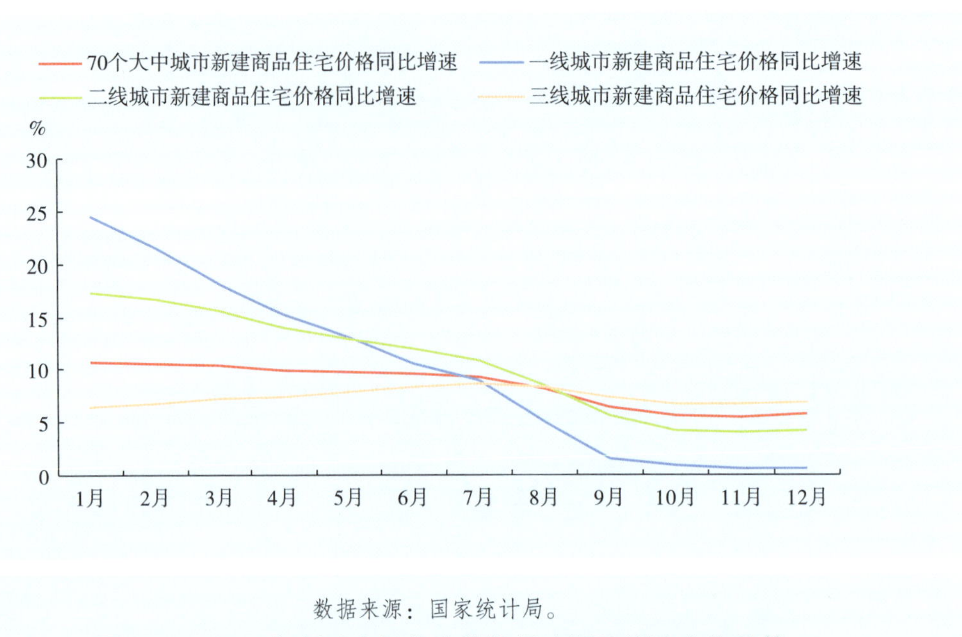

数据来源：国家统计局。

图1-25　2017年新建商品住宅价格月度同比增速变化趋势

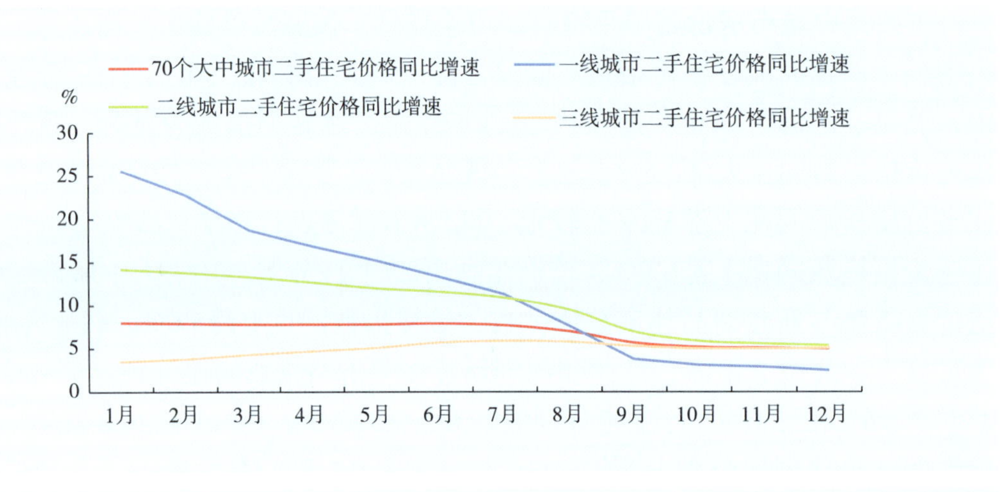

数据来源：国家统计局。

图1-26　2017年二手住宅价格月度同比增速变化趋势

房价上涨城市有所减少。全国70个大中城市中，新建商品住宅价格同比、环比上涨城市数量在2017年6月分别达到70个、60个的高点后开始震荡回落，至12月分别降至61个、57个；二手商品住宅价格同比、环比上涨城市数量分别在8月、6月达到69个、60个的高点后开始震荡回落，到12月分别降至65个、47个。

土地购置量价齐升，房地产开工及投资平稳增长。销售增长对土地购置、房屋新开工及行业投资均有推动作用。2017年，全国完成土地购置2.6亿平方米，同比增长15.8%，而上年同期为同比下降3.4%；全国房屋累计新开工17.9亿平方米，同比增长7.0%，增速较上年低1.1个百分点；全国房地产开发投资累计完成11.0万亿元，同比增长7.0%，增速较上年高0.1个百分点。

房地产贷款较快增长，但增速有所放缓。2017年末，全国主要金融机构（含外资）房地产贷款余额32.2万亿元，同比增长20.9%，增速较2016年末低6.1个百分点。其中，个人住房贷款年末余额为21.9万亿元，同比增长22.2%，增速较上年末低14.5个百分点；住房开发贷款余额为5.6万亿元，同比增长26.7%，地产开发贷款余额1.3万亿元，同比下降8.0%（见图1–27）。

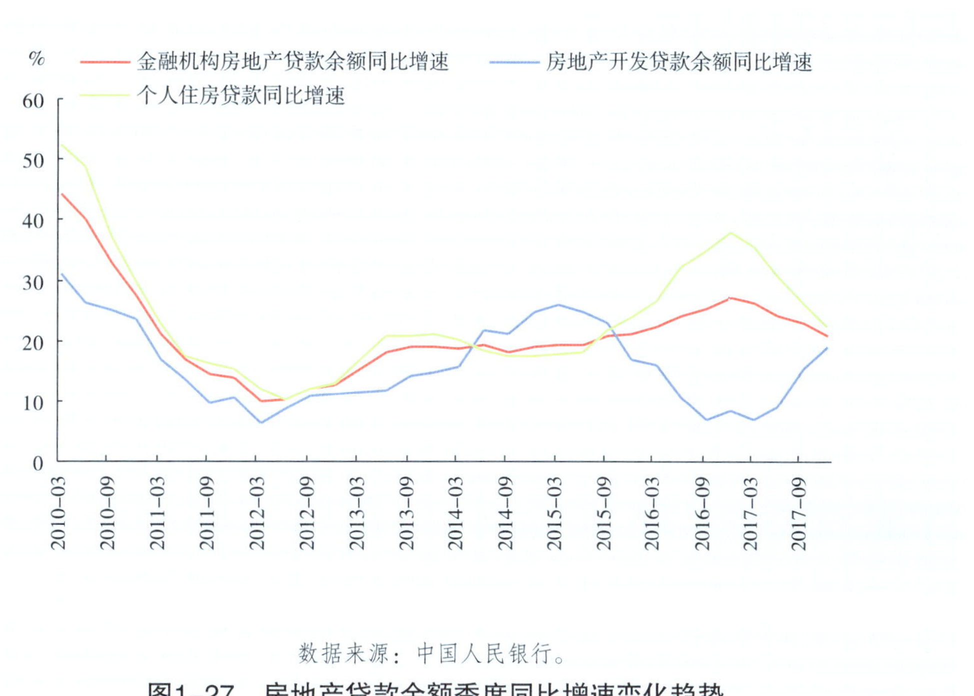

数据来源：中国人民银行。

图1–27 房地产贷款余额季度同比增速变化趋势

二、房地产金融领域应关注的问题

我国长期实行审慎的住房信贷政策，平均首付比例达34%以上，且银行业金融机构房地产贷款不良率明显低于整体贷款不良率，房地产信贷质量较好，房地产金融风险总体可控。但不容忽视的是，近年来房地产业高杠杆发展模式和房价过快上涨并存，房地产行业风险有所上升，相关风险可能通过多种渠道影响金融体系，须予以高度关注。

房地产企业债务率较高，融资方式复杂。2017年，136家上市房企平均资产负债率高达79.1%，比上年上升1.9个百分点，其中有26家资产负债率超过85%。部分房企的土地竞买保证金也来自外部融资，购地资金杠杆率达到7~8倍，严重违反了自有资金购地的要求。较高的负债率增加了房地产企业经营发展的顺周期性，削弱了其应对行业波动的能力。此外，部分房地产企业的融资渠道存在业务模式复杂、多层嵌套、明股实债的情况，加大了监管部门掌握资金真实流向的难度，削弱了监管效果。

居民购房存在违规加杠杆情况。2017年，短期消费贷款增速异常，1月短期消费贷款余额同比增速为19.9%，至10月则上升至40.9%。这一现象的出现部分原因在于2016年下半年以来银行逐渐收紧房贷授信，部分购房者利用短期消费贷款等渠道违规加杠杆，绕过首付比例限制，从而可能导致大量短期消费贷款流入房地产市场，助长了房地产市场投机行为，房价过快上涨问题更为突出。

房地产行业风险通过多种方式影响金融体系。从直接影响看，首先，银行对房地产行业的信贷敞口较为集中，2017年末房地产贷款余额占各项贷款余额的26.8%，一旦房地产市场出现剧烈波动，银行业将直接面临信用风险。其次，部分房企还通过信托、资管计划等各类非银渠道融资，存在融资模式复杂、多层嵌套的问题，其风险有可能通过以上渠道传导至金融体系。最后，我国大量企业贷款的抵押物为房地产，如果房地产市场波动剧烈，可能通过抵押物价值变化渠道导致风险向金融业传导。从间接影响看，房地产涉及众多上下游行业，其发展状况会对这些行业的经营效益和企业偿债能力产生影响，进而影响金融体系风险状况和经济增长形势。

三、政策建议

保持房地产金融政策的连续性和稳定性。继续落实好“因城施策”的差别化住房信贷政策，指导商业银行合理管控个人住房贷款增长，强化个人住房贷款审慎管理，支持刚性居住需求，抑制投机炒房行为，加强对消费贷款的管理，防止消费贷款、经营贷款等资金挪用于购房行为，抑制居民部门杠杆继续过快增长。

防范房地产领域的不当和过度融资。抑制资金过度流向房地产领域，对负债率偏高以及大量购置土地、具有囤房囤地和市场炒作行为、制造地王现象等的房地产企业进行融资限制，清理规范房地产企业“明股实债”等融资行为，提高房地产行业债务透明度，严格落实企业购地只能用自有资金的规定，加强房地产开发企业购地资金来源审查，严控购地加杠杆行为。

出台房地产市场健康发展长效机制。综合运用土地、金融、财税、立法等手段，解除制约房地产市场稳定的制度障碍。加快推进房地产领域供给侧改革，人口流入的大中城市应切实加大住宅用地供应，增加住宅供给能力，有效引导市场预期。同时，加快建立“租购并举”的住房制度，推动“租购同权”，调节长期供求关系。

第二部分

金融业稳健性评估

2017年，我国金融行业深入贯彻落实党中央、国务院重大决策部署，牢牢守住不发生系统性风险的底线，保持了行业资产负债规模的平稳增长和盈利能力的相对稳定，保证了金融市场的平稳运行，未发生重大风险事件。然而，当前和今后一段时期我国金融领域仍处在风险的易发高发期，风险点多面广，呈现隐蔽性、复杂性、突发性、传染性、危害性特点。要坚持“稳中求进”工作总基调，立足标本兼治、主动攻防和积极应对兼备，坚决打好防范化解重大风险攻坚战。

一、银行业稳健性评估

资产负债规模保持增长。截至2017年末，银行业金融机构资产总额252万亿元，同比增长8.7%，增速比上年下降7.1个百分点；负债总额233万亿元，同比增长8.4%，增速比上年下降7.6个百分点。2017年以来，金融监管与去杠杆力度加大，银行业金融机构资产负债规模扩张趋缓（见图2–1）。

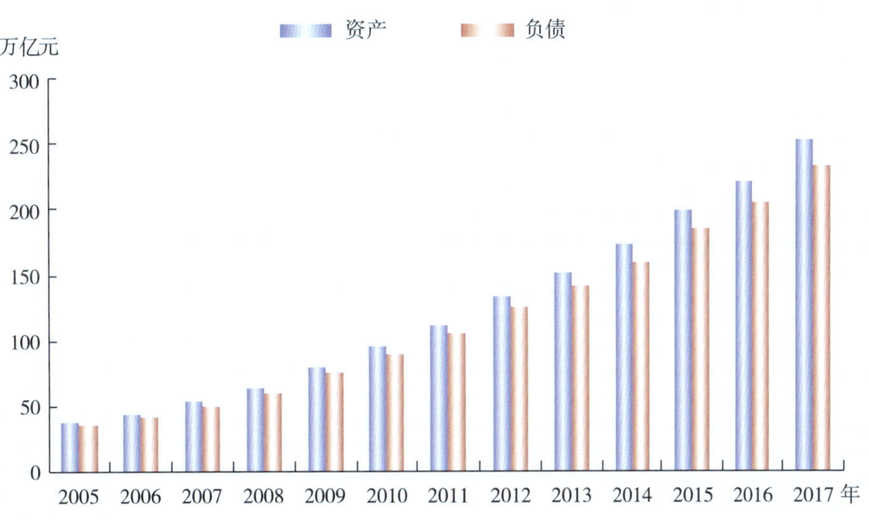

数据来源：中国银保监会。

图2–1　银行业金融机构资产负债情况

存贷款增速回落。截至2017年末，金融机构本外币各项存款余额169.3万亿元，同比增长8.8%，增速比上年末低2.5个百分点；金融机构本外币贷款余额125.6万亿元，同比增长12.1%，增速比上年末低0.7个百分点（见图2–2）。

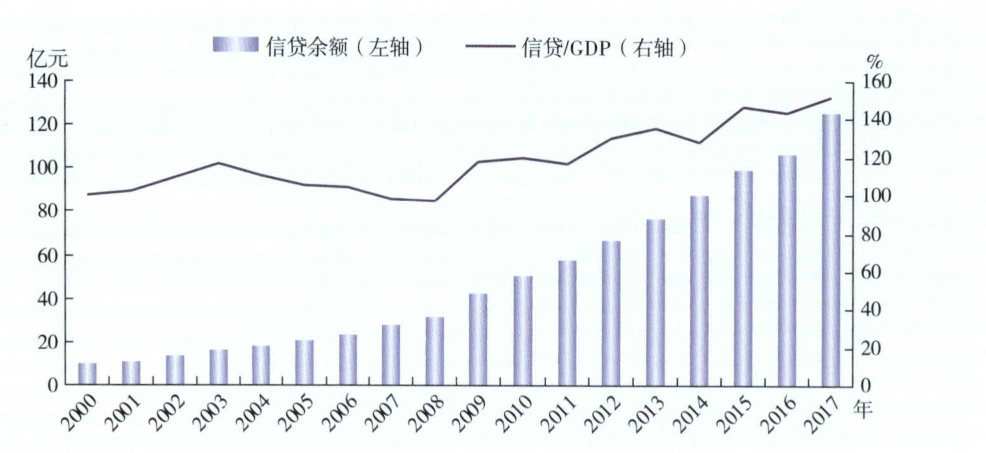

数据来源：中国人民银行、国家统计局。

图2-2　银行业金融机构人民币信贷变化情况

资产质量下行压力趋缓。截至2017年末，银行业金融机构不良贷款余额2.39万亿元，同比增加1 957亿元，不良贷款率1.85%，同比下降0.06个百分点。其中，商业银行不良贷款余额1.71万亿元，同比增加1 934亿元，已连续25个季度反弹；不良贷款率1.74%，连续5个季度保持基本平稳。银行业金融机构关注类贷款余额4.91万亿元，同比减少3 685.34亿元；关注类贷款率3.81%，同比下降0.79个百分点（见图2-3）。逾期90天以上贷款余额与不良贷款余额比值92.49%，同比下降10.11个百分点，银行业金融机构对于不良贷款的认定总体上更趋审慎。

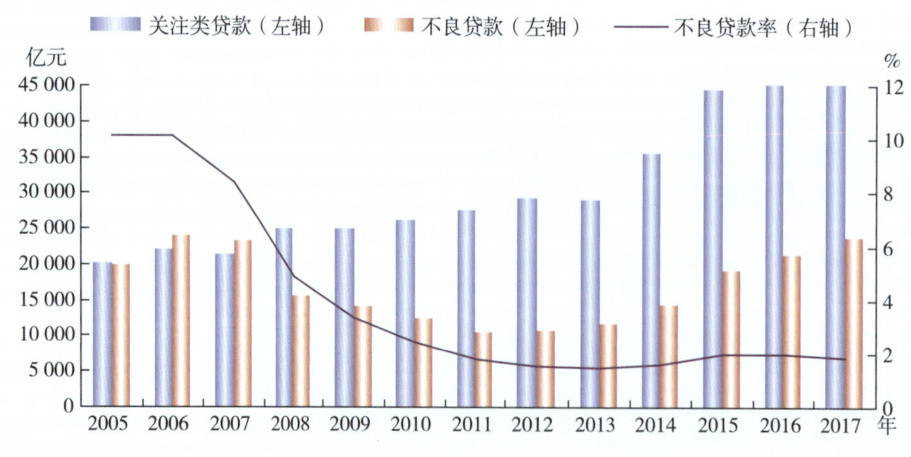

数据来源：中国银保监会。

图2-3　银行业金融机构关注类贷款余额及不良贷款变化情况

商业银行风险抵补能力继续加强。截至2017年末，商业银行贷款损失准备余额3.09万亿元，同比增加4 268亿元；拨备覆盖率181.42%，同比上升5.02个百分点；贷款拨备率3.16%，同比提高0.09个百分点。

资本充足水平稳中有升。截至2017年末，商业银行核心一级资本充足率为10.75%，与上年末基本持平；一级资本充足率为11.35%，同比上升0.1个百分点；资本充足率为13.65%，同比上升0.37个百分点，资本较为充足。核心一级资本净额占资本净额的比重为78.77%，虽较上年末下降2.2个百分点，但资本质量仍处于较高水平（见图2-4）。

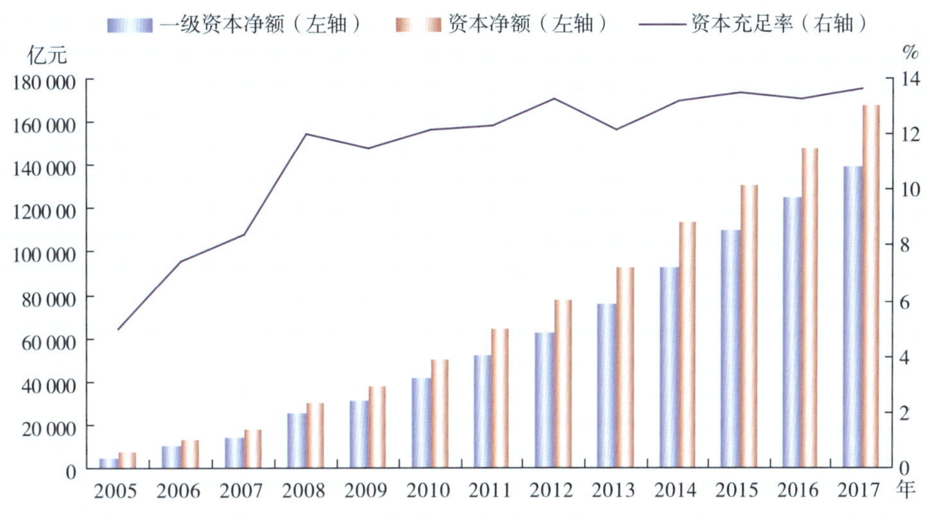

数据来源：中国银保监会。

图2-4 商业银行资本充足率及资本构成①

利润增长整体稳定，但盈利能力有所下降。2017年，银行业金融机构实现净利润2.2万亿元，同比增长6.15%，增速上升2.5个百分点。截至年末，银行业金融机构资产利润率0.91%，同比下降0.05个百分点，资本利润率11.91%，同比下降0.7个百分点，银行业金融机构盈利能力整体较上年有所下降。随着利率市场化的不断推进，存贷款利差缩小的趋势明显。截至年末，银行业金融机构净息差2.01%，同比下降0.09个百分点；非利息收入占比24.23%，同比下降2.38个百分点（见图2-5）。

① 2013年开始，资本充足率按照巴塞尔协议Ⅲ规则计算。

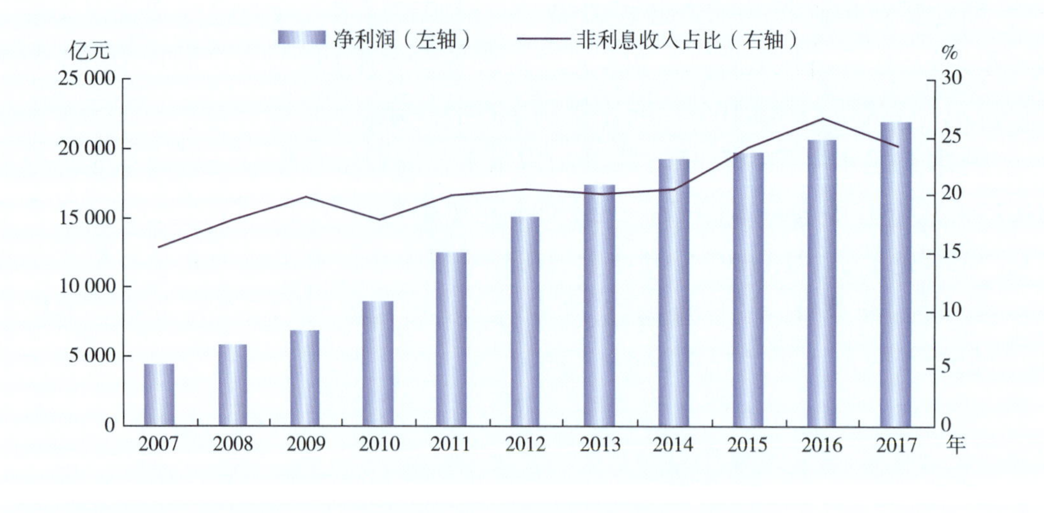

数据来源：中国银保监会。

图2-5 银行业金融机构盈利水平和非利息收入占比的变化趋势

流动性水平整体保持稳定。截至2017年末，商业银行流动性比例为50.03%，人民币超额备付金率为2.02%，存贷款比例为70.55%，资产规模在2 000亿元以上的商业银行流动性覆盖率为123.26%，流动性整体合理充裕。

表外业务继续增长，风险隐患值得关注。截至2017年末，银行业金融机构表外业务余额302.11万亿元（含托管资产表外部分），同比增长19.17%。表外业务余额相当于表内总资产规模的119.69%，比上年末提高10.54个百分点。其中，担保类18.34万亿元，承诺类21.98万亿元，金融资产服务类186.09万亿元。商业银行表外业务管理仍然较为薄弱，表内外风险可能出现交叉传染。

四家资产管理公司风险隐患初步显现。近年来，华融、信达、东方、长城四家国有金融资产管理公司（以下简称四家资产管理公司）资产负债规模快速扩张，资产负债率高位运行。2014年以来，四家资产管理公司负债增长的年均增速达到30%以上，资产负债率均在85%以上。此外，目前个别资产管理公司投资业务主要集中在房地产、政府融资平台和基础设施建设等三个领域，风险集中度高。

二、保险业稳健性评估

（一）行业资产规模持续扩大，保险密度和保险深度有所提升

2017年，保险业总资产达16.75万亿元，较年初增长10.8%。其中，产险公司总资产2.5万亿元，较年初增长5.28%；寿险公司总资产13.2万亿元，较年初

增长6.25%；再保险公司总资产3 150亿元，较年初增长14.07%；资产管理公司总资产491亿元，较年初增长15.28%。保险密度和保险深度分别为2 631元和4.42%，较上年分别增加393元和0.26个百分点，但仍低于2016年的638.3美元和6.28%的世界平均水平。目前，保险行业正处于防范化解风险攻坚期、多年积累深层次矛盾释放期和保险发展方式转型阵痛期的“三期叠加”阶段，相关风险值得关注。

（二）投资收益略有提高，资金运用仍面临挑战

2017年，保险业大幅降低银行存款配置比例，加大了债券和另类投资力度，权益类投资略有下降。银行存款、股票和证券投资基金占资金运用余额的比重分别为12.92%和12.3%，同比下降5.63个和0.98个百分点；债券和其他投资（主要是另类投资）占比分别为34.59%和40.19%，同比分别上升2.44个和4.17个百分点。受全年股票市场回暖等影响，保险业投资收益有所提升，达到8 352亿元，同比增长18.12%；平均投资收益率5.77%，同比增长0.11个百分点。其中，占比7.2%的股票实现投资收益1 183亿元，同比增长355.46%；债券实现收益2 087亿元，增长11.07%（见图2-6）。

同时，保险业资金运用中的一些风险和问题值得高度关注：首先，保险业在债券和基础设施项目等配置较多，在经济转型、去杠杆和打破刚性兑付的背景下，保险资金运用面临的信用风险加大。其次，个别公司通过投资信托、私募基金等产品违规开展多层嵌套、通道等业务，底层资产不清，具体投向模糊。最后，个别公司投资激进，过度依赖股票、房地产等高风险资产。

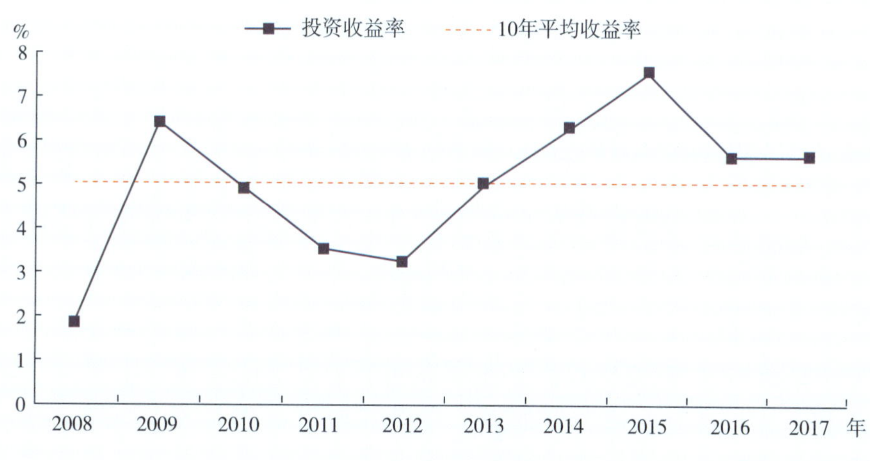

数据来源：中国银保监会。

图2-6　保险资金运用平均收益率

（三）财产险保费增长平稳，承保盈利空间有所收窄

2017年，财产险公司保费收入1.05万亿元，同比增长13.76%，增幅较上年提高3.75个百分点。车险仍是财产险公司的主要业务，占比70%以上，非车险业务实现较快增长，增速达24.21%，超过车险增速14.17个百分点，其中，保证保险和责任保险同比分别增长106%和24.5%。但个别公司对信用风险的特征和规律不了解，违规经营信用保证保险业务，且内部管控不到位，遭受较大损失。受市场竞争激烈的影响，财产险业综合成本率有所上升，至99.74%，较上年增加0.22个百分点，承保盈利空间收窄至2011年以来最低水平。而在投资收益的拉动下，财产险业全年实现税前利润639.6亿元，同比增长11.13%（见图2-7）。

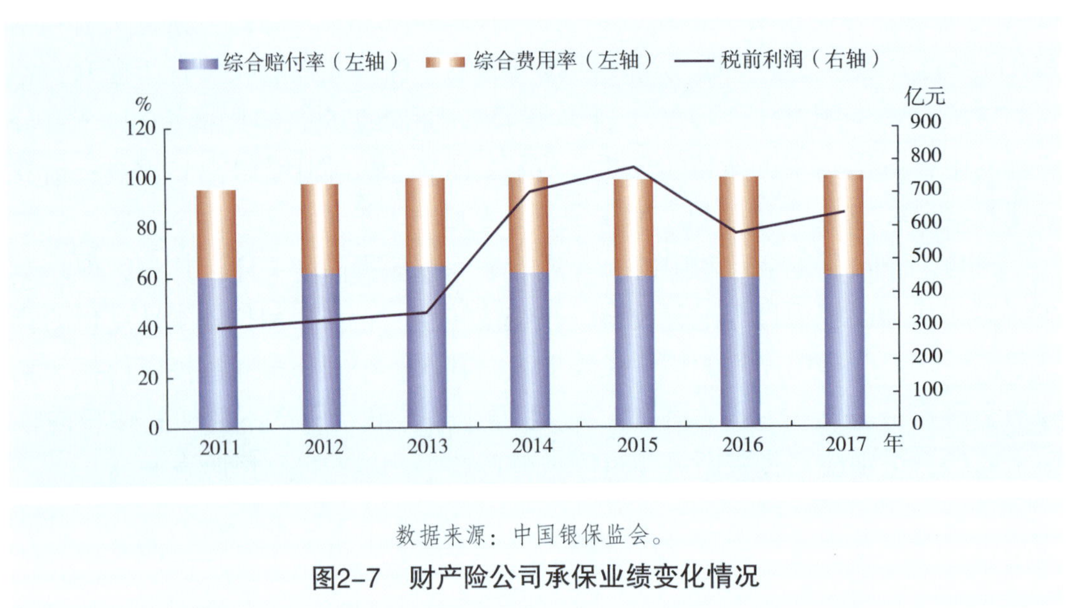

数据来源：中国银保监会。

图2-7 财产险公司承保业绩变化情况

（四）人身险业保费增速放缓，经营利润增长

2017年，监管部门继续强化中短存续期产品监管，控制销售规模，人身险公司以万能险为主的投资型业务大幅收缩，保户投资款新增缴费（主要是中短存续期万能险产品）5 892亿元，同比下降50.32%，个别公司降幅达90%以上。以普通险和分红险为主的原保险保费收入虽同比增长20.04%至2.6万亿元，但增速较上年缩减近17个百分点。受此影响，人身险公司规模保费[①]出现

① 规模保费指所有保险产品的实际销售收入，等于原保险保费（即保费）、保户投资款新增缴费、投连险独立账户新增缴费三项之和。

2013年以来的首次下滑，达3.24万亿元，同比下降6.06%。同时，全行业退保压力增加，全年退保率6.52%，较上年上升0.91个百分点。但受益于投资收益的提升，全年人身险公司实现税前利润1 391亿元，同比增长25.91%（见图2–8）。

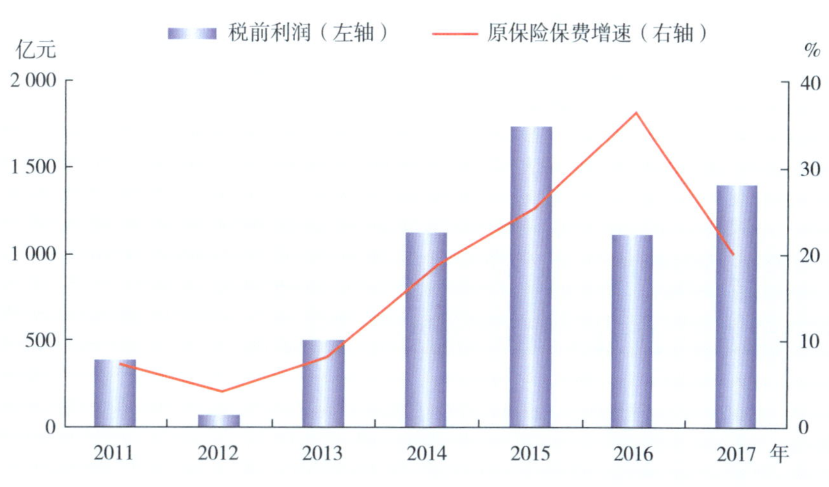

数据来源：中国银保监会。

图2–8　近年来人身险公司税前利润及原保险保费增速情况

（五）少数保险公司流动性风险突出，风险外溢性增强

当前，保险业流动性风险主要集中在少数以销售中短期存续期产品或非寿险投资型产品为主的保险公司。这类公司的风险特点为：资金成本高，募短配长，由于一般的投资品种难以覆盖资金成本，往往大比例投资股权以及长久期投资品种，造成资产负债不匹配。2017年，投资型产品停售或受限后，一些公司资金流入难以弥补现金流缺口，加上一些长期资产难以快速变现，流动性风险突出。当前，保险业与其他金融行业和市场关联性上升，风险外溢性增强，且少数保险公司股权结构复杂，一旦风险爆发，可能通过金融业务往来、关联交易等渠道扩散和放大。

（六）少数保险公司资本不实，公司治理不完善

少数保险公司股东动机不纯，通过关联人代持等违规方式，超比例持股，造成事实上的“一股独大”。部分保险公司股权结构复杂且不透明，缺乏制衡机制，实际控制人凌驾于公司治理和内部控制之上，将保险公司异化为融资平台，违规投资，开展不正当关联交易和利益输送等，侵害中小股东和客户合法利益，累积了较大风险。部分股东利用银行理财等债务性资金注资，形成“明

股实债”，无法发挥资本的真实作用，降低了保险公司抵御风险的能力。甚至有个别股东通过复杂的金融产品和资产管理计划等，挪用占用保险资金，自我注资、循环使用、虚增资本。

（七）行业偿付能力总体充足，部分公司存在较大压力

截至2017年末，保险业综合偿付能力充足率和核心偿付能力充足率分别为251%、240%，远高于100%和50%的监管标准，16家公司综合偿付能力充足率处于100%~150%，2家公司偿付能力长期不达标，综合偿付能力充足率低于100%。部分公司自身造血功能不足，主要依靠股东注资、财务再保险、房地产增值等方式维持偿付能力。

（八）市场集中度总体上升，保险公司经营分化

2017年，前5大财产险公司保费市场份额为73.45%，较上年微降0.25个百分点；赫芬达尔指数[①]为0.171，较上年微升0.001。在人身险市场，按原保险保费计算，前5大人身险公司保费市场份额和人身险赫芬达尔指数分别为52.23%和0.081，比上年上升2.91个百分点和0.002；按规模保费计算，前5大人身险公司规模保费市场份额和人身险赫芬达尔指数分别为51.01%和0.076，比上年上升3.42个百分点和0.008。保险公司经营分化，上市保险公司经营结果较好；中小公司竞争力不足，经营面临挑战，其中，中小财产险公司普遍承保亏损，部分中小人身险公司现金流下降，产品转型压力较大。

三、证券业稳健性评估

（一）上市公司盈利状况整体好转，个体风险有所暴露

截至2017年末，沪、深两市共有上市公司3 485家，较上年末增加433家，其中新股发行438家，退市5家。总市值和流通市值分别为56.75万亿元和44.91万亿元，同比分别增长11.65%和14.20%（见图2-9）。流通市值占总市值的比例为79.14%，同比上升1.76个百分点。

① 赫芬达尔指数（HHI）是行业内所有机构市场份额的平方和。HHI的值越高，说明市场集中度越高。

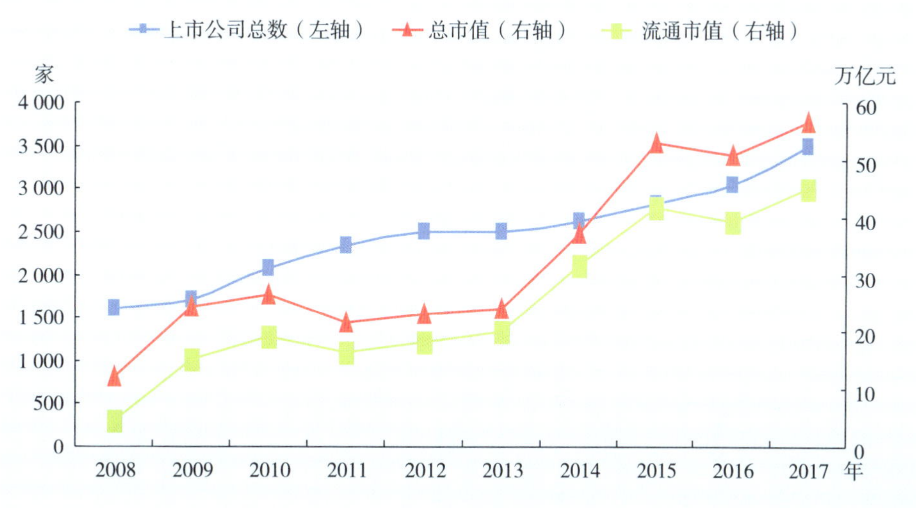

数据来源：中国证监会。

图2-9　2008—2017年上市公司数量和市值

2017年，上市公司业绩持续改善，盈利状况有所好转。截至2018年4月末，共有3 522家上市公司披露2017年年报，其中，盈利3 300家（占比93.7%），亏损222家（占比6.3%），首次亏损181家，连续亏损41家。亏损公司主要集中于“计算机、通信和其他电子设备制造业”“电气机械及器材制造业”以及“软件和信息技术服务业”等行业，钢铁、煤炭等行业扭亏成效较为明显。2017年全部上市公司实现营业总收入39.25万亿元，同比增长18.80%，增速加快10.12个百分点；实现净利润3.36万亿元，同比增长19.1%，增速加快11.65个百分点。

部分上市公司风险有所暴露。少数上市公司通过炒作概念骗取融资，或利用股票质押资金循环加杠杆等方式盲目扩张，引发经营困难和财务困境；个别上市公司大股东及关联人还通过关联交易等方式从上市公司套现，违反了资本市场“三公”原则，损害投资者合法权益。

（二）证券公司经营基本稳健，股东和资本监管有待加强

2017年末，全国共有证券公司131家，较上年末新增2家；其中上市证券公司29家，新增3家。证券公司资产总额6.14万亿元，同比增长6.02%。净资产总额1.85万亿元，净资本总额1.58万亿元，同比分别增长12.36%和7.48%，增速继续放缓（见图2-10）。

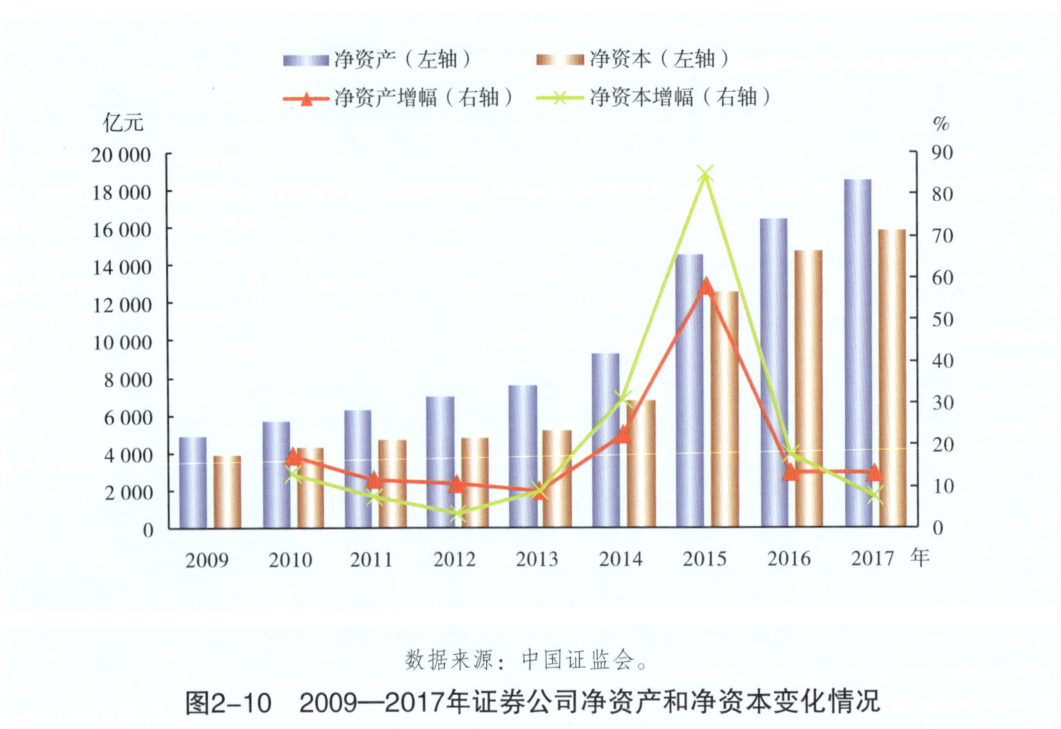

数据来源：中国证监会。

图2-10　2009—2017年证券公司净资产和净资本变化情况

受股票市场成交量下降等因素影响，证券公司盈利水平总体小幅下降。2017年，全行业实现营业收入3 113.28亿元，同比减少5.26%。其中，代理买卖证券业务净收入（含席位租赁）820.92亿元，同比减少22.04%；证券承销与保荐业务净收入384.24亿元，同比减少26.11%；财务顾问业务净收入125.37亿元，同比减少23.63%；投资咨询业务净收入33.96亿元，同比减少28.44%；资产管理业务净收入310.21亿元，同比增长3.44%；证券投资收益（含公允价值变动）1 017.61亿元，同比增长40.56%；利息净收入348.09亿元，同比减少8.83%。从收入构成看，证券投资收益取代代理买卖证券业务净收入，成为证券公司主要的收入来源。全行业实现净利润1 129.95亿元，同比减少8.47%（见图2-11）。

总体看，证券公司风控指标基本符合监管规定，但针对股东和资本的监管存在不足，少数证券公司在实际出资和股东真实性方面存在违法违规问题，具体体现在：个别证券公司存在股东虚假出资、循环注资、通过借贷资金注资、注资后抽逃等违法违规行为，或以私募基金、信托计划或资管计划为媒介，隐蔽关联股东；个别证券公司的实际控制人通过操纵关联方或代理人隐藏真实股权结构，以达到规避监管、内部控制、利益输送、套取资产等目的，扰乱市场纪律，损害市场稳定。此外，违反股东和资本监管规定的行为所受惩罚相对较小，远低于违法所得。

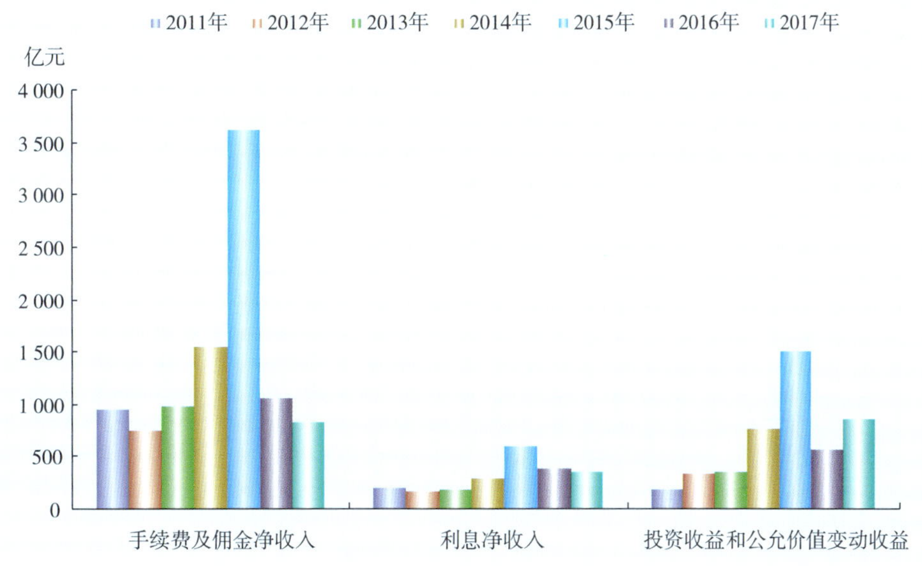

数据来源：中国证监会。

图2-11　2011—2017年证券公司各项业务收入变化情况

（三）基金管理的资产净值持续增长，货币市场基金风险隐患值得关注

2017年末，全国共有基金管理公司113家，较上年末新增5家。基金管理公司和其他15家具有公募牌照的资产管理机构共管理公募基金11.6万亿元，同比增长26.64%。其中，股票型基金占比6.55%，同比下降1.16个百分点；混合型基金占比16.71%，同比下降5.22个百分点；债券型基金占比12.63%，同比下降2.93个百分点；货币市场基金占比58.07%，同比增加11.3个百分点。2017年已登记私募基金管理人22 446家，管理私募基金66 418只；基金实缴规模11.5万亿元，同比增长39.45%。

近年来，货币市场基金规模扩张较快，从2012年初的3 000亿元升至2017年末的6.74万亿元，在公募基金中占比超过50%（见图2-12），但同时也存在机构投资者集中程度较高、潜在流动性风险较大等问题。此外，一些货币市场基金在用户数量及金融机构业务关联等方面均已具备系统重要性，单体风险极易向金融体系蔓延。

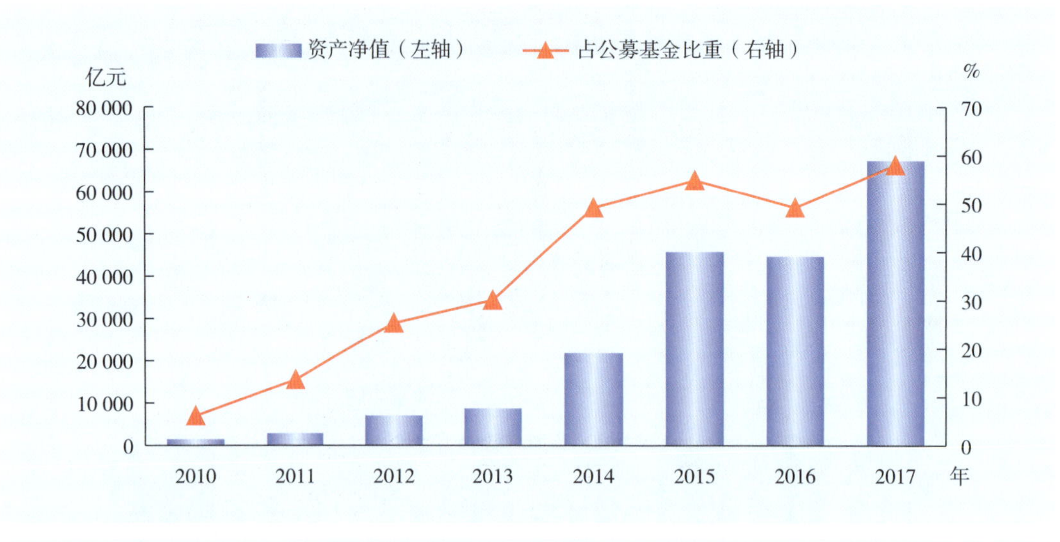

数据来源：中国证监会。

图2-12 2010—2017年货币市场基金资产净值和占公募基金比重

2017年9月，证监会制定并出台《公募开放式证券投资基金流动性风险管理规定》，进一步加强对公募基金流动性风险的管控。其中，对货币市场基金作出专门规定，完善投资限制、实施分类监管、建立规模约束机制、提升抗风险能力。通过弥补监管短板，公募基金的流动性风险管理水平得到一定程度提升。

四、金融市场稳健性评估

2017年，中国金融市场总体运行平稳。货币市场、债券市场压力水平较上年有所上升；股票市场整体运行平稳，市场压力水平变化不大；外汇市场压力水平有所下降。金融市场综合压力指数处于较温和水平（见图2-13）。

货币市场利率总体上行，市场压力有所上升。2017年，货币市场流动性总量合理充裕，流动性需求较为旺盛，货币市场利率总体呈现震荡上行趋势。2017年12月29日，隔夜质押式回购、7天质押式回购加权平均利率分别为3.59%、5.42%，较年初分别上升143个和265个基点。Shibor全线上行，其中，隔夜Shibor较年初分别上行63个基点至2.84%，7天Shibor上行37个基点至2.95%，3个月Shibor上行163个基点至4.91%。从市场压力指数看，货币市场主要交易品种波动性有所上升，市场压力总体高于2016年，处于温和偏高水平（见图2-14）。

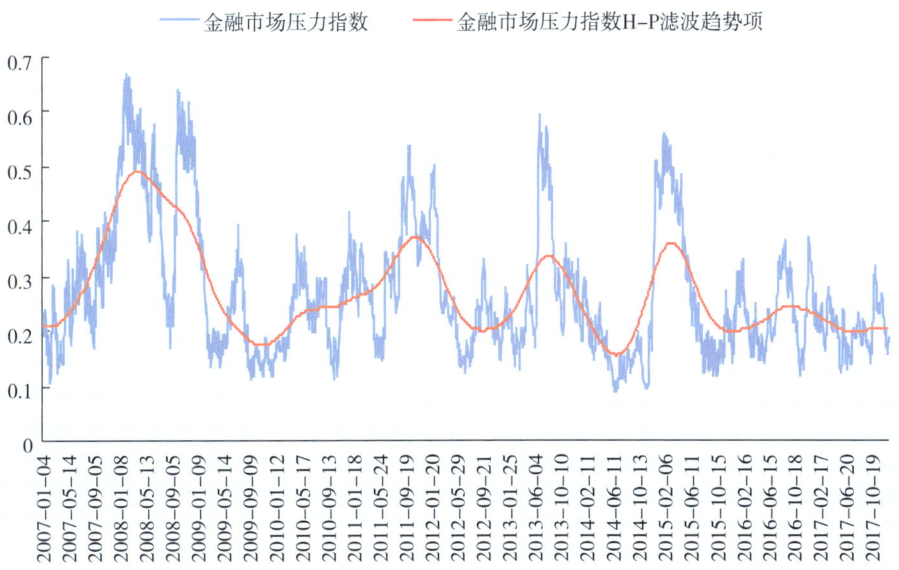

数据来源：中国人民银行。

图2-13　2007—2017年金融市场压力指数

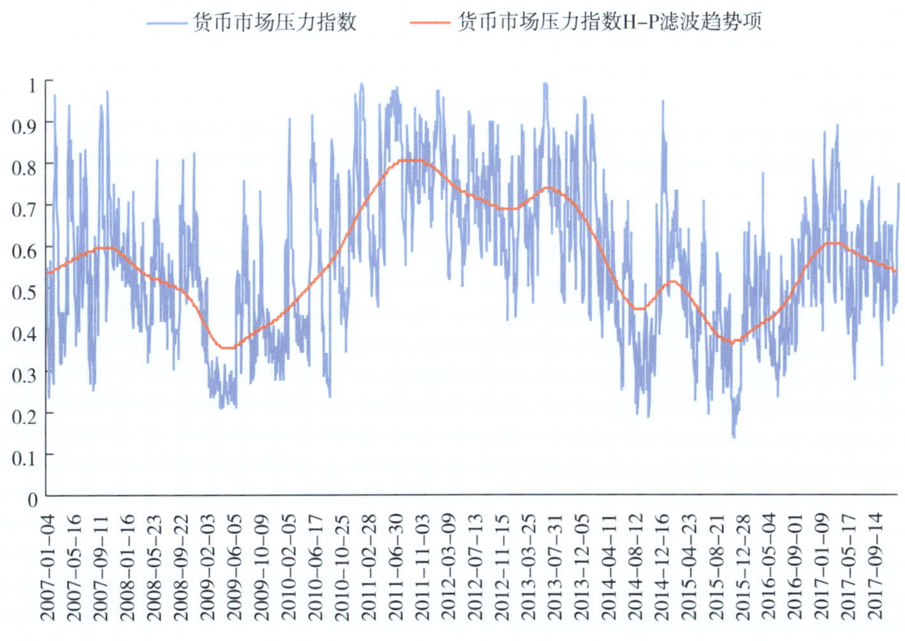

数据来源：中国人民银行。

图2-14　2007—2017年货币市场压力指数

债券市场信用风险有所上升，市场压力有所上升。2017年，在债券市场压力指数三方面构成要素中，机构投资者悲观预期、信用风险有所上升，波动风险有所下降，债券市场压力整体有所上升。具体看，受货币市场利率上行、美联储加息等多重因素影响，债券市场收益率整体上行。1年期、5年期和10年期等关键期限国债收益率波动性有所下降，债券市场波动风险下降。国债到期收益率曲线全年呈现平坦化趋势，1年期和10年期国债期限利差日均为27.84个基点，较上年平均水平58.49个基点下降30.65个基点，债券市场机构投资者对未来经济预期较为悲观。1年期和5年期AA级中期票据与同期限国债的日均利差分别为158.2个和176.1个基点，较上年分别上行36.8个和26.9个基点，关键期限AA级中期票据与同期限国债利差（信用风险溢价）扩大，债券市场信用风险有所上升。总体看，2017年债券市场压力水平高于2016年水平（见图2-15）。

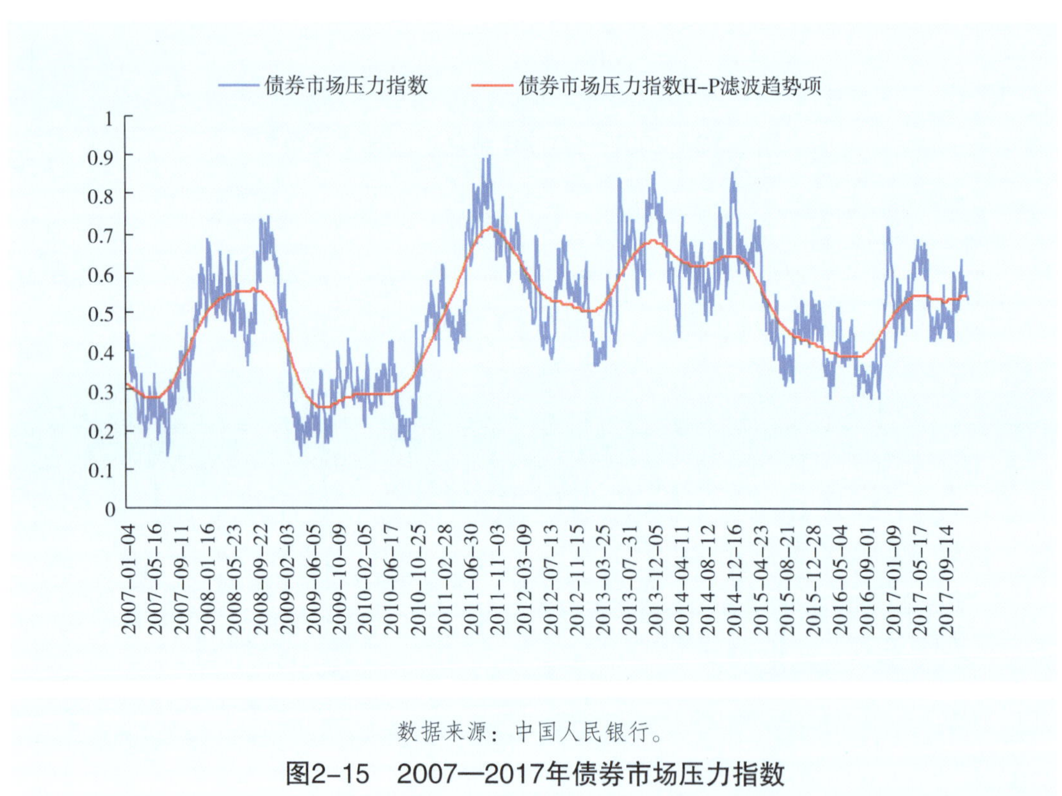

数据来源：中国人民银行。

图2-15　2007—2017年债券市场压力指数

股票市场总体平稳，全年市场压力变动不大。2017年初至11月上旬，以上证50、沪深300为代表的大盘蓝筹股票涨幅较大，上证50指数较年初上涨25.16%，沪深300指数较年初上涨24.22%；11月中旬至年末，A股市场各主要指数均出现一定调整，上证综指跌3.66%，深证成指跌5.19%。从股票市场压力指数看，2017年A股市场波动风险处于低位水平；估值风险全年略有上升，板块估值分化有所缓和，蓝筹股票估值得到一定修复，但仍低于中小板、创业板市场估值。截至年末，全部AB股、沪深300、中小板和创业板滚动市盈率分别为19.51倍、14.30倍、37.53倍和48.43倍，市净率分别为2.03倍、1.67倍、3.54倍和4.09倍。全年A股市场投资者悲观预期处于中位水平。综合来看，A股市场压力指数在经历2016年较大波动后趋势性下降，处于较温和水平（见图2-16）。

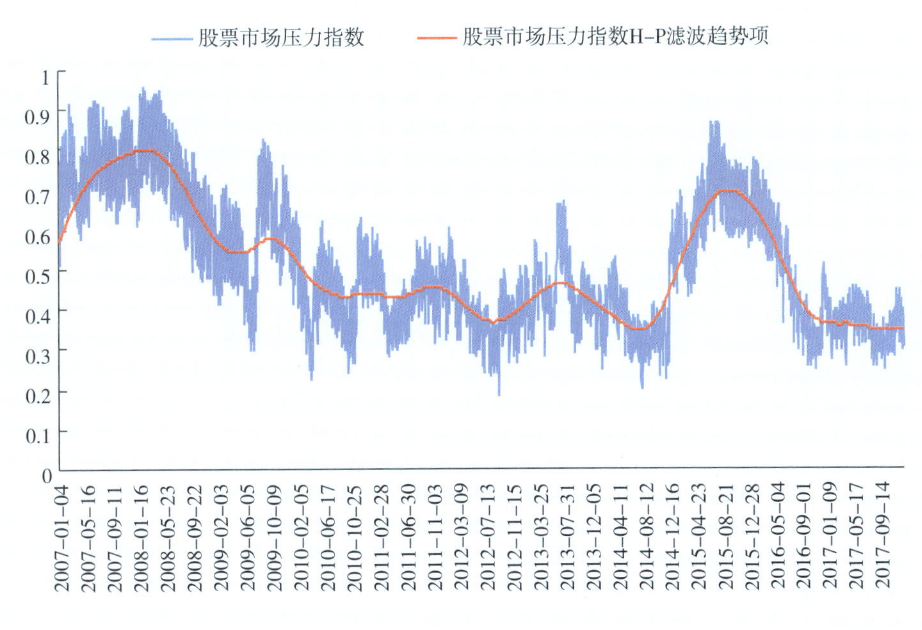

数据来源：中国人民银行。

图2-16　2007—2017年股票市场压力指数

人民币对美元汇率小幅升值，外汇市场压力有所下降。2017年，人民币对美元汇率小幅升值，双向浮动特征明显，汇率弹性明显增强，人民币对一篮子货币保持了基本稳定，人民币汇率预期总体平稳。截至年末，人民币对美元汇率在岸市场收盘价报1美元兑6.5120元人民币，较上年末升值4 375个基点，升值幅度为6.71%；人民币对美元汇率香港市场收盘价报1美元兑6.5143元人民币，较上年末升值4 618个基点，升值幅度为7.09%。上半年人民币对美元即期汇率波动性有所增大，外汇市场波动风险有所上升，下半年较为平稳。综合来看，外汇市场压力总体较2016年有所下降（见图2-17）。

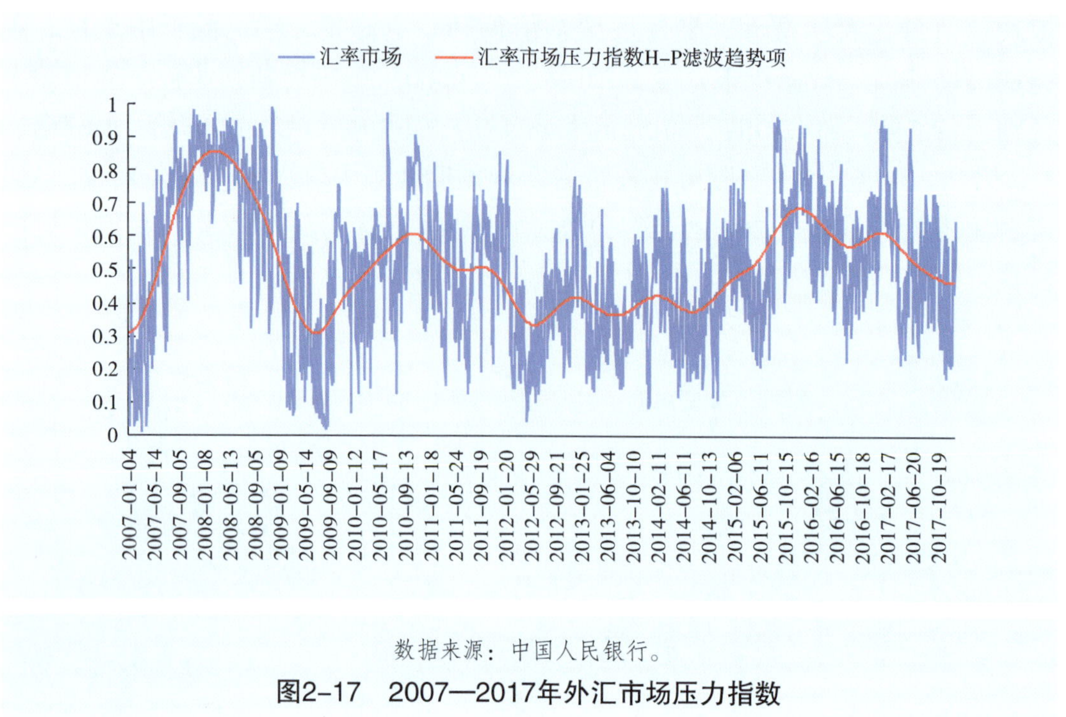

数据来源：中国人民银行。

图2-17　2007—2017年外汇市场压力指数

专题六 银行业压力测试

一、压力测试基本情况

为健全系统性金融风险监测预警体系，不断提高金融稳定评估的前瞻性和科学性，2018年上半年，人民银行组织开展了2018年度银行业压力测试，测试对象选取部分（20家）2017年末资产规模在5 000亿元以上的大中型商业银行[①]，基于2017年末的资产负债等数据，评估商业银行在不利冲击下的稳健性状况。测试内容包括偿付能力宏观情景压力测试、偿付能力敏感性压力测试和流动性风险压力测试。

测试方法。偿付能力宏观情景压力测试覆盖信用风险和市场风险，考察宏观经济下行对银行盈利能力和资本充足水平的不利影响。偿付能力敏感性压力测试考察特定风险冲击对银行整体资本充足水平的瞬时影响。流动性风险压力测试主要考察流动性状况恶化对银行现金流缺口的影响。

通过标准。对于偿付能力宏观情景压力测试，若参试银行冲击后的核心一级资本充足率、一级资本充足率和资本充足率任何一项低于7.5%、8.5%和10.5%监管要求（包含2.5%的储备资本要求），则未通过压力测试。对于偿付能力敏感性压力测试，若参试银行冲击后的资本充足率低于10.5%，则未通过压力测试。对于流动性风险压力测试，当压力情景下参试银行出现现金流缺口（现金流出超过现金流入）时，银行应采取措施，将合格优质流动性资产变现或质押给央行获得流动性，以弥补缺口，若全部可动用的合格优质流动性资产均已耗尽仍无法弥补缺口，则未通过压力测试。

压力情景[②]。偿付能力宏观情景压力测试设置轻度和重度两个压力情景，宏观情景指标包含GDP同比增速、CPI涨幅、政策性利率、短期及长期市场利率和人民币对美元汇率等。偿付能力敏感性压力测试以整体信贷资产和重点领域的不良贷款率、损失率、收益率曲线变动等作为压力指标。流动性风险压力测试设置轻度和重度压力情景，对不同表内资产、负债及或有融资义务分别设

① 交通银行、邮储银行、兴业银行、浦发银行、民生银行、广发银行、恒丰银行、渤海银行、江苏银行、南京银行、宁波银行、盛京银行、天津银行、徽商银行、杭州银行、成都农商行、重庆农商行、北京农商行、上海农商行、广州农商行。

② 压力情景根据宏观经济计量模型设定，不代表人民银行对宏观经济的判断。

置不同的流入率或流失率，计算不同期限下的净现金流缺口（见表2–1）。

表2-1　　银行业压力测试情景设计

测试类型	风险敞口		压力情景
偿付能力宏观情景压力测试	信用风险	贷款 应收款项类投资	轻度冲击为GDP同比增速下降至5.7% 重度冲击为GDP同比增速下降至4.16% （其他宏观指标根据宏观经济计量模型设定）
	市场风险	银行账户利率风险	轻度冲击为付息负债利率上升38个基点，贷款利率上升22.8个基点，其他生息资产利率上升113个基点 重度冲击为付息负债利率上升151个基点，贷款利率上升90.6个基点，其他生息资产利率上升186个基点
		债券专项市场风险	轻度冲击为短期利率上升38个基点，长期利率上升113个基点 重度冲击为短期利率上升151个基点，长期利率上升186个基点
		汇率风险	轻度冲击为人民币/美元汇率下降3.7% 重度冲击为人民币/美元汇率下降1.63%
偿付能力敏感性压力测试	贷款		轻度冲击为不良贷款率上升100%① 中度冲击为不良贷款率上升300% 重度冲击为不良贷款率上升700%
	房地产贷款风险		轻度冲击为房地产开发贷款和购房贷款不良率均增加5个百分点② 中度冲击为房地产开发贷款③和购房贷款④不良率分别增加10个和7个百分点 重度冲击为房地产开发贷款和购房贷款不良率分别增加15个和10个百分点
	“两高一剩”行业⑤贷款风险		轻度冲击为不良贷款率增加10个百分点 中度冲击为不良贷款率增加15个百分点 重度冲击为不良贷款率增加20个百分点
	地方政府债务⑥风险		轻度冲击为不良资产率增加5个百分点 中度冲击为不良资产率增加10个百分点 重度冲击为不良资产率增加15个百分点
	表外业务⑦信用风险		轻度冲击为发生垫款的表外业务敞口余额占比5% 中度冲击为发生垫款的表外业务敞口余额占比10% 重度冲击为发生垫款的表外业务敞口余额占比15%
	投资损失风险		冲击一为非政策性金融债券收益率曲线上移400个基点 冲击二为非金融企业债券收益率曲线上移400个基点 冲击三为非债券类投资账面余额损失5%
流动性风险压力测试	表内资产负债及或有融资义务		设置轻度、重度两种压力情景 对不同到期期限的表内资产负债项目及或有融资义务分别设置流入率或流失率

① 假设初始不良贷款率为X%，则上升n%后不良贷款率为X%（1+n%）。

② 假设初始不良贷款率为X%，则增加n个百分点后不良贷款率为（X+n）%。

③ 房地产开发贷款包括地产开发贷款和房产开发贷款，地产开发贷款涵盖政府土地储备机构贷款，房产开发贷款包括住房开发贷款、商业用房开发贷款和其他房产开发贷款，其中住房开发贷款涵盖保障性住房开发贷款。

④ 购房贷款包括企业购房贷款、机关团体购房贷款和个人购房贷款，企业购房贷款包括企业商业用房贷款和经营性物业贷款，个人购房贷款包括个人商业用房贷款和个人住房贷款。

⑤ “两高一剩”行业主要参考工业和信息化部“两高一剩”行业参考目录。

⑥ 地方政府债务的风险敞口包含投资地方政府债券、投向政府投资类项目的贷款、通过理财产品、信托投资计划等特定目的载体对地方政府的资金融出以及其他以地方政府财政性资金为还款来源的资金融出。

⑦ 表外业务敞口参照监管报表G4B-2统计口径，包括等同于贷款的授信业务、与交易相关的或有项目、与贸易相关的短期或有项目、承诺、信用风险仍在银行的销售与购买协议、远期资产购买、远期定期存款、部分交款的股票及证券、银行借出的证券或用作抵押物的证券、其他表外项目、资产证券化表外项目。假设表外业务保证金比例为50%，表外业务发生垫款后，银行垫付资金为超出保证金的部分。

二、压力测试总体结论

（一）偿付能力宏观情景压力测试

银行体系整体抗冲击能力较强。偿付能力宏观情景压力测试结果显示，20家大中型商业银行资本充足水平较高，总体运行稳健。轻度和重度冲击下，参试银行整体核心一级资本充足率从9.08%分别下降至8.48%和7.08%，一级资本充足率从9.79%分别下降至9.14%和7.75%，资本充足率从12.44%分别下降至11.57%和10.23%（见图2–18）。轻度冲击下，有5家参试银行未通过压力测试；重度冲击下，约半数参试银行未通过压力测试。需要注意的是，巴塞尔协议Ⅲ框架下2.5%的储备资本要求是资本缓冲要求，不属于监管最低资本要求。国际上，压力测试的通过标准也通常不包括储备资本要求。若按国际通行做法在压力测试通过标准中剔除储备资本要求，轻度和重度冲击下，仅有1家和2家参试银行未通过偿付能力宏观情景压力测试（见图2–19）。

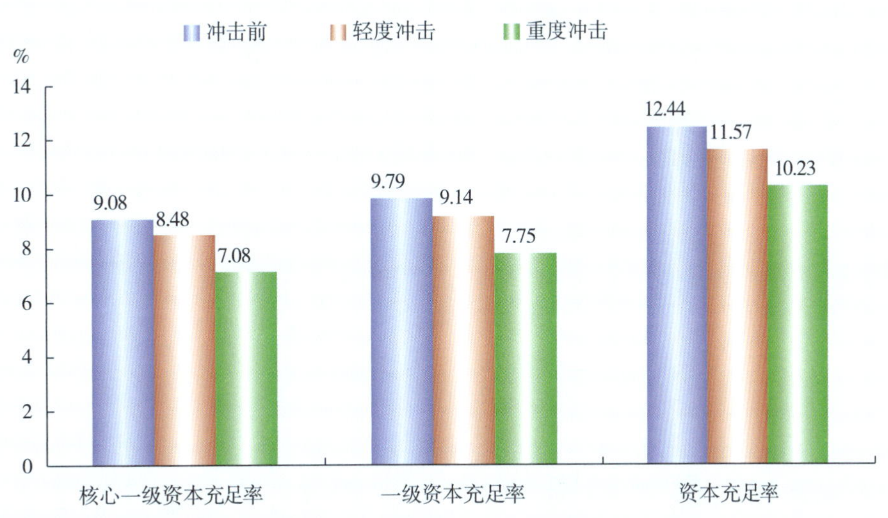

图2–18　偿付能力宏观情景压力测试整体情况

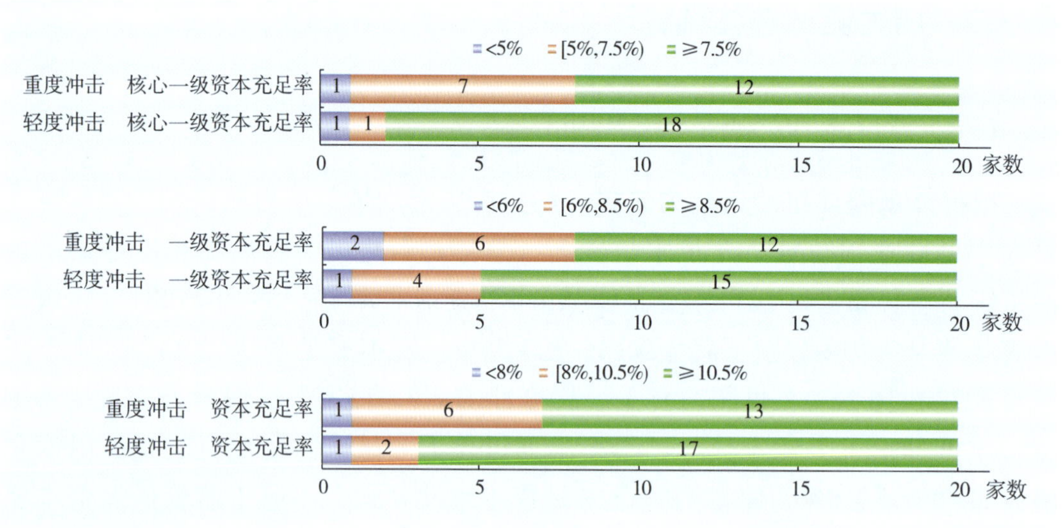

图2-19　资本充足水平测试结果区间分布情况

信用风险是主要风险来源，市场风险影响有限。重度冲击下，20家参试银行整体资本充足率降幅中，超过80%来自于信用风险损失的影响，其中关键因素是压力情景下贷款质量恶化，不良贷款率上升。市场风险对银行资本充足水平影响较小，重度冲击下，银行账户利率风险、债券专项市场风险和汇率风险分别导致参试银行整体资本充足率下降0.21、0.17和0.005个百分点（见图2-20）。

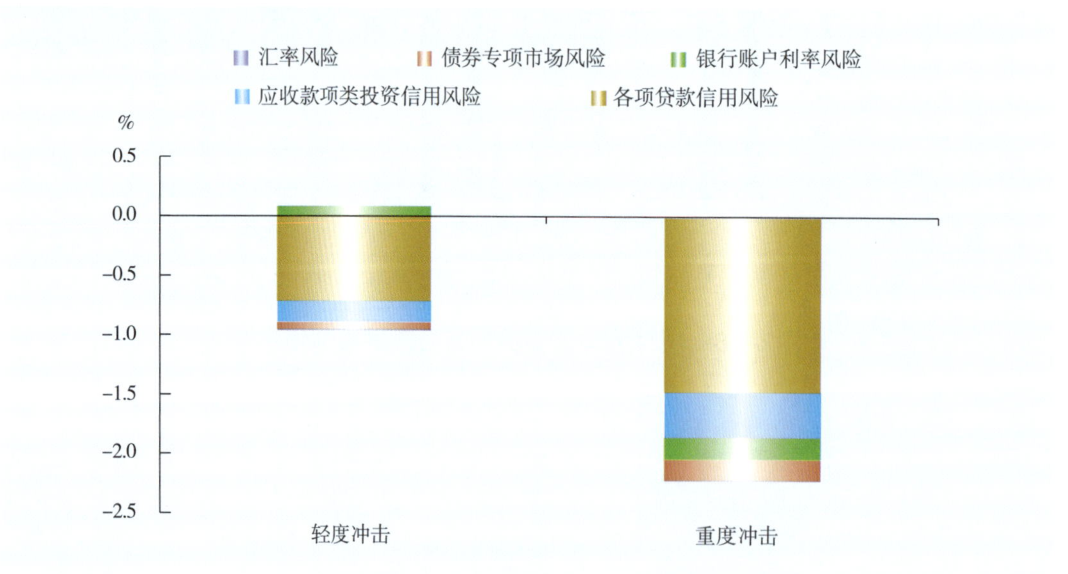

图2-20　资本充足率变化分解情况

（二）偿付能力敏感性压力测试

银行体系对整体信贷风险恶化有一定的抗冲击能力。截至2017年末，20家参试银行冲击前整体不良贷款率为1.46%，在整体不良贷款率上升100%的轻度冲击下，参试银行整体资本充足率将从12.44%降至11.90%，下降0.54个百分点；在整体不良贷款率上升300%的中度冲击下，参试银行整体资本充足率降至10.79%，下降1.65个百分点；在整体不良贷款率上升700%的重度冲击下，参试银行整体资本充足率降至8.48%，下降3.96个百分点（见图2–21）。

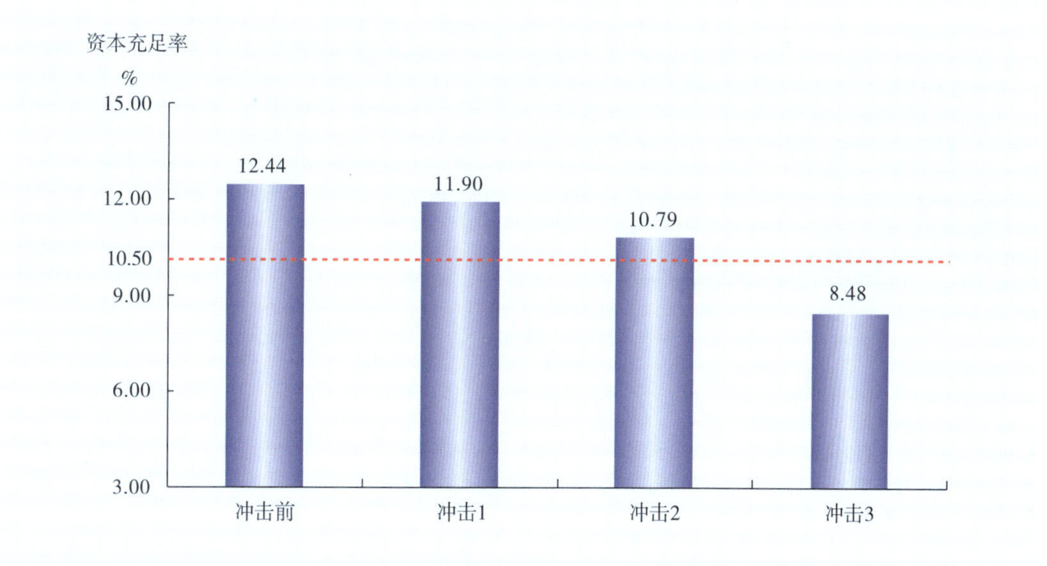

图2–21　整体信贷风险敏感性压力测试总体情况

部分重点领域风险值得关注。偿付能力敏感性压力测试结果显示，非债券类投资、地方政府债务、房地产贷款、表外业务等领域风险需引起关注。在非债券类投资账面余额损失5%的冲击下，20家参试银行整体资本充足率从12.44%降至11.13%，其中，9家银行资本充足率不达标。在地方政府债务不良资产率增加15个百分点的冲击下，参试银行整体资本充足率下降至10.84%，5家银行资本充足率不达标。在房地产开发贷款不良贷款率增加15个百分点，购房贷款不良贷款率增加10个百分点的冲击下，参试银行整体资本充足率下降至11.33%，4家银行资本充足率不达标。在表外业务敞口余额的15%发生垫款的冲击下，参试银行整体资本充足率下降至11.52%，4家银行资本充足率不达标（见图2–22）。

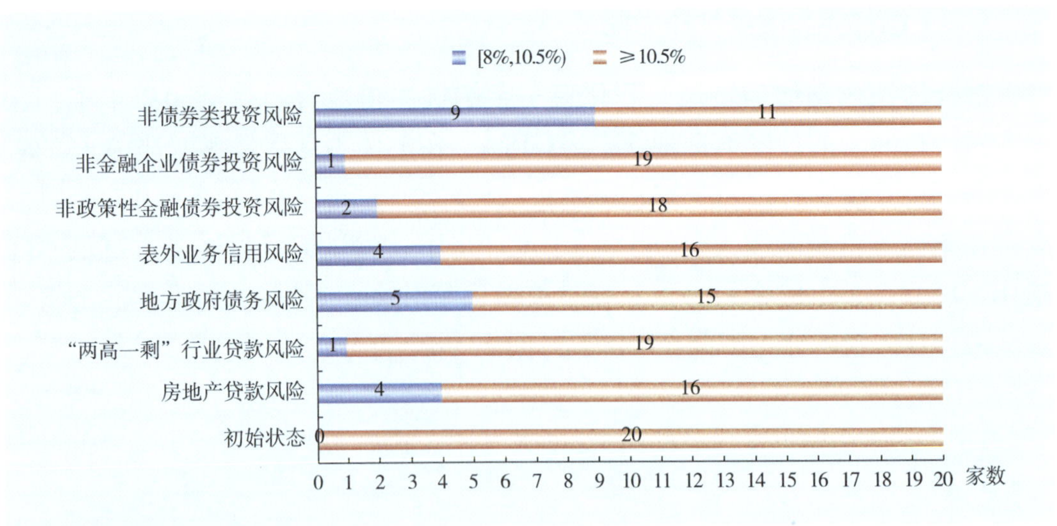

图2-22 重点领域测试中银行在资本充足率不同区间分布情况（重度冲击）

（三）流动性风险压力测试

本次流动性压力测试设置了较为复杂的压力指标，分别考察了未来7天、30天和90天3个时间窗口下流动性风险压力因素对银行资产负债现金流缺口的影响。测试结果显示，在轻度压力情景下，20家参试银行全部通过测试，其中17家虽存在不同程度缺口，但可通过质押或出售合格优质流动性资产进行弥补。在重度压力情景下，有13家参试银行通过测试，7家在全部可动用的合格优质流动性资产耗尽后仍无法弥补缺口，未通过测试。其中，未通过8~30天时间窗口测试的有4家，未通过31~90天时间窗口测试的有3家。

压力测试旨在测试商业银行在极端情景下的风险状况，并不代表对参试银行未来流动性状况的预测。本次流动性压力测试的重度压力情景中，负债端流失率的设置远比流动性覆盖率（LCR）框架的设置更为审慎，特别是加重了或有融资义务的流失率，一些项目的赋值甚至是LCR框架下流失率的10倍以上。此外，目前《商业银行流动性管理办法》中的LCR等监管指标仍处于实施过渡期阶段，随着达标要求逐步推进，银行可变现的合格优质流动性资产规模将进一步增加，预计同等压力情景下其流动性状况会有所改善。

专题七　IFRS9新会计准则“预期损失模型”对商业银行的影响

2008年国际金融危机期间，国际通用的会计准则是《国际会计准则第39号——金融工具：确认与计量》（IAS 39），其在计量金融工具的减值时，采用“已发生损失模型”，只在损失实际发生时计提减值准备。这一模型存在资产减值确认不足、滞后、顺周期性等问题，在金融危机期间受到了广泛批评。危机后，二十国集团（G20）和金融稳定理事会（FSB）呼吁建立全球统一的高质量会计准则，通过更全面地考虑信用信息，强化贷款减值的会计计量，改善减值会计准则，并呼吁全球加快趋同步伐。为此，国际会计准则理事会（IASB）发布了《国际财务报告准则第9号——金融工具》（IFRS9），取代了IAS39，改进了资产减值确认规则，以“预期损失模型”替代“已发生损失模型”，我国也相应修订了国内会计准则。预期损失模型的实施将对银行资本、财务经营、风险管理等方面带来广泛而深远的影响。

一、贷款损失准备的双重体系：会计体系和监管体系

在银行业监管理论中，银行资本的作用在于弥补非预期损失，而银行贷款损失准备的作用在于弥补预期损失。资本与拨备是密切关联的，如果风险损失准备不足，就要直接冲减资本，只有严格计提拨备后计算的资本充足率才是真实可靠的。对于实施国际财务报告准则（IFRS）的国家而言，银行贷款损失准备受两套体系影响：即会计体系的国际会计准则和监管体系的巴塞尔框架。

会计体系的IAS 39是基于“已发生损失”模型，仅当有客观证据表明损失发生时确认资产减值。国内原会计体系下，要求商业银行基于已发生损失原则对金融资产计提资产减值准备，计入银行当期损益。同时，还要求银行从净利润中计提一般准备（general reserve），用于弥补未来损失，计入银行所有者权益，原则上不得低于风险资产余额的1.5%。

监管体系的巴塞尔框架考虑了预期损失。巴塞尔监管框架下，对于使用标准法计算信用风险加权资产的银行，贷款损失准备被区分为专项准备和一般准备（general provisions）。专项准备是为覆盖确定的信用损失；一般准备则针

对尚未查明但预期会出现的损失，按照贷款总规模的百分比计提，超出最低要求的部分可以部分计入二级资本（不得超过信用风险加权资产的1.25%）。对于使用内评法计算信用风险加权资产的银行，依据损失概率（PD）和违约损失率（LGD）计算预期损失，若实际计提的拨备低于预期损失，需扣减核心一级资本，若高于预期损失，超出部分可以部分计入二级资本（不得超过信用风险加权资产的0.6%）。国内现行监管体系下，银行贷款损失准备计提规模应同时满足以下三方面要求：一是专项准备按照贷款五级分类结果计提，关注、次级、可疑、损失类的计提比例分别为2%、25%、50%及100%，一般准备按贷款余额的1%计提；二是拨备覆盖率（贷款损失准备与不良贷款余额的比例）的监管要求为120%~150%；三是贷款拨备率（贷款损失准备与贷款余额的比例）的监管要求为1.5%~2.5%。

IAS 39以财务报告为目的，资产减值确认是为确保资产负债表和损益表在报告期内得以客观表述。而巴塞尔监管体系下，贷款损失准备计提更侧重于银行有充足的准备金应对风险，需要考虑预期损失，综合评估经济金融状况及借款人偿付能力。两种体系的理念差异可能导致监管体系要求高于会计体系要求，处理两个不同水平的准备金要求是实施IFRS国家面临的常见问题。我国的做法是银行按照较高的监管要求计提准备；欧洲不少经济体则不要求银行计提一般准备，而是以会计体系的要求作为监管最终要求。

二、基于“预期损失模型”的IFRS9

2008年国际金融危机后，为响应G20号召，国际会计准则理事会（IASB）经过多轮公开征求意见和修改，于2014年7月发布《国际财务报告准则第9号——金融工具》（IFRS 9），决定以预期损失模型替代已发生损失模型，要求在金融资产全生命周期内确认预期损失并计提准备金。IASB规定IFRS 9于2018年1月1日起生效，但不同国家的实施安排并不一致，欧盟、澳大利亚和中国香港已采用IFRS9，而美国将适用美国财务会计准则委员会（FASB）开发的预期信用损失模型，并于2020年实施，也有部分国家不会采用预期损失模型。

IFRS 9采用预期信用损失模型进行减值准备计提，要求企业前瞻性地预估信用损失，在金融资产的整个生命周期内均及时确认预期损失的变动。预期损失减值模型适用于除“以公允价值计量，变动计入损益类金融资产”以外的全部金融资产，共分为三个阶段：**阶段一，**初始确认金融资产时，预估未来12个月内的预期信用损失。**阶段二，**当信用风险显著增加，并导致金融资产不再被视为低风险时，企业应整体预估金融资产全生命周期的预期信用损失。在阶段一和阶段二，金融资产的利息收入按资产账面总额乘以实际利率计量。**阶段三，**当客观证据表明金融资产形成实际损失时，企业应对单项金融资产个别计量，估计金融资产全生命周期的预期信用损失，阶段三与阶段一和阶段二的不同之处在于，金融资产应按账面价值扣除减值准备后的净值计算利息收入。

三、新会计准则减值规定对我国商业银行的影响

IFRS 9出台后，财政部于2017年4月发布《关于印发修订〈企业会计准则第22号——金融工具确认和计量〉的通知》，引入"预期损失"理念，并将资产减值确认范围由表内资产扩展到贷款承诺、财务担保等表外信贷资产。新准则要求境内外同时上市的企业及境外上市企业2018年初实施，境内上市企业2019年初实施，非上市企业2021年初实施。2018年1月1日施行的上市商业银行主要有23家，其中A+H股上市银行9家、H股上市银行14家①。新会计准则将对我国商业银行产生以下影响：

资产减值准备要求增加。当前，商业银行表内贷款损失准备设置有拨备覆盖率、贷款拨备率等监管要求，准备计提较为充足，但针对表外资产计提的减值准备规模很小。新会计准则将资产减值准备的确认方法由已发生损失原则转为预期损失原则，确认范围由表内资产扩展至表外资产，会导致银行整体资产减值准备要求增加，但新会计准则对银行的实际冲击取决于银行已计提准备金积累厚度。

资本规模受到影响。银行核心一级资本由普通股、资本公积、盈余公积、未分配利润等构成，二级资本由超额贷款损失准备、二级资本工具及其溢价构成。新会计准则实施后，多计提的资产减值准备会冲减银行未分配利润，从而直接降低银行核心一级资本规模。二级资本的变动取决于超额贷款损失准备的认定及其计入二级资本的规则。

准备计提需要涉及主观判断。银行在构建预期损失模型时会涉及大量主观判断，如判定信用风险是否显著增加。银行在确认预期违约概率（PD）时也有充分自主权，既可选择以信用风险内评法为基础，也可以基于迁徙率、历史损失率或专家判断开发新模型。即使银行都基于信用风险内评法对模型进行前

① A+H股上市银行主要有工商银行、建设银行、农业银行、中国银行、交通银行、招商银行、中信银行、民生银行、光大银行，H股上市银行主要有邮储银行、重庆农商行、重庆银行、徽商银行、哈尔滨银行、盛京银行、青岛银行、锦州银行、郑州银行、天津银行、浙商银行、九台农商行、广州农商行、中原银行。

瞻性调整，情景设计和宏观变量等参数也需银行管理层主观判定。可以预期，银行资产减值准备计提会受到风险管理策略是“谨慎”还是“宽松”的影响。

经营管理面临挑战。实施新会计准则需要开发预期损失模型，并配套大量的系统改造，从前台的信贷、票据、信用卡等业务系统到中台的风险管理及后台的拨备计提系统均需重新调整，将在人、财、物等方面给银行带来挑战。此外，与已发生损失模型相比，预期损失模型风险敏感度更高，覆盖面更广，相对稳定性也较弱，银行需在风险管理策略、表外产品定价、预算考核、财务管理、监管数据报送等内部公司治理机制各个方面调整应对，工作量较大。

四、稳妥推进新旧准则平稳过渡

商业银行应组建跨部门团队加强研究，统筹规划，提前做好分析测算和形势预判，制定特殊事件的应对预案，避免新规实施对银行经营造成重大影响。进一步强化风险管理理念，确立审慎的风险管理策略，促进银行会计制度与风险管理制度的有效融合。

有关部门应加强对银行建模的指导力度，针对建模过程出台指引，改进信息披露要求，尽快明确新会计准则实施后的资本计量规则，加大对银行预期损失模型及准备计提过程的核查检验力度，督促银行将监管框架下的风险管理理念引入会计预期损失的评估计量，促进资产减值准备规则与信用风险管理体系融合，确保银行充足计提准备。

专题八 防范货币市场基金流动性风险

近年来，货币市场基金规模迅速扩张，截至2017年底，总规模达6.74万亿元，约占全部公募基金规模的58%。货币市场基金在迅速发展的同时，也暴露出一些风险问题。2016年底，部分货币市场基金出现集中赎回压力，并对货币市场和债券市场流动性产生冲击；基于互联网的采用实时申购赎回机制的T+0货币市场基金迅速发展，存在流动性风险隐患。当前，应进一步提高货币市场基金的流动性监管要求，引导货币市场基金回归其流动性管理工具和低风险投资产品的本源，加强对系统重要性货币市场基金的监管。

一、当前货币市场基金暴露出的流动性问题

具有易受“挤兑”的内在脆弱性。货币市场基金是为了规避存款利率管制，作为银行活期存款替代物而产生和发展的。为凸显其收益的稳定性，在多数国家（如中国、美国、欧盟）货币市场基金以摊余成本法为主进行会计核算、按面值1元报价，定期将收益转为基金份额。但实际上，货币市场基金仍面临流动性风险、利率风险和信用风险，一旦出现极端市场行情，基金面值将与实际价值出现较大偏离，投资者有极大动力集中赎回，形成类似银行存款的“挤兑”效应。此时货币市场基金不得不大量变现同业存单、债券等资产，诱发“基金赎回→变现损失→加剧赎回”的恶性循环。2016年11月，货币市场短期资金价格攀升较快，1个月同业存单收益率上行超过200BP，中债指数大幅下调超过2%。受此影响，货币市场基金承受了较大的净赎回压力，规模由11月中旬的4.34万亿元陡降至12月13日的3.77万亿元，降幅达13%。

机构投资者集中度较高加剧流动性风险。当货币市场基金投资者主要是中小投资者时，基金管理人可通过运用大数法则等手段对基金赎回规模进行预测，较好地进行流动性管理；但当银行、保险等机构投资者作为货币市场基金的主要投资者后，由于单个机构的投资规模通常较大，且具有信息和专业优势，一旦市场出现不利变化，将产生大额集中赎回，进一步加剧货币市场基金的流动性风险。截至2017年底，我国货币市场基金约45%资金来自银行等金融机构，个别货币市场基金为做大规模，专门针对银行、保险等机构的委外投资需求定制基金，进一步加剧了基金投资者的集中度，加大市场的共振效应与脆

弱性。

跨市场传染特征明显。货币市场基金是我国货币市场和债券市场重要的参与主体，资产配置包括银行协议存款、同业存单和债券等。当出现基金赎回的“挤兑”风险时，货币市场基金被迫折价出售所持的资产，使自身的流动性风险通过资产价格的下跌传递至其他金融市场，再传递至商业银行等金融机构。2016年12月，货币市场基金连续多日日赎回额超过500亿元，在日交易量约1 000亿元的同业存款市场和5 000亿元的债券市场中占相当比例，特别是在部分交易日，货币市场基金集中变卖同业存单，导致同业存单收益率大幅飙升，引发市场恐慌。

个别体量巨大的货币市场基金流动性风险隐患更为突出。近年来，基于互联网的货币市场基金迅速发展，这些基金对客户采用T+0赎回模式，与银行活期存款类似，却不缴纳存款准备金，没有资本约束，且将原本存于银行的客户资金进行归集后重新存入银行，凭借更强议价能力索取更高利率，因此短期内规模得以快速扩张。而这些T+0货币市场基金与银行清算为T+1日，若市场流动性状况发生变化，容易成为赎回甚至挤兑对象，并将风险传导至银行等相关机构。个别T+0货币市场基金在用户数量及金融机构业务关联等方面均已具有系统重要性，一旦出现流动性问题，单体风险极易向金融体系蔓延，甚至影响社会稳定。

二、防范货币市场基金流动性风险

针对2008年国际金融危机期间货币市场基金暴露出来的流动性问题，金融稳定理事会（FSB）、国际证监会组织（IOSCO）等国际组织和美国、欧盟等经济体的监管机构先后出台了多项改革措施。我国也于2016年2月1日起开始实行新的《货币市场基金监督管理办法》，此后，2017年10月1日起实施的《公开募集开放式证券投资基金流动性风险管理规定》也对货币市场基金的流动性风险管理作出特别规定，在基础制度设计与具体监管规则方面基本实现了与境外市场监管规则的趋同。

2018年6月，证监会、人民银行联合发布《关于进一步规范货币市场基金互联网销售、赎回相关服务的指导意见》，规范互联网货币市场基金销售行为，对T+0赎回提现实施限额管理，降低投资者对货币市场基金无限流动性预期，缓解货币市场基金流动性管理压力。

当前，为进一步完善货币市场基金流动性管理框架，可进一步做好以下几个方面工作。

进一步提高流动性监管要求。提高流动性资产在基金资产中的占比下限，逐步下调货币市场基金平均剩余期限的上限要求，收紧货币市场基金投资信用类债券的比例控制要求。优化赎回阻尼政策，适当降低赎回阻尼政策的触发门槛，与流动性监管指标相匹配。建立极端情况下的“挤兑”阻断机制。

建立健全系统重要性货币市场基金评估和监管框架。对系统重要性货币市场基金设置更高的风险备付金要求，执行更高的流动性、投资分散度等监管标准。可考虑将系统重要性货币市场基金纳入央行宏观审慎管理框架，定期对其进行宏观审慎评估。

强化投资者保护，打破“保本保息”的非理性预期。解决货币市场基金的流动性风险，应明确货币市场基金的市场定位和发展目标，引导货币市场基金回归其流动性管理工具和低风险投资产品的本源。强化对货币市场基金的规范和金融消费者保护，加强信息披露和投资者风险教育，要求基金销售机构向投资者充分揭示有关额度限制、服务暂停及终止、投资收益等与其有重大利害关系的事项，以显著方式充分揭示风险；禁止对基金账户提现、支付等产品的夸大或不实宣传，禁止与活期存款或定期存款利率进行比对，对投资者进行“保本保息”宣传，降低投资者对基金非理性的高收益预期。

专题九　地方监管的各类机构和交易平台风险及治理

根据监管分工，地方政府按照属地原则承担对本地区小额贷款公司、融资担保公司、区域性股权市场、典当行、融资租赁公司、商业保理公司、地方资产管理公司、投资公司、开展信用互助的农民专业合作社、社会众筹机构、地方各类交易场所等机构和平台的具体监管和风险处置。一段时间以来，部分地方金融管理部门在履职中一定程度地存在“重发展、轻监管”问题和监管宽松现象，地方监管的部分机构和交易平台野蛮生长，违法违规活动屡禁不止。近年来，有关部门加强了对相关机构和交易平台的清理整顿，取得了积极成效，地方监管的各类机构和交易平台风险正有序释放，地方金融风险呈整体收敛态势。但地方监管的各类机构和平台仍存在一些问题，为切实保障投资者合法权益，塑造健康的地方金融生态环境，应进一步明确地方政府属地监管和风险处置责任，积极防范和化解地方政府承担金融监管职责的机构和平台风险。

一、地方监管的机构和平台的突出风险

部分小额贷款公司风控薄弱，高杠杆违规经营。第一，违规跨区经营。部分省级政府授权市级或县级政府发放小额贷款公司牌照，部分小额贷款公司通过互联网平台及手机应用软件在全国范围内开展放贷业务，违反了小额贷款公司牌照应由省级政府批设、并且小额贷款公司不得跨省展业的监管规定。第二，变相高杠杆放贷。部分小额贷款公司对提供资金的金融机构进行兜底承诺，并从中收取高额息费，撬动大量金融机构资金变相放贷。第三，缺乏信用风险管理能力，风控薄弱。部分小额贷款公司缺乏贷款审核管理，风控严重依赖于外部信用评分体系，同时，其资金部分来自银行、信托公司等金融机构，一旦公司发生信用风险，很可能向相关金融机构传染，导致后者的声誉风险和流动性风险。此外，小额贷款公司还存在借款人综合成本畸高、涉嫌高利贷，暴力催收易引发刑事案件或涉众事件等问题和风险。

金融资产交易场所成为金融风险隐患。一段时间以来，各地政府大量批设以“金融资产交易所”或“金融资产交易中心”为名的地方金融资产交易场所。截至2017年底，全国共有金融资产交易场所70家，潜藏较大风险。一是部

分金融资产交易场所实质上已成为游离于有效监管之外的全牌照金融机构，几乎将“保险、信贷、黄金”外可以产生现金流收益的资产都纳入了交易范围，演化为影子银行。但大多数金融资产交易场所的资本实力有限，一旦出现兑付风险，风险可能向交易场所的股东或金融机构传导。二是部分金融资产交易场所将收益权等拆分转让，变相突破私募发行的200人限制，使不具备风险识别和承受能力的普通投资者承担了高风险。三是部分金融资产交易场所因缺乏有效监管，沦为控股股东的“提款机”。

部分机构和平台销售大量资管产品，涉众风险突出。部分地方监管的机构和平台与金融机构合作，介入资产管理业务，销售大量资管产品。这类机构和平台往往承诺“保本保收益”来诱导投资者，造成投资者刚性兑付预期，但相关发行人往往存在高杠杆融资、违规发行甚至资不抵债等问题，风险隐患极大。

二、相关机构和平台监管存在的问题

一定程度存在“重发展、轻监管”倾向。地方政府普遍存在地方金融监管资源不足问题，部分地方金融管理部门监管与发展目标冲突，往往为地方经济发展干预金融机构自主经营，在履职中一定程度存在“重审批、轻监管”和“重发展、轻风险”等问题。在此背景下，地方监管的机构和平台野蛮生长，秩序混乱。

各类机构和平台违法违规问题未得到根本整治。目前，大部分地方政府已对其监管的机构和平台分别开展了专项清理整顿。但部分地方政府没有切实承担属地监管责任和风险处置责任，各类机构和平台违法违规行为未得到根本整治。不仅如此，部分地方政府还在未完成清理整顿的情况下，无视风险问题，继续批设各类同类型的机构和平台。例如，金融资产交易场所属于国务院清理整顿交易场所政策的范畴，2017年初，各地方政府开展了清理整顿各类交易场所“回头看”工作，但与“回头看”工作开展前相比，金融资产交易场所数量不减反增，由2016年末的66家增加到2017年末的70家，有些省份金融资产交易场所数量甚至多达5~6家。

对相关机构和平台的监管存在空白地带。随着信息科技等新技术不断发展，互联网金融等新业态不断涌现，地方监管的机构和平台借助互联网开展交易，进一步隐蔽其违规行为，大幅提高风险扩散速度和涉众规模。但地方金融监管的相对宽松，以及跨区域风险防范和监管责任上的不明确，导致针对此类风险的监管应对极为滞后，风险防控存在明显不足。

三、政策建议

当前及今后较长时期，防控和化解区域性金融风险是地方金融监管工作的重中之重。各地方政府必须全面准确把握第五次全国金融工作会议精神实质，切实履行属地监管和风险处置责任，积极防范和化解地方政府承担监管职责的机构和平台的风险。

全面实施金融机构及业务持牌经营。开展金融业务必须持有金融牌照。非法金融活动必须一律禁止，非法金融机构必须一律取缔，严厉打击无牌照、超范围违法违规经营活动。

落实地方政府属地监管和风险处置责任，加强监管问责。地方政府要在坚持金融管理主要是中央事权的前提下，按照中央统一规则，强化属地监管和风险处置责任。国务院金融稳定发展委员会指导地方金融改革发展与监管，对地方政府进行业务监督和履职问责。

健全中央与地方金融监管协作机制。建立健全中央与地方金融监管、风险处置、信息共享、消费者权益保护等协作机制，防范区域性金融风险监管空白和监管套利。

强化法规行政配套和投资者教育保护。尽快完善地方监管机构和平台的监管规则，制定完善小额贷款公司、融资担保公司、典当行、融资租赁公司等的监管规则和办法。健全信用体系，加大金融违法违规行为处罚力度，大幅提高违法成本。切实加强投资者保护，重视投资者适当性管理和宣传教育。

进一步深化金融改革。“开正道、堵歪门”，加强金融改革，完善体制机制，夯实防范风险的长期制度基础，从根本上消除各类违法违规金融活动的滋生土壤。

专题十　保险公司资本及股权监管

近年来，部分保险公司资本不实、大股东利用控制地位进行利益输送等问题凸显，为补齐监管短板，需要加快完善制度，提升资本及股权监管的科学性、针对性和有效性。

一、保险公司资本和股权方面存在的问题

部分股东使用非自有资金出资、虚假注资。一些股东增资入股保险公司的资金来源不是自有资金，而是贷款、资管计划、信托计划等债务资金，少数公司甚至使用保险资金自我注资、循环注资、虚假注资。

部分大股东利用保险公司进行利益输送。部分保险公司股权结构复杂且不透明，大股东通过隐蔽手段持有大量股权，绝对控股保险公司，将其作为融资平台，通过不当关联交易套取保险资金，向集团其他企业进行利益输送。

部分保险公司大量开展高风险业务。现行偿付能力监管制度还不完备，高风险资产和高成本负债对应的资本要求需进一步完善。在产品费率和投资比例限制放宽的环境下，部分保险公司激进经营，销售大量中短存续期万能险产品，保险产品异化为短期理财产品，再将保险资金高比例投资于权益类资产和房地产，短钱长配。

二、2017年以前保险公司资本和股权监管的主要内容

注册资本要求。《保险法》规定保险公司注册资本最低限额为2亿元人民币。2010年发布的《保险公司股权管理办法》规定，保险公司股东应当以来源合法的自有资金向保险公司投资，不得使用银行贷款及其他形式的非自有资金。

资本充足性要求。2003年，保险监管部门发布《保险公司偿付能力额度及监管指标管理规定》，初步建立了保险业偿付能力监管体系（以下简称“偿一代”）。2008年发布《保险公司偿付能力管理规定》，明确提出偿付能力充足率即资本充足率，是保险公司的实际资本与最低资本的比率，保险公司应当具有与其风险和业务规模相适应的资本，确保偿付能力充足率不低于100%。对

于偿付能力充足率低于100%（即偿付能力不足）的公司，保险监管部门可采取责令增加资本金、限制分红、停止开展新业务、接管等措施。

2016年1月，保险监管部门正式实施中国风险导向的偿付能力监管制度体系（以下简称“偿二代”），构建了“三支柱”框架。第一支柱“定量监管要求”包括资本分级、资产负债评估、最低资本计算和压力测试等标准，在计算最低资本要求时，从“偿一代”以规模为导向转变为以风险为导向，根据各类业务风险的概率分布确定风险情景和风险因子，计量保险风险、市场风险和信用风险等可量化风险的最低资本要求。第二支柱“定性监管要求”针对难以量化的操作风险、战略风险、声誉风险和流动性风险，建立风险综合评级、风险管理能力监管评估、流动性风险监管等制度，对保险公司偿付能力进行全面评价，并将风险管理水平与资本要求挂钩。第三支柱“市场约束机制”通过信息披露和保险公司信用评级等方式，发挥市场相关方的监督约束作用。

股权管理要求。2010年，保险监管部门发布的《保险公司股权管理办法》规定，保险公司的主要股东（持有保险公司股权15%以上），应当符合最近三个会计年度连续盈利、净资产不低于人民币2亿元等要求。对于股东持股比例限制，办法规定单个股东（包括关联方）出资或者持股比例不得超过保险公司注册资本的20%。根据坚持战略投资、优化治理结构等原则，经批准，持股比例可超过20%。2013年4月，保险监管部门发布《关于〈保险公司股权管理办法〉第四条有关问题的通知》，规定持股比例上限不得超过51%。

三、2017年以来强化资本和股权监管的措施

2017年以来，针对保险业资本和股权方面暴露出的问题，保险监管部门在原有监管制度的基础上，出台多项措施，不断加强薄弱环节监管制度建设。

发布“1+4”系列文件，加大资本和股权监管力度。2017年4月，保险监管部门连续发布《关于进一步加强保险监管 维护保险业稳定健康发展的通知》《关于进一步加强保险业风险防控工作的通知》《关于强化保险监管 打击违法违规行为 整治市场乱象的通知》《关于弥补监管短板构建严密有效保险监管体系的通知》和《关于保险业支持实体经济发展的指导意见》，称为“1+4”系列文件。在资本和股权监管方面，集中整治保险公司股东利用保险资金自我注资、使用非自有资金出资、入股资金未真实足额到位或抽逃资本金等问题，严禁代持、违规关联持股等行为。对入股资金来源或股东关联关系申报不实的，采取撤销行政许可、限制行使股东表决权、责令转让或拍卖股权等

监管措施。2017年以来，保险监管部门就违规入股、虚假出资问题，对多家保险公司及相关责任人作出处罚。

启动“偿二代”二期工程建设。2017年9月，保险监管部门发布“偿二代”二期工程建设方案，明确了完善监管规则、健全运行机制、加强监管合作三大任务，计划用三年时间完成对“偿二代”制度的升级改造。发布《保险公司偿付能力管理规定（征求意见稿）》，对行业存在的偿付能力风险、偿付能力数据不实、保险公司主体责任不强等问题，建立偿付能力数据非现场核查机制和现场检查机制，并从偿付能力充足率、实际资本、风险综合评级等多个维度对公司进行分类，根据风险成因和严重程度采取相应的监管措施。

修订《保险公司股权管理办法》，强化股权和资本真实性监管。2018年3月，保险监管部门发布了修订后的《保险公司股权管理办法》，将单一股东持股比例上限由51%降为1/3。进一步明确投资入股保险公司需使用来源合法的自有资金，并对资金来源向上追溯认定。在股权结构方面实施穿透监管，对投资人背景、资质和关联关系穿透性审查，解决隐匿关联关系、隐形股东、违规代持等问题。加大对违规股东的查处，视情节采取责令改正、限制股东权利、责令转让所持股权、撤销行政许可等监管措施。

四、进一步完善保险业资本监管体系

牢固树立“保险姓保，监管姓监”的基本理念。提供风险保障是保险业的立业之本，保护公众利益、确保市场公平和维护行业稳定是监管部门的根本目标。要坚持“保险姓保，监管姓监”的正确方向，尤其要发挥资本和股权监管的引导作用，促进保险业回归本源，发挥长期稳健风险管理和保障的功能。

修订偿付能力监管规则，提升资本约束。完善风险资本要求等监管规则，对现有标准进行全面校准，提高风险计量的科学性和风险管理的有效性；完善风险综合评级和偿付能力风险管理要求与评估制度，提高其可靠性，通过提高资本要求的方式约束保险公司的高风险经营行为。

加强监管执法力度，及时处置和化解风险。强化对重点公司重点业务的监管，对保险机构股东入股资金来源进行核查，确保资金真实自有合法。对于虚假注资甚至用保费进行注资等违法行为，严肃追究相关机构及责任人的责任，整顿市场秩序，涉及犯罪的移送司法处理。对偿付能力不足的公司采取有针对性的措施，包括停止机构批设、停止新业务等，必要时对于严重资不抵债的公司实施市场退出。

专题十一 组织建设非银行支付机构网络支付清算平台

按照互联网金融风险专项整治工作部署，2016年10月，人民银行着手组建非银行支付机构网络支付清算平台（以下简称“网联清算平台”），并于2017年3月底启动试运行。网联清算平台主要处理非银行支付机构发起的涉及银行账户的支付业务，是我国金融基础设施的重要组成部分。建设网联清算平台有助于优化支付清算市场资源配置，整治支付市场乱象，防控金融风险，维护支付市场健康发展。

一、集中清算模式及其优势

根据收付款人是否在同一家银行开户，支付业务一般分为行内支付和跨行支付，跨行支付涉及银行间的资金清算。清算是支付处理过程中的重要环节，通常包括在收付款人的不同银行机构之间对支付指令进行确认、传递、核对，计算待结算的债权债务，并形成待结算头寸等处理。中央银行出现以前，不同银行间的资金清算一般采用代理行模式，即通过在银行互相开立账户核算跨行支付业务的应收应付资金，链条长、成本高、效率低。中央银行组织建立了集中清算平台后，银行只需在中央银行开立一个账户即可完成跨行支付，无须再多头开立账户并存放资金。实践证明，业务规模越大，这种集中清算安排在节约资源、提高效率方面的优势越明显。

2008年国际金融危机凸显了集中清算的优势，以及其在防范风险方面的重要性。国际金融危机中，正是由于大量衍生品交易没有通过中央对手方（CCP）集中清算，最终少数交易者资金链断裂的风险蔓延到全球市场。鉴于中央银行在风险事件中通常需履行最后贷款人的职责，国际社会在危机后重申，中央银行应强化对金融市场基础设施的宏观审慎管理，强调集中清算安排可更加有效地管理金融市场基础设施的风险。相较于代理行清算模式存在的交易链条长、较难监测个体的流动性和信用风险等特点，集中清算安排可清晰地了解个体的风险敞口，识别机构间的关联程度，有效进行风险预测，并通过多边轧差和风险分担降低交易对手的信用风险，必要时还可采取隔离措施防止个体风险扩散。

二、非银行支付机构直连银行代理清算的风险隐患

2010年人民银行发布《非金融机构支付服务管理办法》，许可非金融机构开展支付业务。自此，非银行支付特别是网络支付业务飞速发展。网联清算平台建立以前，我国非银行支付机构采用典型的代理清算模式，115家从事网络支付业务的支付机构分别与上百家银行系统连接，这一模式存在较大风险隐患。

首先，多头开立账户，运维成本高，资源浪费严重。其次，接口标准和安全规范不统一，支付交易信息碎片化严重，且游离于监管之外，风险隐患较大；尤其近年来一些支付机构为地方股权交易平台甚至无牌照的金融交易场所提供资金结算通道，介入大额批发类支付服务，在未纳入集中清算的情况下，极易引发系统性风险。最后，支付机构客户备付金分散存放，资金挪用、诈骗等风险易发；一些支付机构基于备付金利息收入大肆开展低价倾销、交叉补贴等不正当竞争行为；一些大型支付机构则以高额备付金存放为利诱，提高议价能力，抬高利率中枢，加剧融资难、融资贵问题，扰乱了市场秩序，影响了行业健康发展。

三、网联清算平台概况

为有效应对非银行支付机构的风险隐患，引导行业规范健康发展，中国支付清算协会按照市场化方式组织非银行支付机构共同参股出资，成立网联清算有限公司，负责运营网联清算平台。

网联清算平台作为全国统一的清算系统，主要处理非银行支付机构发起的、涉及银行账户的支付业务，实现非银行支付机构及商业银行一点接入，提供公共、安全、高效、经济的交易信息转接和资金清算服务，组织制定并推行平台系统及网络支付市场相关的统一标准规范，协调和仲裁业务纠纷，并将提供风险防控等专业化的配套及延展服务。网联清算平台本着“共建、共有、共享”的原则，采用分布式架构体系搭建。

2017年8月，人民银行发布《关于将非银行支付机构网络支付业务由直连模式迁移至互联网平台处理的通知》，要求自2018年6月30日起，支付机构的网络支付业务将全部通过网联平台清算。截至2017年末，已有248家银行和65家支付机构接入网联清算平台。

四、建设网联清算平台的重要意义

优化资源配置，提高支付效率。网联清算平台建成运行后，将为支付机构提供统一、公共的资金清算服务，降低互联成本，提高处理效率，实现市场整体的帕累托改进。

提高清算透明度，及时有效防范系统性风险。网联清算平台的建设运行，将提高清算透明度，便利监管部门监测资金流动及相关风险，及时排查风险隐患，有效防范系统性风险。

整治支付机构市场乱象，维护市场健康发展。网联清算平台建成后，不仅为客户备付金集中存管提供支持，保障客户资金安全，更重要的是有助于维护公平竞争的市场秩序，引导支付机构回归本源，专注业务创新和服务改进，防止市场垄断，推动行业健康持续发展。

保障货币政策有效传导。人民银行的许多货币政策操作工具，例如公开市场操作、中短期借贷便利等，均依托支付系统完成操作，并通过调剂支付系统参与者的日间流动性间接影响同业拆借利率，实现央行货币政策调控意图。网联清算平台建成运行后，支付机构相关资金与信息实现集中化处理，资金流转路径更加透明、可监测，便利货币政策有效传导。

有利于打击金融违法犯罪。在反洗钱、反恐怖融资监管力度不断加大的情况下，建设网联清算平台有利于健全反洗钱和反恐怖融资监测机制，有效打击利用互联网实施的违法犯罪活动。

专题十二 加密资产相关领域风险及防范

在互联网与传统产业加速融合的背景下，以区块链[①]为代表的分布式记账技术迅猛发展。作为区块链技术的应用之一，比特币、以太币等加密资产[②]受到广泛关注，并催生了众多加密资产交易平台，以及首次代币发行（Initial Coin Offering, ICO）等新型融资模式。与此同时，由于缺乏监管，加密资产相关领域投机色彩浓厚，存在无序发展、易被违法犯罪活动利用、损害投资者合法权益等问题，不利于实体经济发展。2017年，人民银行会同相关部门持续深入推进互联网金融专项整治工作，及时清理整顿代币发行融资和加密资产交易平台业务，引领了全球监管取向，初步遏制了加密资产相关领域的风险。下一步，应持续开展研究监测，着力推进业务整治，强化投资者保护与教育，推进国际合作。

一、加密资产相关领域发展概况

加密资产是一种民间金融资产，其价值主要基于密码学及分布式记账等技术。加密资产不由货币当局发行，不具有法偿性与强制性等货币属性，不具有与货币等同的法律地位。以比特币为例，其产生过程实际上是对维护区块链节点的一种奖励机制。随着区块链技术的发展，还出现了以太币、瑞波币、莱特币等类似技术应用。ICO通常指区块链项目研发团队通过发行自行创设的数字代币向投资者筹集比特币和以太币等加密资产的行为，因其形式类似于首次公开发行（IPO）而得名。

在加密资产发行领域，比特币于2009年上线，其数量由网络共识协议限定在2 100万枚，获取途径主要依靠在区块链系统中提供算力支持（即“挖矿”）。此后，新型加密资产相继出现，但也主要采用此类模式。据有关统计[③]，2013年末全球加密资产有66种，2016年末为644种，至2017年末已达

① 区块链是一种去中心化的分布式记账数据库技术，以区块信息的形式记录所有交易信息，新信息的区块通过计算过程实现交易验证，会被附在现有区块之后形成链条。

② 加密资产中具有支付功能的部分，有时被部分人士称为“加密货币”，或“虚拟货币”“民间数字货币”。

③ 相关数据来源于互联网（www.coinmarketcap.com）。

1 335种。ICO始于2013年，最初用于为区块链技术应用项目融资，随着部分ICO项目取得初步成果及各类加密资产价格大幅攀升，ICO项目猛增并吸引大量投机者入场。在国内市场，截至2017年7月18日，国内已完成的ICO项目达65个，其中仅5个项目为2017年前上线，相关项目累计参与人次达10.5万，累计融资规模约合人民币26.16亿元，占全球同期总规模的20%以上。①

在加密资产交易领域，随着加密资产的交易需求和关注度上升，网络上出现了面向公众提供比特币、代币等的电子化撮合、集中连续竞价服务的交易平台，吸引了大量投资者，加密资产的种类、价格及交易平台数量均经历了爆发式增长。2013年末，全球加密资产市值约100亿美元，至2016年末为161亿美元，但到2017年末，其总市值暴涨至5 729亿美元，呈高度泡沫化趋势，且波动巨大（见表2–2）；截至2018年4月末，全球的加密资产交易平台已超过10 000个。②

表2-2　　2017年各类资产日收益率波动幅度（年化）

资产类型	波动幅度
标普500指数	6.66%
黄金（伦敦金）	10.19%
原油（北海布伦特）	23.85%
比特币	97.18%
以太币	136.68%

资料来源：Wind，Bitfinex，人民银行工作人员计算，黄金、原油、比特币、以太币参考美元价格计算收益率。

二、加密资产相关领域存在的问题及挑战

加密资产相关领域的发展侧面反映了区块链等新技术的兴起，但无序发展导致整个市场投机色彩浓厚，给洗钱、恐怖融资等犯罪活动带来便利，欺诈发行、庄家控盘等问题频出，损害了投资者合法权益，需引起警惕。

行业无序发展，投机色彩浓厚。加密资产价格的大幅波动，加之前期监管的缺失，导致加密资产市场秩序混乱，并加重了区块链行业的投机色彩。加密资产相关的投机炒作盛行，价格暴涨暴跌，风险快速聚集，严重扰乱了经济金融和社会秩序。混乱的市场秩序带来逆向选择问题，扭曲了激励机制，使创业

① 国家互联网金融安全技术专家委员会：《2017年上半年国内ICO发展情况报告》，2017年7月。

② 相关数据来源于互联网（www.coinmarketcap.com）。

企业热衷于快速融资而无心创新，真正致力于创新的区块链初创企业在行业泡沫下难以得到资本市场的合理支持，阻碍行业长期健康发展。此外，行业内的技术应用较少专注于实体经济领域，没有起到服务实体经济的作用，激发了资金脱实向虚。

投资者合法权益难以保障。在**发行方面**，ICO融资主体鱼龙混杂，各类ICO项目投资者适当性管理和信息披露普遍缺失，部分项目没有实体项目支撑、白皮书造假，“山寨币”“空气币”层出不穷，甚至出现发起人卷款跑路等事件，融资运作涉嫌非法发行证券、非法集资、金融诈骗、传销等违法犯罪活动，投资者面临欺诈发行、标的资产不实、发行方经营失败等多重风险。在**交易方面**，加密资产交易场所面向公众采用电子撮合、集中竞价模式组织投机交易，价格波动远高于传统金融产品，且不存在涨跌幅和交易时间限制，市场风险高企。部分加密资产集中度高、流动性不足，存在炒作、庄家控盘等问题。

易被违法犯罪活动利用。部分机构和个人假借加密资产概念，以“区块链创新”为噱头，直接从事非法集资、非法证券、传销等违法犯罪活动，迷惑民众跟风参与。此外，加密资产及其交易的匿名性造成大量资金和加密资产的来源和投向不明，为洗钱、非法交易、恐怖融资及逃避资本管制和国际制裁提供了便利，损害了相关执法行动的有效性，给社会带来不利影响。2017年5月，勒索病毒“WannaCry”造成至少150多个国家的20多万台设备受到影响，该病毒要求用户使用比特币支付赎金，以规避追查。

三、加密资产相关领域的监管动向

（一）国内监管动向

持续警示比特币风险。2013年12月，人民银行等五部委发布《关于防范比特币风险的通知》，明确提出各金融机构和支付机构不得开展与比特币相关的业务等一系列要求。相关部门利用多种渠道，多次警示比特币风险，引导社会正确认识比特币与货币的区别。

对加密资产交易平台开展检查。2017年1月，人民银行有关部门牵头对比特币、莱特币交易平台开展了现场检查，重点检查是否存在超范围经营、涉嫌市场操纵、违反反洗钱制度、资金安全隐患等问题。同时，敦促相关单位对照法律法规开展自查和清理整顿。

清理整顿代币发行融资及交易平台。2017年9月，人民银行等七部委发布

《关于防范代币发行融资风险的公告》，明确代币发行融资本质上是一种未经批准非法公开融资的行为，涉嫌非法发售代币票券、非法发行证券以及非法集资、金融诈骗、传销等违法犯罪活动，叫停代币发行融资，并要求交易平台限期关停。经清理整顿，国内主要ICO平台均已公告停止了新增代币发行融资活动，部分平台发布了项目退资公告，多个项目已经完成了退资工作，交易平台也已停止加密资产交易活动并基本清退完毕。

（二）国际监管动向

总体而言，各主要经济体对加密资产相关领域的监管态度存在差异且处于动态变化之中，但对潜在风险均予以高度关注和持续揭示，随着加密资产规模、影响和风险的扩大，监管政策相应呈收紧趋势。

韩国、印度、印度尼西亚等禁止了部分加密资产业务。韩国金融服务委员会于2017年9月公告，代币融资活动违反资本市场法律，将对参与主体予以严厉处罚，还将对加密资产交易进行严密管制和监控。随后，还禁止了金融中介就加密资产建立头寸，禁止使用匿名银行账户进行加密资产交易。**印度**央行于2017年9月公告，比特币及其他加密资产不是合法的支付工具。**印度尼西亚**央行于2018年1月公告，加密资产不是合法的支付手段。

日本、美国、新加坡、中国香港等探索构建加密资产监管框架。日本对加密资产政策较为开放。2017年3月，日本金融厅修订《支付服务法案》，承认比特币为合法的支付手段，并要求虚拟货币交易所在日本金融厅注册登记。截至2018年4月末，已有16家交易所获得许可。**美国**试图将比特币、ICO纳入传统监管体系。一是探索执行牌照管理，2017年7月，美国全国统一州法律委员会通过《虚拟货币统一监管条例》，规定虚拟货币服务机构在满足必须条件后需向有关政府机构登记并获取营业执照。二是证券交易委员会和商品期货交易委员会通过采取民事强制执行措施，打击关于虚拟货币的欺诈、市场操纵及混乱交易。三是积极推进立法，证券交易委员会认为ICO本质上属于证券活动，应在《证券法》框架下建立监管规则。四是加强公众沟通，多次向投资者提示风险。**新加坡**金管局于2017年8月公告，如果代币属于《证券与期货法》要求监管的产品，则将对代币的供应或发行进行监管。**中国香港**证监会于2017年9月表示，部分ICO活动属于证券发行行为，可纳入证券法律监管框架。2018年3月，香港证监会叫停一起ICO。

俄罗斯、瑞士、马来西亚等对加密资产相关业务予以密切关注和风险警示。以上国家监管当局均公告指出，由于加密资产的匿名性，投资者可能陷入非法活动，监管部门将密切关注市场发展，积极研究监管方法。

四、政策建议

当前，加密资产相关领域的清理整治工作取得积极进展，有效防范化解了相关风险，但各类非法金融活动形态多变、转移迅速，仍存在违规业务“出海”运营，利用代投、代充手段进行诈骗等问题。变相ICO不断出现，例如不直接发币募资，而是先免费“赠币”，发行人自留一部分币，后续设法炒高币价牟利等新变种。清理整顿工作需持续着力，相关风险的防范与化解需未雨绸缪，早识别、早预警、早发现、早处置。首先，继续保持高压态势，加大清理整治力度，继续采取多种手段，对新出现的违法违规问题依法严厉打击，维护市场秩序，引导资金回归实体经济；其次，加强国内监管协调，发挥部门合力，按照实质重于形式的原则落实功能监管要求；再次，持续做好投资者保护与宣传教育，采取多种形式明确揭示风险，强调风险自担；最后，积极推进国际合作与监管协调，形成监管合力，共同应对监管挑战。

专题十三 中国金融部门评估规划更新评估主要结论及建议

金融部门评估规划（Financial Sector Assessment Program，FSAP）是国际货币基金组织和世界银行（以下分别简称基金组织和世行）定期对成员经济体开展的评估[①]，已成为国际上广泛接受的金融稳定评估框架，具有较高的权威性。2009—2011年，我国接受了首次FSAP评估。根据我国在二十国集团（G20）系列峰会上的承诺，以及基金组织对系统重要性经济体每五年开展一次FSAP更新评估的要求，2015年10月起，我国接受了FSAP更新评估，并于2017年底顺利完成评估工作。

2017年12月7日，FSAP更新评估的核心成果报告（《中国金融体系稳定评估报告》《中国金融部门评估报告》以及关于中国遵守《有效银行监管核心原则》《证券监管目标与原则》《保险核心原则》的三份详细评估报告）在基金组织和世行的网站上公布。相关报告充分肯定了我国自首次FSAP以来经济和金融体系改革发展的成果，高度评价了金融业执行国际标准的情况，客观分析了金融体系面临的潜在风险和挑战，切实提出了较为中肯和有针对性的政策建议，对我国深化金融改革具有一定的借鉴意义。

一、评估结论

（一）中国金融改革成效显著

FSAP报告指出，自首次FSAP以来，中国经济一直保持令人瞩目的快速增长。金融体系为经济增长和降低贫困率提供了有力支持，金融业特别是资本市场不断深化发展，金融服务可得性和质量不断提升，普惠金融取得重大进展。管理部门持续推进金融改革，在以下方面成效显著：

升级货币政策和宏观审慎政策框架。利率自由化和市场化改革取得重大进展，这对维护金融稳定尤其关键。通过审慎的方式，让市场在资源分配中发挥决定性的作用，同时减少市场波动和不稳定因素。人民银行在2013年7月和

① 世界银行仅对发展中国家和新兴经济体进行评估。

2015年10月分别放开了贷款利率下限和存款利率上限，迈出了关键的一步。为应对宏观审慎风险，跨部门合作得到加强，包括2013年抑制房地产市场泡沫，以及人民银行和监管部门加强系统性风险监测等。

建立存款保险体系。这一举措强化了金融安全网，对帮助解决隐性担保问题十分重要。2015年5月1日，《存款保险条例》施行，标志着存款保险体系正式建立。

落实巴塞尔协议Ⅲ监管框架。自2010年起，银行业监管部门发布了一系列银行业监管规章，以落实巴塞尔协议Ⅲ的资本、杠杆率和流动性标准，并针对银行的公司治理、薪酬、综合风险管理、并表监管、内部控制和审计等方面发布了指导文件。这一系列举措有助于落实金融稳定理事会（FSB）和巴塞尔银行监管委员会关于强化银行公司治理和风控实践要求的危机后国际改革。银行业监管部门于2017年开展了针对同业融资、理财和表外业务的检查，以解决监管套利和不当行为的问题，重点关注银行的跨行业业务。

加强投资者保护，夯实市场进一步发展的基础。过去五年间，中国采取了一系列旨在保护广大个人投资者的举措，包括证券业监管部门强化对中介机构的适当性要求、提高投资者行使权利的能力、加强投资者教育等。证券业监管部门也扩展了一些证券中介机构的从业范围，旨在培育投资银行文化，助推资本市场更好地服务实体经济。同时，针对特定市场参与主体的审慎要求和资本要求也得到审视和强化。自2015年的市场波动以来，证券业监管部门采取了一系列措施抑制市场过度使用杠杆，其中部分措施与其他部门联合施行。

建立保险业增长的稳健框架。保险业监管部门自2012年3月开始启动“中国风险导向的偿付能力体系”（简称偿二代）建设工作。2015年2月，保险业监管部门正式制定并发布了偿二代的17项核心监管规则，保险业进入落实新偿付标准的过渡期。经过一年的测试期，偿二代于2016年1月1日正式施行。

（二）金融体系潜在风险及当局已采取的应对措施

FSAP报告认为,中国金融体系存在以下潜在风险尚待解决：

第一，在支持经济增长过程中，信贷过度扩张（尤其在影子银行部门）、债务存量过大，导致资源配置效率降低，金融体系风险加大。

第二，金融机构间关联度增加，金融体系日益复杂且不透明，给监管部门评估资产质量和防范风险带来巨大挑战。例如，相似产品受到不同监管，滋生了基于监管套利的金融创新，金融产品多层嵌套，难以看清底层资产。

第三，广泛的隐性担保助长了道德风险，并扭曲了风险定价，特定情形下容易导致金融体系发生周期性大调整。

总体来看，政府对金融体系的风险积聚保持警觉，在极具挑战性的内外部环境下，已采取有力措施防控风险，完善微观审慎监管，并通过设立国务院金融稳定发展委员会，加强宏观审慎管理和系统性金融风险防范。

（三）金融监管符合国际标准

此次FSAP更新评估对我国银行、证券和保险业遵守《有效银行监管核心原则》《证券监管目标与原则》以及《保险核心原则》三项国际标准与准则的情况进行了全面评估，并提出了改进建议。报告认为，中国金融监管符合国际标准，但同时指出，金融监管机构在行使职权的独立性和监管资源方面较为欠缺，且在发展与稳定的目标上存在冲突，应强化监管机构的自主权，加强监管协调与合作。

从具体评估情况看，银行业监管29条原则中，16条被评为“符合”，11条被评为“大体符合”，2条被评为“大体不符合”。报告认为，银行业监管机构紧跟国际监管步伐，及时开展了监管架构改革，并通过强化监管核心技能、优化监管方式方法、完善监管沟通等方式，不断完善银行业监管实践。同时，报告指出，金融管理部门之间缺乏关于金融集团和金融机构监管的协调、配合以及详细的事前信息共享，对识别、掌握复杂金融集团与交叉性业务的风险和脆弱性造成影响；银行业监管机构关于问题资产、集中度风险、关联方敞口、公司治理等方面的监管有待改进；对银行外部审计的监管权限仍显不足；关于银行业整体的统计数据和风险指标的信息披露有待加强。

证券业37条原则中，20条被评为“完全实施”，11条被评为“大致实施”，6条被评为“部分实施”。报告认为，证券业监管机构基于中国证券市场中小投资者众多的实际情况，采取了诸多具有独创性的措施，投资者保护工作成效显著。对客户账户实施“看穿式”管理，设立资本市场运行统计监测中心，对系统性风险的识别和监测水平明显提高。同时，报告指出，受不同制度和部门监管的相似业务和产品的规制有待统一；证券业监管机构处罚权力相关的法律法规有待改进，处罚力度仍显不足；跨部门信息共享有待加强，风险监测机制仍需继续完善；现有规制和监管实践随市场发展的适应性有待进一步强化。

保险业26条原则中，8条被评为“遵守”，14条被评为“大致遵守”，4条被评为“部分遵守”。报告认为，自首次FSAP以来，保险业监管机构一直在进行影响深远的改革，持续加强保险监管制度建设，提高对保险集团的监管水平，并在偿付能力监管制度现代化建设方面取得长足进步。同时，报告指出，关于保险集团层面的监管及监管合作亟须改进；对于大型保险集团的危机管理力度有待加大；市场行为监管有待加强；偿二代仍需进一步规划完善。

二、主要建议

FSAP报告在防范风险、深化改革、加强监管等方面提出了诸多建议。下一步，相关部门将结合中国实际情况，合理借鉴FSAP建议，维护金融业长期稳健发展。

弱化对GDP的过高增长预期，减少过度信贷扩张和债务累积。这符合在中长期内向更稳健、可持续和高质量增长的转型。但短期内出于社会稳定目标的优先考虑，还应依靠信贷扩张对企业提供持续的融资支持，并稳定资产市场，从而避免居民部门的损失。货币政策、财政政策和发展政策应协调配合，为微观审慎监管营造良好的宏观经济环境，以降低风险、维护金融稳定。

完善宏观审慎框架，加强系统性风险监测。在国务院金融稳定发展委员会下设立金融稳定分委会，并赋予其维护金融稳定的单一职能。修订主要法律，以加强人民银行和监管部门的操作和预算自主权，并增加其资源。加强国内跨部门沟通、合作以及信息共享，并加强与境外监管部门合作，解决制约系统性风险监测和有效金融监管的数据缺口问题。加强对金融集团的监管，提升前瞻性综合风险分析。提高压力测试团队的分析能力，在系统性风险评估中扩大对非银金融机构，以及银行机构和非银金融机构关联性的覆盖，开发并整合对集合投资计划的压力测试，在压力测试中使用更加详细的监管数据。

完善银行、证券、保险的规制与监管。银行业方面，提升监管银行、银行关联金融集团及其所有权结构的能力；不再将抵押品质量作为贷款风险分类的依据，约束银行向非中小企业借款人的信贷展期，将逾期超过90天的贷款划入不良贷款；强化“穿透”原则，提高流动性覆盖率对同业产品和表外理财产品的要求；提高监管报告要求，加强前瞻性全面风险分析以促进事前干预。证券业方面，引入功能监管，确保不同金融机构发行的相似产品受到一致性监管；改进集合投资计划的信息披露，禁止在理财产品说明书中列明预期收益率；严格把控回购抵押品的资质，并改进折扣率计算方法；强化系统性风险监测，确保以整体视角审视证券市场之间及其与其他金融部门的关联性；加强上市公司治理，强化证券业监管机构的调查执法权限；加大对会计师事务所等资本市场守门人的现场检查力度，考虑成立专门审计监管机构；对私募基金实施分类监管。保险业方面，制定基于风险的监管规划，将每家保险公司的所有问题和行为（包括市场行为）纳入其中；逐步采用更为市场化的估值方式。

逐步取消隐性担保，完善危机管理框架，改进金融市场基础设施监管，强化金融科技监管。确保集合投资计划（包括理财产品）的破产隔离，在取消隐性担保的前提下促进信贷决策的市场化。清晰界定由政府主导的危机应对的触发条件，制定银行和系统重要性保险公司的特别处置机制，建立正式的紧急流动性救助框架，优化各类保护基金的制度设计，避免道德风险。充分实施《国际支付结算体系委员会与国际证监会组织原则》，完善相关法律框架，增强金融市场基础设施的韧性。完善金融科技的法律、规制和监管框架。

谨慎规划改革次序，降低因道德风险和隐性担保产生的风险。金融管理层面一些改革措施，应与强化社会保障体系同步进行，最小化公司倒闭造成的民生困难。这些措施主要包括提高数据质量、增加银行业资本、完善资产质量和金融控股集团监管的规制、强化破产和处置的法律框架、降低对短期融资的依赖、提升投资者的风险意识。应重点对陷入困境但仍具备生存能力的公司进行经营性重组，使不具备生存能力的公司及时退出。

进一步促进普惠金融和资本市场发展。继续构建更具普惠性的金融部门，转变政府角色，改善金融服务供应者的经营环境，扩展公共征信体系，制定全面的数据保护法律框架，加强借助金融科技提升金融服务覆盖面的研究，提高促进普惠金融的财政和货币政策的针对性。提升开发性及政策性金融作用。进一步发展资本市场，加强对国债续发行和回购的使用，完善国债一级交易商系统和交易结构，提高国债流动性，提高回购市场抵押品质量，改进市场交易结构，完善相关法律。强化信用风险评估，提高定价效率，进一步统一银行间市场和交易所市场发行人和投资者的相关规制，培育成熟的机构投资者。

第三部分

宏观审慎管理

2017年，国际社会继续完善宏观审慎政策框架。我国在借鉴国际经验的基础上，不断强化宏观审慎管理，稳步推进金融监管体制改革，健全金融监管协调机制，加强系统性风险监测评估，完善宏观审慎政策工具，牢牢守住不发生系统性金融风险的底线。

一、国际组织加强宏观审慎管理的进展

（一）构建稳健的金融机构

巴塞尔协议Ⅲ政策框架最终完成。2017年12月8日，巴塞尔银行监管委员会（BCBS）发布《巴塞尔协议Ⅲ：危机后改革的最终方案》，标志着危机后全球银行体系的核心国际监管规则改革全部完成。总体来看，巴塞尔协议Ⅲ是以资本和流动性监管为核心，兼顾宏观审慎管理和微观审慎监管，覆盖银行监管各项要素的全球最新监管规则体系。巴塞尔协议Ⅲ沿用了巴塞尔协议Ⅱ的最低资本充足率要求、监督检查和市场纪律“三支柱”的监管体系，从资本质量、流动性要求、宏观审慎管理等多方面做了整体提升，并包含了总损失吸收能力（TLAC）要求等更广泛的金融部门改革措施。

推动执行巴塞尔协议Ⅲ。BCBS于2017年10月发布的进展报告显示，所有27个BCBS成员经济体均已按要求执行了巴塞尔协议Ⅲ风险资本要求、流动性覆盖比率要求和储备资本要求，26个成员经济体已经发布了逆周期资本缓冲要求并已经或正在制定国内系统重要性银行监管框架，所有全球系统重要性银行（G-SIBs）母国[①]均已经发布了对G-SIBs的监管要求。但部分成员经济体在落实对手方信用风险以及对中央对手方（CCPs）风险暴露的资本要求等改革方面的进度落后。

（二）强化对系统重要性金融机构的监管

更新G-SIBs名单。2017年11月，金融稳定理事会（FSB）公布了基于2016年末数据测算的G-SIBs名单，30家银行入选（见表3-1），数量与2016年相同。其中，加拿大皇家银行新入选名单，法国大众储蓄银行集团被移出名单，花旗银行由第四组降至第三组，法国巴黎银行由第三组降至第二组，瑞士信贷由第二组降至第一组。我国仍然是工商银行、农业银行、中国银行、建设银行四家银行进入G-SIBs名单，中国银行和建设银行均由第一组升至第二

① 目前G-SIBs的母国有中国、美国、法国、德国、意大利、荷兰、西班牙、英国、日本、瑞士和瑞典。

组。每年11月G-SIBs名单更新后，入选的G-SIBs将于14个月后的1月开始实施更高的资本要求。

表3-1　全球系统重要性银行

组别 （附加资本要求）	全球系统重要性银行
5 （3.5%）	空
4 （2.5%）	美国摩根大通集团
3 （2.0%）	美国银行 美国花旗银行 德意志银行 英国汇丰银行
2 （1.5%）	中国银行 英国巴克莱银行 法国巴黎银行 中国建设银行 美国高盛集团 中国工商银行 三菱日联金融集团
1 （1.0%）	美国富国银行 中国农业银行 纽约梅隆银行 瑞士信贷 法国农业信贷银行 荷兰商业银行 日本瑞穗实业银行 美国摩根士丹利集团 北欧联合银行 加拿大皇家银行 苏格兰皇家银行 西班牙桑坦德银行 法国兴业银行 渣打银行 美国道富银行 日本三井住友金融集团 瑞士联合银行 意大利联合银行

资料来源：FSB《2017年全球系统重要性银行名单更新》，2017年11月。

（三）推动有效处置机制建设

TLAC要求逐步完善。自2015年发布TLAC要求以来，FSB持续致力于完善相关政策要求，确保G-SIBs可以得到有序处置，避免动用纳税人资金。2017年7月，FSB发布了《内部TLAC指导原则》，对处置实体的具有系统重要性的子公司提出了持有TLAC的规定，为处置实体持有的TLAC在系统重要性子公司间的分布制定了较为明确的框架。FSB计划于2019年末对现行TLAC框架的落实情况进行评估。

推动《金融机构有效处置机制核心要素》实施。FSB各成员经济体落实《金融机构有效处置机制核心要素》（以下简称《核心要素》）的进度不一。只有部分经济体（主要是G-SIBs母国）按《核心要素》要求引入了较为完善的处置权力；缺失最多的处置权力包括自救权力、对金融合同提前终止权实施暂停的权力以及改变公司经营结构以提高可处置性的权力等。2017年12月，FSB发布了保险业《有效处置机制核心要素评估方法》征求意见稿，为更有针对性地对保险业落实《核心要素》情况进行评估制定了框架。

（四）持续监测影子银行体系

2018年3月，FSB基于2016年末数据发布《2017年全球影子银行监测报告》，涵盖了29个经济体（卢森堡首次参加），占全球GDP的80%以上。广义估算结果显示，2016年末全球“非银行金融中介监测规模总额”达160万亿美元，约占监测经济体金融资产的48%。狭义估算结果显示，全球影子银行规模达45.2万亿美元，相当于监测经济体金融资产的13%，75%以上集中于影子银行规模最大的6个经济体。其中，美国影子银行规模最大，占总规模的31%，欧盟（报告涵盖了8个欧盟经济体）次之；我国位列第三，狭义口径影子银行规模达7万亿美元，占总规模的16%。

（五）推动场外衍生品市场改革

2017年，场外衍生品市场改革稳步推进。截至6月末，24个FSB成员经济体中，交易信息报送和非集中清算衍生品的更高资本要求落实情况最好，绝大多数经济体均已制定相关要求，涵盖了其90%以上的场外衍生品交易，提高向交易信息库报送交易信息的一致性并消除信息报送法律障碍的工作正有序推进；集中清算要求的落实情况次之，有17个经济体落实了相关要求；非集中清算衍生品的保证金要求落实情况取得重大进展，14个经济体落实了相关要求，较2016年末增加了11个经济体；平台交易要求落实情况最为滞后，目前仅有12

个经济体引入相关框架。

（六）推进CCPs改革

国际证监会组织（IOSCO）、支付和市场基础设施委员会（CPMI）和FSB等国际组织持续合作，基本完成了提升CCPs稳健性和可恢复处置能力的改革任务。在提高CCPs稳健性和完善恢复计划方面，IOSCO和CPMI于2017年7月发布了《CCPs稳健性——关于进一步落实〈金融市场基础设施原则〉（PFMI）的指导文件》和《关于CCPs恢复计划的指导文件》，并于2018年4月发布了《CCPs监管压力测试框架》终稿，下一步将继续监测CCPs对PFMI的落实情况。在提高CCPs可处置性方面，FSB于2017年7月发布《CCPs处置和处置计划指引》，以提高各国处置计划要求的一致性。

（七）减少不当行为风险

2017年，FSB继续致力于防范不当行为风险，恢复市场信心。在薪酬治理层面，FSB于2018年3月发布了《稳健薪酬实践原则和标准补充指导文件》，将薪酬制度与减少不当行为联系起来。在公司治理层面，FSB即将完成监管工具箱的开发，从完善入职调查、强化高管层职责和营造良好企业文化等三个方面防范不当行为风险。此外，IOSCO为批发市场行为制定了监管工具箱，BIS也发布了全球外汇市场行为规范，从而有利于进一步加强固定收益、货币及商品期货市场的行为规范。

（八）其他

FSB建立了一套改革效果评估框架，作为指导今后改革效果评估工作的重要参考，对落实情况较好的改革领域效果进行评估，分析其是否达到预定目标，有助于识别重大的负面影响并加以解决。FSB还加强了对金融科技（Fintech）的研究和监管，尤其关注加密资产的发展及其对金融稳定的影响。此外，全球法人机构识别编码（LEI）体系运行良好，截至2017年末，共有27个经济体取得发码资格，超过97万个法人机构及自然人申请获得LEI编码。

二、主要国家和地区宏观审慎管理最新进展

（一）美国

减轻中小金融机构监管负担。特朗普就任美国总统以来，认为2010年通过

的《多德—弗兰克法案》存在监管过严，不利于经济增长的弊端，因此提议放松对金融业的监管。2017年12月，美国参议院银行、住房与城市事务委员会提出《经济增长、监管放松和消费者保护法案》，重点关注中小型金融机构的监管放松。2018年5月24日，美国总统特朗普签署通过该法案，对2010年《多德—弗兰克法案》等监管法律法规进行了修订，标志着国际金融危机后制定的严格监管政策发生松动。本次改革主要包括将适用审慎监管标准的银行控股公司资产规模从500亿美元提高到2 500亿美元、简化小型金融机构的监管规则、促进资本市场发展和加强金融消费者保护等内容。

系统性风险监测和评估。金融稳定监督委员会（FSOC）于2017年12月发布年报，认为在全球经济温和复苏的背景下，受英国脱欧、货币市场基金改革、资产价格上涨、各期限利率上行等因素的影响，美国金融体系存在潜在风险，主要包括：网络安全可能影响金融体系关键功能；资产管理产品在流动性、杠杆率、赎回方面存在风险；大型银行控股公司存在顺周期风险；CCPs与其清算对手存在关联性风险；大额短期融资市场稳定性不足；市场参与者仍然过度依赖LIBOR等参考利率；金融数据的数量和质量无法满足风险防范需求；国内外利率上升，资产价格存在骤降风险；房地产金融改革立法滞后；使用自动交易系统开展交易导致金融市场复杂性增加等。

逆周期资本要求。2017年12月，美联储宣布，通过与联邦存款保险公司和货币监理署协商，按照逆周期资本要求（CCyB）政策框架，维持逆周期资本要求为0。如果美联储今后决定修改资本缓冲标准，需要提前12个月确定生效日期，以使银行有充足的时间作出调整。

系统重要性金融机构监管。2017年9月，美联储出台一项规定，要求美国的G-SIBs和在美国运营的外国G-SIBs修改合格金融合约（QFCs）[①]，以便在该G-SIB破产或进入处置程序时，在一定时间内禁止交易对手取消或终止合约，从而为QFCs提供一个避险窗口，避免该G-SIB的无序处置。鉴于系统重要性银行作为交易对手方的QFCs规模过于庞大，一旦某一家系统重要性银行破产，可能导致QFCs的大规模终止和相关资产价格的大幅下跌，从而使得一家机构的风险迅速传递到整个金融体系。因此该规定要求，系统重要性银行破产时，为了防止其影响扩散到其他有偿付能力的机构，一段时间内禁止行使对该银行QFCs的违约权利。该规定于2019年初开始实施，并根据交易对手的类型设定了不同的过渡期。

① 涉及衍生产品、证券借贷以及回购协议等短期融资交易。

（二）欧盟

系统性风险监测和评估。欧洲系统性风险委员会（ESRB）发布年度风险监测报告，指出当前受全球长期低利率环境和地缘政治不确定性影响，欧洲面临四大潜在金融风险：全球金融市场风险溢价可能发生重新定价；银行、保险机构和养老基金的资产负债表健康程度仍不乐观；政府、企业和居民部门的债务可持续性进一步恶化；非银行部门的风险可能向银行体系传染。

发布宏观审慎公报。2017年12月，欧央行发布第四期宏观审慎公报，阐述了一系列宏观审慎政策工具的运用情况，包括引入合格债务最低要求作为银行自救工具；评估在外部救助（bail-out）和自救（bail-in）两种机制下银行估值和债务回收率的变化；大力落实国际上已议定的关于增强银行稳健性的改革，包括提高资本充足率和改善流动性、引入TLAC要求、对非担保债务工具的清偿顺序作出安排等。

影子银行监测。2017年5月，ESRB发布首份欧盟影子银行监测报告，指出2016年欧盟影子银行规模增速放缓。截至2016年底，欧盟影子银行规模达40万亿欧元，占欧盟金融部门总资产的38%，占欧盟GDP的272%。影子银行规模的持续增长推升了金融杠杆，增加了金融体系的关联性风险。

（三）英国

宏观审慎政策制定。金融政策委员会（FPC）认为，受脱欧持续影响，英国金融稳定和经济前景仍然面临不确定性。英国房地产市场风险凸显；经常项目赤字仍然严重；英镑汇率较为稳定，仍维持在脱欧公投后的汇率低位；住户部门债务率虽有所下降但仍维持在较高水平，整体信贷增速略高于名义GDP。基于上述金融运行情况，FPC将CCyB要求由0.5%上调至1%，自2018年11月28日起，英国银行业将须额外计提114亿英镑的逆周期资本。

银行业压力测试。2017年3月，英格兰银行开展了第四次银行业压力测试，测试对象贷款规模占全部贷款的80%。此次压力测试情景比国际金融危机更加严重，在重度压力情景下，银行业前两年总损失将达到500亿英镑，但可用资本缓冲能够实现损失全覆盖。7家银行的整体核心一级资本充足率由13.4%下降至8.3%，杠杆率从5.4%下降至4.3%。压力测试结果显示，主要大型银行资本水平均得到有效强化，银行业整体资本充足，能够充分应对英国及全球经济衰退、资产价格大幅下跌，同时可以满足实体经济信贷需求。另外，巴克莱银行和苏格兰皇家银行曾在2016年压力测试中存在杠杆率和资本缺口，在2017年压力测试中全部达标。

三、我国宏观审慎管理的实践

当前和今后一个时期我国金融领域尚处在风险易发高发期，在国内外多重因素压力下，长期积累的风险隐患有所暴露，凸显了建立健全适应现代金融市场发展的金融监管框架、强化宏观审慎政策的必要性。为此，我国不断完善宏观审慎政策框架，稳步推进金融监管体制改革，不断健全风险监测识别框架，积极采取多项宏观审慎政策措施，牢牢守住不发生系统性风险的底线。

（一）稳步推进金融监管体制改革

成立国务院金融稳定发展委员会。2017年，经党中央、国务院批准，国务院金融稳定发展委员会（简称金融委）成立。金融委不替代各部门职责分工和工作程序。金融委办公室设在人民银行，主任由人民银行行长兼任。作为国务院统筹协调金融稳定和改革发展重大问题的议事协调机构，金融委负责落实党中央、国务院关于金融工作的决策部署；审议金融业改革发展重大规划；统筹金融改革发展与监管，协调货币政策与金融监管相关事项，统筹协调金融监管重大事项，协调金融政策与相关财政政策、产业政策等；分析研判国际国内金融形势，做好国际金融风险应对，研究系统性风险防范处置和维护金融稳定重大政策；指导地方金融改革发展与监管，对金融管理部门和地方政府进行业务监督和履职问责等。

统筹监管银行业、保险业金融机构，强化人民银行宏观审慎管理职能。将原银监会和原保监会的职责整合，组建中国银行保险监督管理委员会，统一监督管理银行业和保险业；将原银监会和原保监会拟定银行业、保险业重要法律法规草案和审慎监管基本制度的职责划入人民银行，强化人民银行宏观审慎管理和系统性风险防范职责。

（二）加强系统性风险监测与评估

不断加强银行、证券、保险业金融机构和具有融资功能的非银行金融机构的监测评估和现场检查工作。组织商业银行开展金融稳定压力测试，不断扩大压力测试覆盖范围。持续加强对重点领域和突出问题的风险监测和排查，对地方政府融资平台、金融控股公司、加密资产、资产管理业务风险、实业企业投资金融业等问题进行重点研究。加强对宏观经济形势、区域金融风险及特定行业趋势的研判，继续开展大型有问题企业风险监测，及时处理重大风险事件。

（三）不断完善宏观审慎政策

完善金融机构评价体系。一方面，继续完善宏观审慎评估（MPA），2017年第一季度将表外理财纳入“广义信贷”指标范围，第三季度将绿色金融纳入“信贷政策执行情况”进行评估，2018年第一季度将同业存单纳入“同业负债占比”指标。另一方面，建立央行金融机构评级体系。人民银行起草了《央行金融机构评级管理办法（试行）》，于2018年1月1日开始实施。成立央行评级委员会，在存款保险风险评级、稳健性现场评估基础上充分吸收MPA的相关内容，制定央行金融机构评级指标体系，并完成了首次评级工作。

落实全口径跨境融资宏观审慎政策。2017年1月发布《关于全口径跨境融资宏观审慎管理有关事宜的通知》，进一步完善了全口径跨境融资宏观审慎政策，提高了融资便利性，有利于境内机构充分利用境外低成本资金，支持实体经济发展。

动态调节跨境资本流动宏观审慎政策。2017年9月，人民银行将远期售汇风险准备金征收比例由20%调降至0，并取消对境外金融机构境内存放准备金的穿透式管理，2018年5月，将港澳人民币业务清算行存放人民银行清算账户的人民币存款准备金率降为0，促使逆周期调控措施逐步回归中性，强化外汇市场价格发现功能，提高市场流动性，更好地服务于实体经济，促进经济持续、协调、平稳发展。2018年8月3日，为防范宏观金融风险，促进金融机构稳健经营，加强宏观审慎管理，人民银行决定自8月6日起，将远期售汇业务的外汇风险准备金率从0调整为20%。

统一资产管理业务监管标准。2018年4月27日，《关于规范金融机构资产管理业务的指导意见》正式发布，从弥补监管短板、提高监管有效性入手，按照资管产品的类型制定统一的监管标准，对同类资管业务作出一致性规定，实行公平的市场准入和监管，最大程度地消除监管套利空间，同时充分考虑市场承受能力合理设置过渡期。7月20日，人民银行发布《关于进一步明确规范金融机构资产管理业务指导意见有关事项的通知》，就过渡期内有关具体的操作性问题进行明确，进一步阐释公募资产管理产品的投资范围，进一步明晰过渡期内相关产品的估值方法，进一步明确过渡期的宏观审慎政策安排和自主有序整改。

加强非金融企业投资金融机构监管。2018年4月27日，《关于加强非金融企业投资金融机构监管的指导意见》正式发布，明确非金融企业投资金融机构的政策导向，强化股东资质、股权结构、投资资金、公司治理和关联交易监管，加强实业与金融业的风险隔离，防范风险跨机构跨业态传递。同时，鼓励扎根于为实体经济服务的金融创新，允许具备核心主业突出、财务状况良好、公司治理规范、发展战略合理等条件的非金融企业依法依规投资金融机构。

完善系统重要性金融机构监管。系统重要性金融机构在金融体系中居于重要地位，其经营和风险状况直接关系到我国金融体系整体稳健性以及服务实体经济的能力。为此，迫切需要明确政策导向，就系统重要性金融机构监管作出制度性安排，补齐监管短板，防范“大而不能倒”风险和系统性金融风险，有效维护金融体系稳健运行。按照党中央、国务院工作部署，人民银行正会同监管部门研究制定国内系统重要性金融机构（D-SIFIs）评估、监管和处置框架，明确D-SIFIs的定义和范围，规定其评估方法和流程，对其提出特别监管要求，施加审慎监管措施，并建立D-SIFIs特别处置机制。

加强金融基础设施统筹监管与建设规划。人民银行正在会同有关部门制定统筹监管金融基础设施有关工作方案，重点是制定金融基础设施管理办法，对各类金融基础设施的准入、运作、监管要求等作出统一规范。同时，强化对金融基础设施建设的规划引领，完善治理，加强协调，最终形成布局合理、治理完善、安全高效、监管有力的金融基础设施体系，推动形成统一包容开放的金融市场，充分发挥金融市场资源配置功能。

全面推进金融业综合统计工作。加快推进金融业综合统计，是有效监测金融服务实体经济成效、提高服务效率的关键信息基础，是前瞻性防范化解系统性金融风险、维护金融稳定的迫切需要。2018年3月，国务院办公厅发布《关于全面推进金融业综合统计工作的意见》，要求按照强基础、补短板、扩内容、促共享的工作方针，建立为服务实体经济、防控金融风险、深化金融改革三大任务服务的金融业综合统计体系。人民银行与其他金融管理部门将按照要求，加快推进金融业综合统计相关工作。2018—2019年的阶段性目标是，推进交叉性金融产品统计，推进系统重要性金融机构及金融控股公司统计，编制金融业资产负债表，加强绿色金融、普惠金融等专项统计，建立完善债券市场、货币市场、外汇市场等金融市场统计，建立金融业综合统计标准体系。

专题十四　审慎监管的基本制度

一、审慎监管的内涵

由于金融机构经营的高杠杆特点及倒闭的巨大负外部性，各国普遍对金融业实施严格监管，确保金融机构和金融体系的稳健性，保护金融消费者利益。审慎监管与行为监管相对应，前者旨在提高金融机构经营稳健性，防范个体风险以及系统性风险，维护金融体系稳定，后者旨在保护金融消费者，推动市场有效公平竞争。2008年国际金融危机之后，吸取危机教训，金融监管更加注重宏观审慎管理和系统性风险防范，审慎监管框架趋于完善。从制度框架看，审慎监管可分为宏观审慎管理和微观审慎监管。

（一）宏观审慎管理

宏观审慎管理以防范系统性风险为根本目的，将金融业视作一个有机整体，既防范金融体系内部关联可能导致的风险传递，又关注金融体系的跨周期稳健运行，从而有效管理整体风险。

系统性风险主要通过两个维度积累。**时间维度上**，金融风险随着时间不断积累最终导致金融体系的脆弱性增加；**结构性维度上**，金融机构和金融市场之间因相互关联产生风险。相应地，宏观审慎制度主要包括：时间维度上，要求金融机构在系统性风险积累时建立风险缓冲，以减缓周期性波动带来的冲击，主要工具有逆周期资本缓冲、附加资本要求、动态拨备要求、杠杆率、贷款价值比和贷款收入比等。结构性维度上，重点关注系统重要性金融机构（SIFI）及金融体系关联度，主要工具有识别及监管SIFI、制定恢复和处置计划、要求场外衍生品集中清算。

目前，宏观审慎管理的核心国际标准包括《巴塞尔协议Ⅲ》部分标准、《有效金融机构处置机制核心要素》《全球系统重要性银行认定及损失吸收能力》等文件。美国、英国、欧盟等主要经济体均明确央行负责宏观审慎管理和系统性风险防范工作，持续建立健全央行的宏观审慎管理框架。

（二）微观审慎监管

微观审慎监管以确保单家金融机构稳健运营为目标，主要关注单家机构经营过程中所面临的各类风险，制定相应审慎监管标准，要求金融机构予以遵守或执行。

从微观审慎监管的视角看，金融机构面临信用风险、流动性风险、市场风险、操作风险等各类风险，同时，金融机构可能因存款人或投资者“挤提”而倒闭。理论及实践表明，为确保金融机构有效防范各类风险，监管部门应就最低资本要求、流动性管理、风险管理、问题资产认定及拨备计提、内部控制等方面制定审慎标准，并通过现场及非现场检查方式实施监管。

目前，微观审慎监管的核心国际标准主要包括巴塞尔银行监管委员会(BCBS)出台的《有效银行监管核心原则》《巴塞尔协议Ⅲ》，以及国际保险监督官协会出台的《保险核心原则》等。

二、国际经验

2008年国际金融危机最主要的教训是金融监管局限于关注单家机构的风险，对宏观审慎和系统性风险重视不足，难以维护金融体系稳定。危机后，国际组织和主要经济体的监管改革更为注重防范系统性风险，在强化微观审慎监管制度的同时，强调构建宏观审慎管理框架。

（一）国际组织制定完善审慎监管标准情况

1. 巴塞尔银行监管委员会（BCBS）

修订完善《有效银行监管核心原则》，从宏观审慎视角提升微观审慎监管要求。BCBS在2012年对《有效银行监管核心原则》进行了修订，其中，就“审慎监管和要求”提出16条原则，涉及公司治理、风险管理、资本充足性、信用风险、贷款损失准备、集中度风险、关联交易、市场风险、流动性管理、内部控制、财务报告、信息披露等方面。BCBS指出，宏观审慎和微观审慎密切关联，为构建有效银行监管框架，两方面应相辅相成。监管部门应为金融稳定部门提供反映银行业整体态势的数据，以便后者针对系统性风险提前采取措施。尽管BCBS未针对宏观审慎专门制定核心原则，但将宏观审慎管理理念贯穿其多项核心原则，并要求成员国对系统重要性银行加大监管力度和投入，在审慎监管中采用系统性、宏观性视角来帮助确定、分析系统性风险，针对风险提前采取行动，更加重视有效的危机管理、恢复和处置措施在降低银行破产概率中的作用。

《巴塞尔协议Ⅲ》引入系统性风险防范的具体机制性安排，体现宏观审慎理念。提高资本质量和水平，包括提高核心一级资本充足率最低要求，并提出更严格的资本定义；加强流动性风险监管，引入流动性覆盖率和净稳定融资比率；限制杠杆和集中度，引入杠杆率指标；引入逆周期调控框架，要求建立逆周期资本缓冲；改进风险计量，主要是完善风险加权资产、最低资本要求及大额风险敞口的计量机制，提升监管规则准确性；修订银行业公司治理原则，要求薪酬与银行风险及业绩挂钩，完善激励机制。此外，配合金融稳定理事会（FSB）关于"大而不能倒"机构、衍生品市场和"影子银行"等监管改革，BCBS推出了相关监管标准，研究提出设置总损失吸收能力要求（TLAC）。

2. 国际保险监督官协会（IAIS）

2011年，IAIS在修订《保险核心原则》时，首次引入"宏观审慎监测"理念。2015年《保险核心原则》再次修订后，保留了"宏观审慎监测和保险监管"原则，要求保险监管部门识别、监测并分析可能影响保险公司及保险市场的各类宏观因素，并将这些信息运用于保险公司监管，包括风险分析与评估、保险公司系统重要性的判断等。此外，如果有多个机构负责保险监管（如不同机构负责审慎监管和市场行为监管、宏观审慎监管和微观审慎监管或牌照审批和日常监管等），应在法律中清晰界定各监管部门的职责。

3. 其他国际组织

2016年，IMF、FSB和BIS联合发布《有效宏观审慎政策要素：国际经验与教训》。报告提出，应将宏观审慎管理职能明确赋予某一决策机构，确定其政策目标和权力。从实践看，主要经济体均明确由央行在宏观审慎政策制定中扮演重要角色。同时，应加强政策协调，国内各部门的政策合作与信息共享有助于实现宏观审慎政策目标，确保把握金融体系的整体风险并进行有效的政策应对。

（二）主要经济体完善审慎监管的实践

1. 欧盟

2011年，为强化系统性风险防范，欧盟推动建立单一监管机制，在该机制下，欧央行和各成员国监管当局共同组成对信用类金融机构（银行和保险公司）的审慎监管，欧央行负责对按照定性定量标准评定出来的重要金融机构（SIs）进行直接监管，各成员国负责其他金融机构监管。欧洲系统性风险委员会（ESRB）对欧盟金融体系的系统性风险进行监测和评估，必要时，对欧央行及成员国提出宏观审慎措施建议。欧洲银行业监管局（EBA）负责统一成员国银行业监管规制与加强协调。

欧央行对欧盟境内银行体系的系统性风险进行监测评估，在此基础上决定是否使用附加资本要求、逆周期资本要求等宏观审慎工具。同时，欧央行通过内设监管委员会专门负责对系统重要性信用类金融机构的监管，包括制定审慎资本要求、评定机构的系统重要性程度、评估银行的重大收购等行为、对系统重要性银行实施强制性措施等。

EBA作为欧盟银行业微观审慎监管协调机构，依据《资本金要求条例》，制定该领域的实施细则，包括若干具有约束力的技术标准、指引、建议和意见等规范性文件。例如，EBA负责结合欧盟金融体系特点，根据欧盟议会通过的《资本要求与指令》，陆续发布资本、流动性风险监管方面的实施细则。

2. 美国

美联储、美国财政部货币监理署、联邦存款保险公司、国家信用社管理局及各州银行监管机构对各类型银行分别实施监管。证券交易委员会、商品期货交易委员会联合各州证券监管机构监管证券、基金、交易所、评级机构等。各州政府监管本州注册的保险公司，联邦保险办公室负责保险业风险监测评估。2008年国际金融危机后，美国成立了金融稳定监督委员会（FSOC），作为宏观审慎管理当局，负责识别系统性风险，强化监管协调合作。FSOC认定的系统重要性非银行金融机构和金融市场基础设施由美联储负责监管。

2010年，美国出台《多德—弗兰克法案》，提出“审慎标准”的概念，规定美联储应为其监管的系统重要性非银行金融机构和并表资产规模达到500亿美元的银行控股公司设定“审慎标准”，分为必要标准和附加标准。必要标准即美联储必须实施的审慎监管要求，包括基于风险的资本要求和杠杆限制、流动性要求、全面风险管理要求、处置计划和信用敞口报告要求、集中度要求。附加标准即美联储可以实施的审慎监管要求，包括或有资本要求、强化公开披露、短期债务限制以及其他美联储认为或FSOC建议的审慎标准。

3. 英国

2008年国际金融危机后，英国对其监管架构进行了调整。目前英格兰银行集宏观审慎管理与微观审慎监管职能于一身。其中，央行内设的金融政策委员会（FPC）作为宏观审慎管理当局，负责识别、评估、监测系统性风险，全面维护金融稳定。FPC拥有指令权和建议权。其中指令权是指FPC有权制定及实施宏观审慎管理工具，包括逆周期资本缓冲、行业资本要求、贷款价值比、债务收入比等；建议权是指FPC有权进一步向财政部、英格兰银行和负责微观审慎监管的审慎管理局（PRA）就防范化解系统性风险提出政策建议。微观审慎监管机构若不执行FPC的政策建议，需要作出公开解释。

英格兰银行下属的PRA作为英国微观审慎监管机构，目标是提升监管对象的安全性和稳健性。PRA要求监管对象满足相关国际标准和欧洲银行业监管局、欧洲证券和市场管理局以及欧洲保险和职业养老金管理局发布的技术标准。在此基础上，PRA还制定了审慎经营的基本规则，同其他规则一起组成对国内银行和投资公司、保险公司等的规则手册。必要时，PRA以“监管政策陈述”的形式对这些规则进行解释说明。

三、进一步完善我国审慎监管基本制度的建议

2008年国际金融危机后，国际金融监管改革更加注重系统性风险防范，包括探索构建宏观审慎管理制度和强化微观审慎监管，相关核心国际标准和主要经济体实践均趋于完善。当前，随着我国金融体系规模快速增长，金融机构业务模式日益复杂，金融体系内部关联性和脆弱性不断上升，有必要在梳理并结合危机后国际金融监管改革主要成果的基础上，进一步健全完善我国审慎监管的基本制度体系，包括强化宏观审慎管理和微观审慎监管两方面制度安排，及时防范化解系统性金融风险，维护金融稳定。

强化系统性风险监测评估。准确识别和预警系统性风险，有利于提高宏观审慎管理当局工具和政策运用的前瞻性和有效性。应构建高效充分的信息采集系统和科学完备的分析框架，包括建立健全全面覆盖各类金融机构、业务和市场的综合统计体系、开展宏观压力测试、进行金融体系稳健性评估等。

系统重要性金融机构的识别和监管。2008年国际金融危机表明，具有系统重要性的大型复杂金融机构监管制度不健全，“大而不能倒”问题突出，将引发严重的道德风险，威胁金融体系稳定。因此，要及时、定期识别系统重要性金融机构，对其适用更为严格的监管标准和措施，包括并表监管及附加资本和杠杆率等审慎标准，以降低系统性风险。

加强逆周期调控。逆周期调控要求金融机构在系统性风险积累时建立风险缓冲，在面临冲击时释放缓冲。例如，通过设置逆周期资本缓冲、针对特定行业的附加资本要求和动态拨备要求等，减缓周期性波动对金融稳定的影响。

降低金融体系的关联度风险。金融体系各组成部分的关联性增加，使得风险传播更加迅速且难以监控，增加系统性风险的发生概率。应建立相关机制性安排，降低金融系统的内部关联度，包括强化金融控股公司监管、统一资产管理业务等跨行业金融产品的监管规制、加强金融市场基础设施监管、设置场外衍生品交易保证金要求及大额风险敞口上限等，以有效避免风险传染。

强化资本/偿付能力监管。资本监管是审慎监管制度的核心。严格的资本监管，不仅确保银行等金融机构能够及时冲销各类非预期损失，确保偿付能力，降低倒闭概率，还通过全面覆盖金融机构各类业务，推动其加强内部管理和风险管控。应结合我国金融业经营发展情况，继续落实巴塞尔协议Ⅲ要求，持续完善金融机构资本监管框架，不断强化金融体系的抗风险能力。

加强流动性风险监管。构建健全的流动性风险管理体系，及时计算流动性覆盖率、净稳定资金比例等关键指标，有助于银行等金融机构识别、计量、监测和控制流动性风险，确保其流动性需求能够及时以合理成本得到满足，降低因流动性短缺导致资金链断裂的风险，以及避免个体流动性风险叠加后进一步放大金融市场总体风险。

严格公司治理要求。对金融机构内部管理进行严格规制，规范公司治理、内部控制和风险管理等关键性制度安排，有助于促进其稳健运营发展，加强对股东的延伸监管，防范大股东控制和违法违规经营带来的风险。

建立健全金融机构风险处置机制。应针对金融机构特别是系统重要性金融机构建立专门的风险处置机制，确保监管部门及时干预，并采取有效的处置工具快速、有序处置风险，保持关键业务和服务不中断，避免单家机构倒闭对金融体系或经济造成系统性冲击。为减少对公共资金救助的依赖，防范道德风险，金融机构倒闭的损失应首先由股东及无担保债权人承担，其次考虑行业积累形成的各类保障基金介入，必要时中央银行作为“最后贷款人”提供援助，以及财政部门使用公共资金对问题机构提供注资，以维护金融体系的系统性稳定。

专题十五 宏观审慎管理与央行金融机构评级

2008年国际金融危机最主要的教训是各国央行和监管机构对系统性风险关注不足，缺乏对宏观经济与金融体系关联性的有效监测和评估。危机后，国际社会普遍提出要加强宏观审慎管理。我国在构建宏观审慎相关评估框架方面进行了积极的探索。2017年，为落实宏观审慎管理和系统性风险防范职责，科学、合理评价金融机构经营管理水平和风险状况，人民银行在总结前期探索经验的基础上进一步有效整合资源，启动了央行金融机构评级工作。

一、构建宏观审慎相关评估框架的探索

开展稳健性现场评估。2010年以来，人民银行先后在全国范围内开展了银行理财、绩效考核、贷款质量、表外业务、同业业务、负债业务和资管产品等重点领域的现场评估工作，实现了对近4 000家银行业金融机构的全覆盖，为有效识别金融体系潜在的重大风险隐患提供了支撑。如在2014年和2016年两次同业业务现场评估中，共选取了221家银行，涉及14.77万笔、14.52万亿元同业业务，发现同业业务存在严重的“资金空转”、期限错配和规避监管等突出问题，为《关于规范金融机构同业业务的通知》等文件的制定和发布提供了重要参考。

实施存款保险风险评级。为有效识别金融机构风险水平，并通过差别化费率、风险监测、早期纠正和风险处置等一系列差别化政策工具，促进金融机构公平竞争和稳健经营，强化市场约束，人民银行于2015年下半年推出了定量模型和定性评价相结合的存款保险评级体系。两年多来，人民银行对全国3 800多家金融机构开展了评级工作，从无到有进行了探索，评级结果客观地反映了投保机构的经营和风险状况，为差别费率核定和风险监测、早期纠正提供了重要依据。2017年评级结果显示：全国被评为8~10级的高风险金融机构多达426家。2017年人民银行共对194家投保机构采取了早期纠正措施，其中要求补充资本的129家，控制资产增长的40家，控制交易授信的21家，降低杠杆的10家。

构建宏观审慎评估（MPA）框架。2016年，为进一步完善宏观审慎政策框架，更加有效地防范系统性风险，发挥逆周期调节作用，人民银行将差别准备金动态调整/合意贷款管理机制“升级”为宏观审慎评估。从以往盯住狭义

贷款转为对广义信贷（包括贷款、证券及投资、回购等）实施宏观审慎管理，构建以逆周期调节为核心、依据重要性程度进行差别管理的指标体系。MPA实施以来，银行业金融机构货币信贷过快增长势头得到初步遏制。

二、以央行金融机构评级为基础完善宏观审慎框架

人民银行深入贯彻落实党的十九大“健全货币政策和宏观审慎政策双支柱调控框架”的战略部署，在总结工作经验的基础上，以央行金融机构评级为基础完善宏观审慎框架。

2017年12月，人民银行正式启动央行金融机构评级工作。评级指标体系重点关注资本管理、资产质量、流动性、关联性、跨境业务和稳健性等宏观审慎管理要求，对金融机构风险状况进行真实、客观的评价，有利于推进宏观审慎管理各项政策工具的落地实施。央行金融机构评级是宏观审慎管理的重要抓手，评级结果运用于存保差别费率核准、MPA、货币政策工具、窗口指导和逆周期资本要求等方面，实现了对金融机构的“硬约束”。

央行金融机构评级重点关注系统性金融风险的防范，如对大型银行评级的指标体系重点突出规模性、复杂性、关联性和活跃度等内容。在规模性方面，设置了运营规模指标、广义信贷、同业负债和委托贷款等相关指标。在业务复杂性方面，设置了创新业务风险管理指标，强调金融机构创新业务发展应与自身风险管理能力相匹配，按真实穿透原则计量风险、计提拨备。此外，还考察银行对分支机构和附属机构的管理能力。在关联性方面，设置了关联交易管理、单个关联方集团客户授信和全部关联方授信等指标，要求银行真实、准确、完整、及时披露关联方情况，关联方交易资金往来应清晰透明、价格公允。在活跃度方面，设置了跨境融资、跨境人民币业务风险评估和外汇自律行为等指标。

三、央行金融机构评级框架

央行金融机构评级对象包括政策性银行、开发性银行、商业银行、农村合作银行、农村信用合作社等银行机构及企业集团财务公司、金融租赁公司、汽车金融公司、消费金融公司等非银金融机构。为确保评级结果的全面、客观和准确，除非银金融机构外，评级均采用数理模型和专业评价相结合的方式，数理模型和专业评价得分加权平均即为评级最终得分。

数理模型采用国际及国内评级机构普遍使用的Logistic回归模型，目前选取全国3 541家银行的数据为建模样本，采集2010—2016年数据，运用相关性分析、单变量及多变量回归分析等方法，在140多项指标中筛选出能显著识别风险的指标，从资本状况、资产质量、预期损失抵补能力、盈利能力、运营效率和经营规模等方面客观评估金融机构的经营水平和风险状况。通过向前和向后的稳定性检验，模型能较好地区分金融机构的风险状况。未来可根据实际情况对模型进行动态调整。

专业评价采用打分卡模式。评价指标分为公司治理、内部控制、资产管理、资本及其管理、流动性风险、市场风险、盈利能力、信息系统和地方金融生态以及非银机构的特定风险等模块。除数理模型和专业评价外，最终评级还充分考虑了非现场监测、压力测试、现场核查中发现的“活情况”以及人民银行各部门对金融机构的综合评价情况。

四、首次央行金融机构评级结果

2018年第一季度，人民银行完成了对4 327家金融机构的首次央行金融机构评级。评级结果分为1~10级，级别越高表示机构的风险越大。

3 969家银行机构的评级结果分布在1~10级。其中，评级结果为1~2级的76家，占比1.91%；3~7级的3 473家，占比87.5%；8~10级的420家，占比10.58%，其中235家为农村信用社、109家为村镇银行、67家为农村商业银行（见图3-1）。

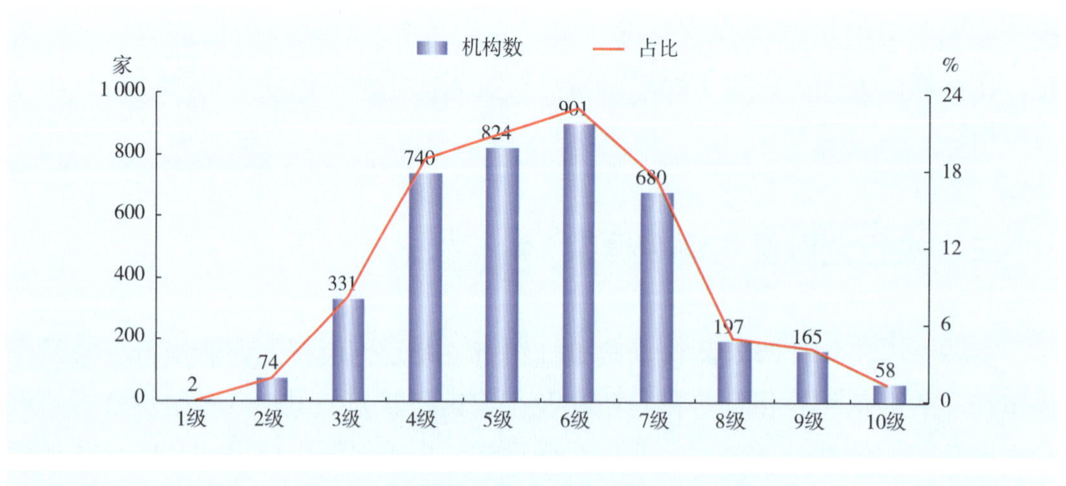

数据来源：中国人民银行。

图3-1　银行机构评级结果分布情况

358家非银金融机构的评级结果分布在2~9级，其中包括245家财务公司、25家汽车金融公司、22家消费金融公司、66家金融租赁公司。评级结果为2~3级的非银金融机构35家，占比9.8%；4~6级的236家，占比65.9%；7~9级的86家，占比24.1%。

五、央行金融机构评级结果运用

人民银行及其分支机构运用央行金融机构评级结果对金融机构进行差别化管理。评级结果是核定存款保险风险差别费率的重要依据，评级结果较差的机构应适用较高费率，并可对其采取补充资本、控制资产增长、控制重大交易授信、降低杠杆率等早期纠正措施。评级结果还是MPA的主要依据，对于MPA不达标的机构，可通过运用货币政策工具、动态差别准备金、窗口指导和逆周期资本要求等方式，督促金融机构稳健经营。根据金融机构评级结果，人民银行及其分支机构还可依法直接采取加强监测、风险警示、早期纠正和风险处置等措施。对于评级结果为8级（含）以上的金融机构，在金融政策支持、业务准入、再贷款授信等方面采取更为严格的约束措施。

专题十六　统一资产管理业务监管标准

党的十九大报告提出，“健全金融监管体系，守住不发生系统性金融风险的底线”，并把防范化解重大风险作为决胜全面建成小康社会三大攻坚战的首要战役。第五次全国金融工作会议提出服务实体经济、防控金融风险、深化金融改革三项任务，强调“强化金融监管的专业性、统一性、穿透性”。2018年4月27日，经党中央、国务院批准，人民银行会同银保监会、证监会、外汇局联合发布《关于规范金融机构资产管理业务的指导意见》（以下简称《指导意见》）。这是对党的十九大和第五次全国金融工作会议精神的坚决贯彻和落实，是党和国家机构改革调整之后，人民银行制定出台的第一个审慎监管基本制度，核心在于弥补监管短板、治理市场乱象、防范系统性风险，对资产管理行业的规范发展具有里程碑意义。

一、资产管理业务的快速发展蕴含突出风险隐患

近五年来，资产管理业务作为一种典型的跨行业、跨市场业务，在我国发展迅速，各行业金融机构均参与其中，不考虑交叉持有因素，总规模已达百万亿元，年均增长率超过40%。截至2017年末，银行表外理财产品资金余额为22.2万亿元；信托公司受托管理的资金信托余额为21.9万亿元；公募基金、私募基金、证券公司资产管理计划、基金及其子公司资产管理计划、保险资产管理计划余额分别为11.6万亿元、11.5万亿元、16.8万亿元、13.9万亿元、2.5万亿元。此外，互联网企业、各类投资顾问公司等非金融机构开展资产管理业务也十分活跃。资产管理业务对于满足我国居民财富管理需求、优化社会融资结构、支持实体经济融资等发挥了积极作用，但是，由于同类业务的监管标准不一致，在快速发展过程中也显露出诸多乱象，影响了金融服务实体经济的质效，加剧了风险的跨行业、跨市场传递。

刚性兑付导致信用风险累积。实践中，资产管理产品普遍存在刚性兑付问题，相当部分采取预期收益率模式，即使收益率浮动，投资风险名义上由投资者承担，可一旦出现投资损失，金融机构也往往通过各种方式保本保收益，以避免声誉受损影响后续业务开展。例如通过资金池滚动操作，由续发产品的投资者接盘，将风险转移给新的投资者，或者使用自有资金垫付，或者由第三方

资金垫付。同时，金融机构将投资收益超过预期收益的部分转化为管理费或直接纳入中间业务收入，而非给予投资者，也难以要求投资者自担风险。刚性兑付不仅造成信用风险在金融体系累积，也抬高了无风险收益率水平，扭曲了资金价格，影响了金融资源和社会资源的配置效率。刚性兑付还加剧了道德风险，诱使投资者形成漠视风险、一味追求高收益的投机心理，损害了基本的市场规则。对金融机构而言，一旦存在第三方兜底的预期，也会忽视尽职调查和风险控制。

非标准化债权类资产投资催生影子银行风险。近年来，部分商业银行为规避信贷规模限制，降低资本消耗和拨备监管等压力，借助表外理财产品以及信托计划、证券公司资产管理计划、基金子公司资产管理计划等通道，投资非标准化债权类资产（以下简称非标），导致非标规模迅速膨胀，非标融资也成为部分企业的主要融资方式。资产管理产品投资非标对于满足实体经济的融资需求有一定作用，但实践中走样成了信贷替代品，规避宏观调控政策和资本约束等监管要求，部分投向房地产、地方政府融资平台、“两高一剩”等限制性领域，期限错配明显，透明度较低，流动性较弱。非标投资和刚性兑付的存在，使影子银行风险不断积累，背离了发展直接融资的初衷。

多层嵌套加剧金融风险传递。多层嵌套是资管乱象最突出的表现。由于不同行业金融机构开展的资产管理业务在投资范围、负债约束、投资者适当性、业务统计等方面存在明显的监管差异，机构合作、产品嵌套逐渐成为一种普遍的业务模式。这导致产品结构日益复杂，底层资产不清，难以判断最终投资标的是否符合监管要求以及投资者能否承担相应的投资风险。产品多层嵌套拉长了资金链条，一旦发生风险，将迅速波及各参与机构，如果嵌入加杠杆的分级产品，还会向劣后方成倍聚集，导致市场异常波动，容易出现法律纠纷和责任推诿。经过层层嵌套，资金在金融体系内自我循环，融资成本也逐步被推高并最终转嫁给融资方。

资金池操作加大流动性风险。资产管理产品的“资金池”普遍具有滚动发行、集合运作、分离定价的特征，在这种运作模式下，金融机构将募集的短期资金汇集在一起，投放到长期的债权或股权项目，多个资产管理产品对应多项资产，每只产品的资金进入哪些领域、收益来自哪些资产都无法辨别，风险隔离形同虚设。由于期限错配严重，产品到期能否兑付依赖于能否不断发行新产品，一旦难以募集到后续资金，容易发生流动性紧张，进而沿着产品链条向其他金融机构传导。同时，资产组合投资中，部分产品所投资的资产包构成复杂，项目不清，也导致风险难以识别，或者过于集中。

非金融机构扰乱资产管理市场秩序。由于市场准入和监管缺失，非金融机构开展资产管理业务已经形成较大的风险隐患。部分机构巧立名目，将线下以私募方式发行的资产管理产品通过线上向不特定社会公众销售，规避私募产品的人数限制。还有部分机构虚假宣传，信息披露和风险揭示严重不足，向不具有风险识别能力的投资者推介产品，未采取资金托管等方式保障投资者资金安全，甚至侵占、挪用投资者资金，演变为非法集资，扰乱金融市场秩序，威胁社会稳定。

二、《指导意见》的总体思路和主要内容

《指导意见》坚持问题导向，从弥补监管短板、提高监管有效性、防范系统性风险入手，立足整个资产管理行业，坚持宏观审慎管理与微观审慎监管相结合、机构监管与功能监管相结合的理念，按照产品类型而非机构类型统一监管标准，公平市场准入，最大程度地消除套利空间，为行业规范发展创造良好的制度环境。

从两个维度对资产管理产品进行分类。对资产管理产品进行分类，明确何为同类产品是统一监管规则的基础。总体来看，资产管理产品的资金大致来自不特定社会公众或者合格投资者，大致投向债权类资产或者股权类资产。因此，遵循“合适的产品卖给合适的投资者”理念，一方面，从资金来源端，可以按照募集方式将资产管理产品分为公募、私募两大类；另一方面，从资金运用端，可以按照投资性质分为固定收益类、权益类、商品及金融衍生品类、混合类四大类。公募产品面向社会公众，风险外溢性强，在投资范围、信息披露、负债约束等方面监管要求较为严格。私募产品面向风险承受能力较强的合格投资者，监管要求相对宽松，按照投资风险越高、分级杠杆约束越严的原则，设定不同的分级比例限制，四类产品的信息披露重点也有所不同。

强化金融机构勤勉尽责义务。为防止金融机构借助优势地位损害投资者合法权益，《指导意见》强调，金融机构应从委托人利益出发，切实履行诚实信用、勤勉尽责义务。管理机制方面，金融机构应建立与资产管理业务发展相适应的风险管理、内部控制、人员资格认定及问责机制，业务人员应具备专业资质，遵守职业道德。信息披露方面，金融机构应向投资者主动、真实、准确、完整、及时披露产品信息，至少每周披露封闭式公募产品净值，至少每季度披露私募产品净值。固定收益类产品重点披露所投资债券的利率、汇率等市场风险，以及所投资非标的融资客户、剩余融资期限、到期收益分配、交易结构和风险状况；权益类产品重点披露股票投资风险及股价波动情况；商品及金融

衍生品类产品重点披露挂钩资产、持仓风险、控制措施以及衍生品公允价值变化；混合类产品重点披露投资资产组合情况。关联交易方面，金融机构不得以资产管理产品的资金与关联方进行不正当交易和利益输送，应建立重大关联交易的内部审批和评估机制，并向投资者充分披露信息。

打破刚性兑付。针对普遍存在的刚性兑付问题，《指导意见》从多方面作出规范。第一，在界定资产管理业务时，强调投资者自担风险并获得收益，金融机构只收取管理费用，业绩报酬计入管理费并与产品一一对应，金融机构不得承诺保本保收益，产品出现兑付困难时不得以任何形式垫资兑付。第二，引导金融机构转变预期收益率模式，强化资产管理产品净值化管理，净值的确定应遵循企业会计准则，并由托管机构核算、审计机构审计确认。对于资产管理产品所投资金融资产，鼓励以市值计量，以摊余成本计量需满足企业会计准则和《指导意见》的限定条件、偏离度要求。第三，明确了刚性兑付的认定情形，包括违反净值确定原则保本保收益、滚动发行保本保收益、自行筹资或委托其他机构代偿等。第四，区分两类机构进行惩处，存款类金融机构发生刚性兑付，由银保监会和人民银行按照存款业务予以规范，足额补缴存款准备金和存款保险保费，并予以行政处罚；非存款类持牌金融机构则由金融监管部门和人民银行依法纠正并予以处罚。

强化投资者适当性管理。为防止金融机构通过嵌套或拆分产品突破投资者限制，将高风险产品销售给普通投资者，《指导意见》对合格投资者标准进行了统一。对自然人而言，需要具有两年以上的投资经历，并且满足以下三个条件之一：家庭金融净资产不低于300万元，或家庭金融资产不低于500万元，或近三年本人年均收入不低于40万元。对法人而言，最近一年末的净资产不低于1 000万元。同时，《指导意见》根据产品的投资性质和风险高低，对合格投资者投资单只产品的最低金额做了细分，规定单只固定收益类、混合类、商品及金融衍生品类、权益类产品的投资金额分别不低于30万元、40万元、100万元、100万元。《指导意见》还强调，金融机构不得欺诈或误导投资者购买与其风险承担能力不匹配的资产管理产品。

加强非标投资管理。为降低影子银行风险，《指导意见》对非标投资进行了限制。第一，对“标准化债权类资产”的核心要素进行了界定，包括等分化、可交易、信息披露充分、集中登记、独立托管、公允定价、流动性机制完善以及在经国务院同意设立的交易市场交易等，标准化债权类资产之外的债权类资产均为非标。第二，资产管理产品投资非标应做到期限匹配，即非标终止日不得晚于封闭式资产管理产品的到期日或开放式资产管理产品的最近一次开放日。第三，资产管理产品投资非标，应遵守金融监管部门有关限额管理、流动性管理等监管标准。第四，禁止资产管理产品直接投资商业银行信贷资产，并为商业银行信贷资产受（收）益权保留适当空间，相应的投资限制由金融管理部门另行制定。

规范资金池和资产组合管理。针对资金池运作不透明问题，《指导意见》禁止金融机构开展资金池业务，强调每只资产管理产品的资金单独管理、单独建账、单独核算；要求金融机构加强对期限错配的流动性风险管理和产品久期管理，封闭式资产管理产品期限不得低于90天；资产管理产品投资非标和未上市企业股权不得期限错配；同一金融机构发行多只产品投资同一资产的资金总规模不得超过300亿元。针对投资组合过于复杂问题，《指导意见》要求每只产品所投资资产构成清晰、风险可识别，并控制风险集中度，就此分别约束了金融机构单只和全部公募资产管理产品投资单只证券或单只证券投资基金的比例，以及金融机构全部资产管理产品和全部开放式公募资产管理产品投资单一股票的比例。同时，《指导意见》要求金融机构通过第三方独立托管强化自有资金和资产管理产品资金之间，以及不同产品之间的风险隔离。

明确资本约束和准备金计提要求。资产管理产品属于金融机构的表外业务，投资风险应由投资者自行承担，但为了应对操作风险或其他非预期风险，金融机构仍需建立一定的风险补偿机制，计提相应的风险准备金。目前，各类金融机构资产管理产品的风险准备金计提或资本计量要求不同：银行实行资本监管，根据理财业务收入计量一定比例的操作风险资本；证券公司资产管理计划、公募基金、基金子公司资产管理计划、部分保险资产管理计划根据管理费收入计提风险准备金，但比例不一；信托公司则按照税后利润的5%计提信托赔偿准备金。综合考虑现行要求，《指导意见》规定，金融机构应按照资产管理产品管理费收入的10%计提风险准备金，或者计量操作风险资本或相应风险资本准备。风险准备金余额达到产品余额的1%时可以不再提取。风险准备金主要用于弥补因金融机构违法违规、违反资产管理产品协议、操作错误或技术故障等给资产管理产品财产或投资者造成的损失。同时，金融机构应定期将风险准备金的使用情况报告金融管理部门。

分类统一杠杆标准。资产管理产品的杠杆主要分为两类，一类是负债杠杆，即产品募集后，在投资运作过程中，金融机构通过将所投资资产进行质押等方式进行"对外"融资的杠杆；一类是分级杠杆，即金融机构对产品进行优先、劣后的份额分级，在产品"内部"，劣后级向优先级融资的杠杆。为促进金融市场平稳运行，防止资产价格过度波动，《指导意见》对资产管理产品的杠杆水平进行了限制。负债杠杆方面，开放式公募、封闭式公募、分级私募和其他私募产品的负债比例（总资产/净资产）分别不得超过140%、200%、

140%和200%，而且，金融机构不得以受托管理的产品份额进行质押融资。分级杠杆方面，公募产品和开放式私募产品不得进行份额分级，固定收益类、混合类、商品及金融衍生品类、权益类封闭式私募产品的分级比例（优先级份额/劣后级份额）分别不得超过3∶1、2∶1、2∶1、1∶1。金融机构应对分级产品进行自主管理，不得转委托给劣后级投资者。

抑制多层嵌套和通道业务。为从根本上抑制嵌套动机，《指导意见》要求金融监管部门对各类金融机构开展资产管理业务平等准入，资产管理产品在账户开立、产权登记、法律诉讼等方面应享有平等地位。同时，规范嵌套层级，规定资产管理产品可以再投资一层资产管理产品，所投资的产品不得再投资公募证券投资基金以外的产品，金融机构不得为其他金融机构的资产管理产品提供规避投资范围、杠杆约束等监管要求的通道服务。考虑到现实情况，投资能力不足的金融机构仍然可以委托其他机构投资，但委托机构不得因此免除自身应承担的责任，公募资产管理产品的受托机构应为金融机构，私募资产管理产品的受托机构可以为私募基金管理人。受托机构不得转委托。

建立综合统计制度。为夯实功能监管和穿透监管的数据基础，《指导意见》明确提出建立资产管理产品统一报告制度。人民银行统筹产品数据编码和综合统计工作，会同金融监管部门拟定统计制度，建立产品信息系统，规范和统一产品标准、信息分类、代码、数据格式，逐只产品统计基本信息、募集信息、资产负债信息和终止信息。金融机构向人民银行和金融监管部门同时报送信息，并将含债权投资的产品信息报送至金融信用信息基础数据库。信息系统正式运行前，各金融监管部门按照统一的过渡期数据报送模板向人民银行提供数据，及时沟通跨行业、跨市场重大风险信息和事项。人民银行对金融机构资产管理产品统计工作进行监督检查。

前瞻性规范智能投资顾问。金融科技的发展正在深刻改变金融业的服务方式，在资产管理领域，智能投资顾问就是一个突出体现。近年来，智能投资顾问在美国市场快速崛起，目前国内也有数十家机构推出了该项业务。运用人工智能技术开展投资顾问、资产管理等业务，服务对象多为长尾客户，风险承受能力较低，如果投资者适当性管理、风险提示不到位，容易引发不稳定事件，算法同质化、技术局限、网络安全等问题也不容忽视。为此，《指导意见》从前瞻性角度，对人工智能技术的运用进行了规范。一方面，运用人工智能技术开展投资顾问业务应取得投资顾问资质，非金融机构不得借助智能投资顾问超范围经营或变相开展资产管理业务。另一方面，金融机构运用人工智能技术开展资产管理业务，不得夸大宣传，应报备模型主要参数及资产配置主要逻辑，明晰交易流程，强化留痕管理，因算法模型缺陷或信息系统异常引发“羊群效应”时，金融机构应当及时采取人工干预措施，强制调整或者终止人工智能业务。

约束非金融机构开展资产管理业务。为维护市场秩序和金融稳定，切实保障投资者合法权益，《指导意见》也将非金融机构开展资产管理业务纳入考虑范围，明确规定资产管理业务作为金融业务，必须纳入金融监管，非金融机构不得发行、销售资产管理产品，国家另有规定的除外。非金融机构和个人未经金融监管部门许可，不得代销资产管理产品。对于非金融机构利用互联网平台等公开宣传、分拆销售具有投资门槛的投资标的、过度强调增信措施掩盖产品风险、设立产品二级交易市场等行为，依法进行规范清理，构成非法集资、非法吸收公众存款、非法发行证券的，依法追究法律责任。非金融机构违法违规开展资产管理业务，同时承诺或进行刚性兑付的，依法从重处罚。私募投资基金适用私募投资基金专门法律、行政法规，其中没有明确规定的，适用《指导意见》。

审慎设置过渡期。《指导意见》一方面坚持问题导向，精准施策，引导资产管理行业回归本源；另一方面，也注重把握防范化解风险与维护市场稳定之间的平衡，充分评估对金融市场和实体经济融资的影响，在此基础上，将过渡期设置为发布之日起至2020年底。过渡期内，金融机构发行新产品应当符合《指导意见》的规定；为接续存量产品所投资的未到期资产，维持必要的流动性和市场稳定，可以发行按照原有监管要求运作的产品对接，但应当控制在存量产品整体规模内，并有序压缩递减。对于存量非标，过渡期内大部分可自然到期，金融机构还可以通过资产证券化、非标转标、与客户协商提前回收、转回资产负债表内等方式予以消化，回表的资本补充压力总体不大。金融管理部门也会引导银行分阶段、分层次、多渠道补充资本，并做好配套制度安排。

把握好政策执行的力度和节奏。为更好地贯彻落实《指导意见》，促进《指导意见》平稳实施，7月20日，人民银行发布《关于进一步明确规范金融机构资产管理业务指导意见有关事项的通知》，就过渡期内有关具体的操作性问题进行明确，进一步阐释公募资产管理产品的投资范围，进一步明晰过渡期内相关产品的估值方法，进一步明确过渡期的宏观审慎政策安排和自主有序整改。

三、资产管理市场展望

《指导意见》作为立足资产管理行业整体的规范性文件，迈出了防范化解重大风险攻坚战的第一步，将重塑资产管理业态，引导行业走向规范和成熟。短期内，业务规模会有一定收缩，长期来看，有利于整顿市场秩序、防控系统性风险，有利于提升金融机构主动管理能力、培育理性的投资者，有利于创新金融监管、推进金融治理体系和治理能力现代化，有利于优化金融结构、更好地支持经济结构调整和转型升级。

资产管理行业回归本源，发展前景依然广阔。随着《指导意见》的稳步落实，资产管理行业将回归“受人之托，代人理财”的本源：刚性兑付有序打破，投资者风险自担将成为市场铁律；金融机构诚实守信，勤勉尽责，专业制胜；产品结构清晰，运作透明，风险可控；市场规范有序，层次丰富，创新活跃。展望未来，居民、企业多元化资产配置需求的不断增加，以及社保基金、养老基金、保险资金等投资规模的增长，都将为资产管理业务发展继续提供强劲动力。在利率市场化改革和金融科技快速发展的背景下，有利于调整业务结构、减少资本占用、培育竞争新优势的资产管理业务也仍将成为金融机构的重要战略选择。我国的资产管理市场既有充足的外部推动力，也有金融机构自身发展转型的内部驱动力，发展空间依然广阔，对于合规经营、成熟稳健的金融机构而言，机遇大于挑战。

净值化产品成为主流，机构主动管理能力提升。从产品形态看，未来，预期收益型产品将逐步向净值化产品转型，通过净值波动全面、真实地反映底层资产的价值变化，一方面，促使金融机构提升投研能力，加强风险管控；另一方面，让投资者明晰风险，增强风险自担意识。从投资标的看，非标的投资需求将逐步转向信息披露充分、定价公允、流动性良好的标准化资产，提升其市场广度和深度。限制多层嵌套和通道业务，将促使金融机构转变“被动”管理理念，将自身定位于中长期机构投资者，勤勉尽责，充分发挥各自的资源禀赋，打破同质化竞争格局，优化资产配置，形成专业受托、分工制衡、优势互补的资产管理链条。具备较强资产管理、资产配置及风险管理能力的金融机构将脱颖而出，集中人力、投研、资本等优质资源，引领资产管理行业走向更加专业化的发展道路。

投资行为趋于理性，投资者权益保护增强。资产管理产品分类与合格投资者标准的统一，将大幅提高产品与投资者的匹配程度。投资者在及时掌握产品资金投向、杠杆水平、收益分配、投资风险等信息后，可以结合自身的资金实力、风险偏好、投资经验等选择合适的产品。风险承受能力较低的投资者可以选择风险相对低的公募产品或固定收益类产品、风险承受能力较高的投资者可以根据自身实际需要配置私募产品中的权益类、商品及金融衍生品类、混合类等产品。随着投资者适当性管理以及投资者教育的强化，投资者对产品净值波动的承受能力也将进一步提高，在明晰风险、尽享收益的基础上自担风险，维护市场纪律。金融机构借助资产管理产品进行利益输送的行为受到打击，也将有力保护投资者权益。

金融市场结构优化，增量资金有序进入。《指导意见》规范非标投资，限制金融机构借助资产管理产品进行表外放贷，将增强资本、拨备等监管手段的有效性，提高资金价格的真实性，优化金融市场的资源配置。限制非标投资还将提升资产管理产品对债券、股票等标准化资产的配置偏好，产品分级、持股集中度限制有利于降低股市波动，而《指导意见》允许公募资产管理产品依法合规投资股票，引导与投资者风险承受能力相匹配的产品资金进入股市，也将为股市带来长期稳定的增量资金。

监管协调进一步加强，竞争环境更加公平有序。资产管理市场乱象反映了分业监管与金融业务交叉融合的不协调。在统一规制下，我国资产管理行业的监管框架将更加清晰，监管职责更加明确，有利于提高协调效率。资产管理产品统一报告制度和信息系统建立后，其底层资产和最终投资者将更加清晰，金融管理部门可以对产品发售、投资、兑付的各个环节进行实时、穿透监管，全面、准确监测业务发展和风险状况，从根本上扭转底数不清的局面，及时防控跨行业、跨市场风险。金融监管部门在《指导意见》的框架内完善各行业金融机构资产管理业务的配套细则，平等准入，清除不合理障碍，也将进一步保障公平竞争的市场秩序。

专题十七　非金融企业投资金融机构的发展现状及监管

近年来，我国金融业改革开放力度不断加大，大量非金融企业通过发起设立、并购、参股等方式投资金融机构，有助于扩大金融机构资本来源，补充资本，改善股权结构，也增强了金融业与实体经济的相互认知和理解。但同时，也存在过度投资、野蛮扩张、虚假注资或循环注资、不当干预金融机构经营、通过关联交易进行利益输送等问题，这既容易助长脱实向虚，也导致实业风险与金融业风险交叉传递，迫切需要明确政策导向，加强监管。

一、我国非金融企业投资金融机构的发展现状及问题

金融与实体经济是共生共荣的关系。从世界范围看，非金融企业发展到一定阶段后投资金融领域具有普遍性，这既是金融机构补充资本的需要，也是非金融企业实现资源多元化配置的客观要求。近年来，我国越来越多的非金融企业投资金融机构，这些非金融企业涵盖中央企业、地方国有企业和民营企业，包括一些大型互联网企业和科技企业。非金融企业控制的金融机构已有数百家，合计的金融资产规模占金融业总资产的比重也越来越大。

非金融企业投资金融机构以财务投资居多，但也有一些大型企业集团同时控制了多个、多行业金融机构，具有极大的社会影响力。其中，一些实力较强、诚信守法、行为规范的非金融企业投资金融机构，优化了自身的资本配置，并通过所控股的财务公司、银行、信托、保险等金融机构发挥集团整体的协同效应，获取了更加便利的金融服务，促进了自身主业的发展，也促使金融机构形成了多元化的股权结构，补充了金融机构资本，有利于金融机构完善公司治理。但随着非金融企业投资金融机构的步伐加速，一些问题和风险凸显。

过度投资，脱实向虚。部分非金融企业缺乏科学定位和战略规划，过度追逐金融投资回报，忽视了主营业务发展，以钱炒钱，投机获利。在金融牌照稀缺、股权转让溢价高的背景下，还有一些非金融企业单纯以获取金融牌照为目的，在获取资源后，通过迅速转让股权实现暴利，一定程度上导致产业虚拟化。

野蛮扩张，无序发展。从实践看，一些非金融企业通过杠杆资金、循环注

资、虚假注资等方式向金融领域扩张，形成跨领域、跨业态、跨区域、跨国境经营的企业集团或金融集团，被称作各种“系”，体量大，业务杂，资产规模超常规扩张，利用关联交易、利益输送等手段套取金融机构巨额资金，形成风险因素。

使用负债资金投资，企业杠杆率攀升。一些企业缺乏整体的资本约束，将银行贷款、发行债券筹集的资金、委托资金、“名股实债”等非自有资金用来投资金融业，存在严重的虚假注资、循环注资问题。这导致金融机构没有获得真正能够抵御风险的资本，也推高了企业杠杆率，埋下债务风险隐患。

组织架构复杂，风险底数不清。部分非金融企业投资多家金融机构，层层控股，交叉持股，关联企业众多，组织架构复杂，公司治理弱化，利用复杂的股权安排、关联关系、特殊目的载体、股权代持等手段，刻意掩饰控制关系或受益关系，最终控制人和受益所有人幕后操纵企业和所控股金融机构，风险交叉传染，底数严重不清。

不当干预金融机构经营，风险隔离机制缺失。非金融企业普遍还从事其他生产经营和商业活动，企业与金融机构之间缺少科学合理的“防火墙”，实业与金融业之间，金融业不同机构之间存在风险交叉传染的可能。其中，一些企业利用实际控制地位干预金融机构的正常经营，将所控金融机构当作融资平台，通过内幕交易、关联交易等进行利益输送，支持集团的快速扩张，严重损害金融机构和金融消费者权益。

从事金融业务能力不足，投机套利严重。实业与金融业在风险特征、管理模式等方面存在差异，一些非金融企业缺乏金融管理知识、风险管控能力及合规经营理念，追求短期高收益，违法违规经营，投机套利严重。

近几年，非金融企业投资金融机构的风险集中暴露，市场乱象愈演愈烈。各金融监管部门也采取措施对非金融企业投资本行业金融机构进行监管，但由于监管标准和尺度存在不一致，对股东缺乏穿透监管，对股权架构要求不严格，对资金来源缺乏严格审查，对公司治理和关联交易的监管有效性不足，导致实业风险与金融风险难以有效隔离和防范。

二、加强监管的基本原则

当前，我国经济已由高速增长阶段向高质量发展阶段转变，供给侧结构性改革不断深化，金融业双向开放正在稳步推进，针对非金融企业投资金融机构的问题及引发的市场乱象，迫切需要明确政策导向，加强监管，纠正错误发展方式，强化资本约束，限制高杠杆企业投资金融机构，提升非金融企业和金融机构实力和竞争力，理顺金融和实体关系，切实防范系统性风险。

借鉴国际经验，结合我国实体经济和金融业发展现状，完善非金融企业投资金融机构的监管制度，应遵循以下原则：**一是**非金融企业立足主业，科学布局对金融机构的投资，为实体经济服务，避免过度追逐金融利润。**二是**强化非金融企业资本约束，控制杠杆率，确保对金融机构的投资行为与企业资本规模和经营管理水平相适应。**三是**严格准入，强化金融机构的股东资质要求，明确股权结构的透明度要求，加强对投资资金来源和资本的真实性合规性监管。**四是**隔离实业和金融业风险，加强公司治理和关联交易监管，严禁不当干预金融机构经营，严禁挪用、挤占金融机构资金。**五是**按照穿透监管原则和实质重于形式原则，强化监管，严格监管执法，加强部门之间的监管协调与配合，强化信息共享。**六是**规范市场秩序与激发市场活力并重。既要要求非金融企业依法依规投资金融机构，又要支持金融机构实现股权多元化，拓宽资本补充渠道，促进良性互动发展。

三、坚持问题导向，强化关键环节监管

2018年4月，中国人民银行、中国银行保险监督管理委员会、中国证券监督管理委员会联合发布《关于加强非金融企业投资金融机构监管的指导意见》（以下简称《指导意见》），规范非金融企业投资金融机构行为，推动非金融企业聚焦主业，帮助金融机构引入合格股东。同时，《商业银行股权管理暂行办法》《保险公司股权管理办法》《证券公司股权管理规定（征求意见稿）》等也相继出台，各行业金融机构监管规则进一步完善。通过加强监管，严肃市场纪律，树立正向激励，有效隔离实业和金融业风险，促使非金融企业和金融机构良性互动发展，助力打赢防范化解重大风险攻坚战，坚决守住不发生系统性风险底线，为实体经济发展营造良好的金融环境。

明确股东资质条件，简化股权结构。实力强、信誉好的股东是金融机构稳健运营的前提，《指导意见》对不同股东按重要性原则实施差异化监管，主要规范作为金融机构主要股东或控股股东的非金融企业，对一般性财务投资，不做过多限制。对于主要股东特别是控股股东，要求其核心主业突出、资本实力雄厚、公司治理规范、股权结构清晰、管理能力达标、财务状况良好、资产负债和杠杆水平适度，并制定合理明晰的投资金融业的商业计划。针对实践中存在的股权结构复杂、交叉持股、多层持股、信息披露不足、最终受益所有人

不明确等情况，《指导意见》进一步强调非金融企业投资金融机构应当具有简明、清晰的股权结构，简化投资层级，提高组织架构的透明度。此外，为避免企业违规恶意质押、转让所持有金融机构股权，《指导意见》还加强了对金融机构股权质押、转让和拍卖的管理。

规范资金来源，强化资本监管。对于以非自有资金投资金融机构推升杠杆率，以及虚假注资、循环注资带来的问题，2017年全国金融工作会议提出“非金融企业投资参股金融机构必须使用自有资金”。《指导意见》强调企业投资金融机构的资金应当真实合法，不得以委托资金、负债资金、“名股实债”等非自有资金投资金融机构；严格审查入股资金来源、性质与流向，严禁虚假注资、循环注资和抽逃资本；穿透识别实际控制人和最终受益人，防止以代持、违规关联等方式持有金融机构股权。《指导意见》还要求作为主要股东或控股股东的企业具有良好的财务状况和资本补充能力，整体资产负债率和杠杆率水平适度，债务规模和期限结构合理适当。

完善公司治理，强化风险隔离。为有效隔离实业风险和金融风险，《指导意见》规定：成为金融机构控股股东的非金融企业，应当建立法人、资金、财务等方面的“防火墙”，从制度上隔离实业板块与金融板块，对企业与金融机构之间的业务往来、信息共享等行为进行有效规范；金融机构应建立有效的决策、执行、监督相互制衡的机制，强化董事会决策机制，避免大股东或实际控制人滥用控制权；禁止企业与所控股金融机构之间交叉持股，企业与所投资金融机构之间、企业所控股金融机构之间的高级管理人员不得相互兼任。

严格规范关联交易，防止利益输送。严格规范和监管关联交易是加强非金融企业投资金融机构监管的核心内容，针对实践中通过不当关联交易输送利益和套取金融机构资金的行为，《指导意见》要求：一般关联交易应当定期报告，重大关联交易应当逐笔报告；企业成为金融机构主要股东或控股股东时，应当提交与关联方外其他股东无关联关系、不进行不当关联交易的承诺函；金融机构应当遵循穿透原则要求，建立有效的关联交易管理制度；严禁通过各种手段隐匿关联交易和资金真实去向，规避监管；企业不得通过不当关联交易输送利益、转移风险，不得滥用实质控制权干预金融机构的独立自主经营，不得套取金融机构资金。

加强宏观审慎管理，强化监管协调。为进一步推进金融监管体制改革，补齐监管短板，《指导意见》提出，金融管理部门根据穿透原则和实质重于形式原则，将金融机构股东资质、入股资金来源、治理结构、关联交易等作为监管重点，建立金融机构股权结构信息报告制度，并加强金融管理部门与发展改革部门、财政部门、企业国有资产管理部门等之间的协作配合和信息共享。

为有序可控地做好组织实施工作，既有力地化解风险，又避免引起不必要的市场波动，《指导意见》提出“新老划断”原则，要求对新发生的企业投资金融机构行为，严格按照《指导意见》执行；对《指导意见》发布前，涉及以非自有资金投资、通过不当关联交易投资等行为的，严格予以规范；对不符合要求、确需市场退出的，可依法积极稳妥实施市场化退出。

专题十八　建立金融控股公司监管制度 防范金控集团野蛮生长风险

20世纪90年代以来，在金融全球化和金融创新的浪潮中，金融业经营模式由分业经营向综合经营转变，主要发达国家放松了对金融分业经营的严格限制，许多大型金融机构转型为金融控股公司。实践表明，金融控股公司的形成是市场竞争、金融创新及金融综合经营等因素共同推动的结果，是金融业融合发展的必然阶段。近年来，我国金融业市场化程度不断提升，部分非金融企业通过发起设立、并购、参股等方式，投资控股了多家、多类金融机构，形成一批具有金融控股公司特征的集团，其中，一些金融控股集团野蛮生长，体量大，业务杂，关联风险高，但监管缺失，可能威胁经济和社会稳定。为促进金融控股公司健康发展，迫切需要建立相应的监管制度。

一、金融控股公司的国际实践

美国的金融控股公司由符合条件的银行控股公司转化而来，没有直接的法律定义。银行控股公司是指对银行或者对银行控股公司具有控制权的公司，银行控股公司如果要开展金融综合经营，必须转换为金融控股公司。日本的金融控股公司是指拥有两类或两类以上金融机构的企业集团，或是拥有一家与自身类型不同的金融子公司的金融机构。韩国的金融控股公司是指控制一家以上金融机构、资产总额达到1 000亿韩元以上取得金融委员会许可的公司。中国台湾地区的金融控股公司是指对一家银行、保险公司或证券公司有控制性持股的公司。欧洲主要国家采用金融集团概念。欧盟《金融集团监管指令》将金融集团定义为：“一组处于共同控制下的公司，其专门或主要业务明显包括至少两种不同的金融服务（银行、证券和保险）。”此外，由巴塞尔银行监管委员会（BCBS）、国际证监会组织（IOSCO）和国际保险监督官协会（IAIS）共同成立的联合论坛在《金融集团监管原则》中，将金融集团定义为：“主要业务活动在金融领域，至少包括银行、证券、保险行业中的两个以上金融机构的集团。”

从以上国际实践看，金融控股公司的本质特征在于对两个或两个以上不同类型金融机构拥有实质控制权，主要有纯粹型金融控股公司和事业型金融控股公司两种模式，前者以美国、日本、中国台湾地区为代表，后者在英国和欧洲大陆国家地区较为常见。纯粹型金融控股公司仅进行股权管理，制定控股集团战略规划，其所有金融业务都由子公司经营，而事业型金融控股公司由金融机构跨业投资其他类型金融机构形成，除进行股权管理外，也直接从事银行、证券、保险等具体金融业务。

以金融控股公司方式开展综合经营具有显著的竞争优势。首先，金融控股公司可通过整合不同类型金融机构的客户和资源，提供全方位的金融服务，更全面地满足顾客需求，提高经营效率。其次，金融控股公司可以共享各种基础设施，避免重复设置机构，通过交叉销售等发挥协同效应，有利于实现规模经济和范围经济，节约后台操作成本，并降低经营成本和融资成本。最后，金融控股公司可以在控股公司或子公司多个层面进行融资，大大提高融资能力，并且还能通过将资本从低回报部门向高回报部门转移，优化资本配置。

二、金融控股公司监管的国际经验

（一）立法情况

主要国家、地区对金融控股公司均有明确的法律规定。美国的金融控股公司主要由《银行控股公司法》规范。该法于1956年颁布，并于1970年、1999年《金融服务现代化法》出台后、2011年《多德—弗兰克华尔街改革与消费者保护法》出台后三次修正。日本于1997年颁布《金融控股公司解禁整备法》和《银行控股公司创设特例法》，允许设立金融控股公司。韩国于2000年颁布《金融控股公司法》，正式确立以金融控股公司方式实现金融业综合经营。我国台湾地区于2001年出台《金融控股公司法》，对金融控股公司的定义、设立资格、主管机关、权利义务、监管制度等作出明确规定。欧盟于2002年颁布《金融集团监管指令》，并于2011年对其进行了修订。

（二）监管架构

美国建立了牵头监管与功能监管相结合的伞形监管制度，即由美联储对金融控股公司进行监管，子公司按照业务类型分别接受货币监理署（OCC）、证券交易委员会（SEC）、州保险厅等的功能监管。日本实行一元化的金融监管体制，金融控股公司由金融厅监管，负责市场准入许可、业务监管等。韩国金融控股公司监管统一由金融委员会及其执行机构金融监督院负责。我国台湾地区的金融控股公司由金融监督管理委员会负责市场准入审批和持续监管。

（三）监管重点

资本充足水平。美国专注于并表风险管理和整个集团的资本充足水平，对金融控股公司建立了RFI评级体系，R（risk）指合并基础上的风险管理，F（finance）指合并基础上的财务状况，I（impact）指非银行子公司对整个集团的影响。日本金融控股公司集团和子公司两个层面满足资本充足要求，在集团层面，要求金融控股公司并表后的资本大于对纳入并表范围的集团子公司的监管资本之和，同时，各子公司的净资本在扣除相互之间的可抵扣项后，要满足监管部门对这些子公司所属金融机构类型的资本要求。中国台湾地区要求审核金融控股公司的财务和业务稳健性、资本充足水平，并选择采取联合论坛提出的风险基础加总法计算金融控股公司的资本充足率。

股权结构与股东资质。日本要求银行控股公司不得再控股金融控股公司和主要从事非金融业务的公司。韩国对金融控股公司持有非金融公司、关联公司股权，金融机构持有金融控股公司股权，单一股东、非金融企业持有银行控股公司股权等方面作出严格限制，并严格限制反向持股、交叉持股行为。中国台湾地区对金融控股公司的股东资质和交叉持股问题具有明确规定，要求金融控股公司不得反向持股。

关联交易及“防火墙”设置。美国明确规定了金融控股公司的交易原则、关联方认定以及关联交易的风险防范。日本规定银行与其特定关系人或特定关系人的客户之间不得从事不利于控股公司的交易或行为，同时对董事兼职作出限制。韩国对金融控股公司、其子公司、股东之间的授信、经营等做了规定，严格控制大股东授信，禁止不当干预所控股金融机构。中国台湾地区对金融控股公司与其子公司间及各子公司间的业务或交易行为、共同业务推广行为等作出规定，要求金融控股公司的银行子公司和保险子公司不得对关联方发放无担保授信，不得损害客户权益。

（四）监管措施与手段

准入许可。主要国家和地区均对金融控股公司实行准入许可。美国允许设立金融控股公司的同时经营银行、证券和保险业务，要求任何个人或集团如果持有银行股份超过25%，必须由美联储审批。在日本，银行控股公司和保险控股公司的设立需要金融厅批准，证券控股公司主要实行登记制。韩国金融控股公司的设立、变更等事项均需向金融委员会申请许可。我国台湾地区金融控股公司的设立、变更、投资范围等事项均需向金融监督管理委员会申请许可或核准。

信息报告与披露。美联储可以直接要求金融控股公司及其子公司向其提供报告。日本金融控股公司需在营业年度结束后的3个月内公布合并财务报告，并且金融厅认为必要时，可要求金融控股公司及其子公司提供报告资料。韩国要求金融控股公司向金融委员会下设的金融监督院按季度提交业务报告书，内容包括业绩及财务状况等，同时，金融控股公司还需将财务报告、结算期损益计算表以及合并报表等资料按规定进行公告。台湾地区金融监督管理委员会可要求金融控股公司及其子公司限期提供财务报表、交易信息或其他有关数据。

现场检查。美联储有权对任何金融控股公司及其子公司（包括存款类子公司和已被功能监管的子公司）进行直接检查。日本金融厅可以对金融控股公司及其子公司开展现场检查，主要关注合规与风险管理状况。韩国金融监督院可以对金融控股公司及其子公司，以及其大股东的业务和财产状况进行现场检查，要求金融控股公司及其子公司做相关报告、提交相关资料等。中国台湾地区金融监督管理委员会可以指定专业人员对金融控股公司开展检查并进行报告。

监管处罚。日本对违反法令、章程或不执行金融厅处分的金融控股公司，可命令其解除董事、管理者或监事的职务或采取其他监管措施，取消许可，或命令其停止部分或全部业务。韩国金融委员会对违反相关规定的金融控股公司及其子公司，可以作出警告、责令改正违法行为、责令处置股权、停止部分业务、取消许可等措施。中国台湾金融监督管理委员会对存在违反法律、章程或不符合审慎经营原则等问题的金融控股公司，除可以令其纠正、限期整改外，还可以采取停止业务、解除高管职务、行政处罚等惩罚措施。

三、我国金融控股公司的发展现状及风险特点

（一）发展情况

我国“十一五”和“十二五”规划相继提出“稳步”和“积极稳妥”推进金融业综合经营试点以来，金融业综合经营稳步发展，金融业跨业投资步伐加快，投资金融业的实体企业日益增多，并逐步形成两类金融控股公司。

一类是金融机构在开展本行业主营业务的同时，投资或设立其他行业金融机构，形成综合化金融集团，有的还控制了两种或两种以上类型金融机构，母公司成为控股公司，其他行业金融机构作为子公司。如工商银行、农业银行、中国银行、建设银行、交通银行等大型银行均已拥有基金、金融租赁、保险子公司；平安集团、中国人寿、中国人保均已投资银行、基金、信托公司。

另一类是非金融企业投资控股两种或两种以上类型金融机构，事实上形成了金融控股公司，具体包括以下5种：

1.国务院批准的支持国家对外开放和经济发展的大型企业集团，投资控股了不同类型金融机构，如中信集团、光大集团均为中央管理的国有独资企业，旗下拥有银行、证券、基金、保险、期货等金融机构及实业。

2.地方政府批准设立的综合性资产投资运营公司，参控股本地的银行、证券、保险等金融机构，如天津泰达集团、上海国际集团、北京金控集团等。

3.中央企业集团母公司出资设立、专门管理集团内金融业务的资产运营公司，如招商局、国家电网、华能集团分别设立了招商局金融集团、英大国际控股集团、华能资本服务公司，对原属母公司的金融机构履行出资人管理职责。

4.民营企业和上市公司通过投资、并购等方式逐步控制多家、多类金融机构，如明天系、海航集团、复星国际、恒大集团等。

5.部分互联网企业在电子商务领域取得优势地位后，逐步向金融业拓展，获取多个金融牌照并建立综合化金融平台，如阿里巴巴、腾讯、苏宁云商、京东等。其中，阿里巴巴划转全部金融资产成立蚂蚁小微金融服务集团，目前拥有第三方支付、小贷、保险、基金、银行等牌照。

（二）风险特点

当前，我国金融控股公司的突出风险主要体现在非金融企业投资控股金融机构形成的金融控股公司。非金融企业投资金融机构，可以帮助金融机构增强资本实力，优化非金融企业自身的资本配置，促进服务业发展，还有利于增强金融业与实体经济的相互认知和理解。但其中，一些企业投资动机不纯，通过虚假注资、杠杆资金和关联交易，急剧向金融业扩张，同时控制了多个、多类金融机构，形成跨领域、跨业态、跨区域、跨国境经营的金融控股集团，风险不断累积和暴露。

盲目介入金融业。部分非金融企业并不熟悉金融业务，股东、实际控制人和高管人员缺乏金融管理知识、风险管控能力及合规经营理念，但却同时持有银行、保险、基金、支付等多个金融牌照，借此获取大量资金，一部分变相转为放大资本金，另一部分通过关联交易满足集团内成员以及海外扩张需要。

虚假出资。一些企业通过层层控股、交叉持股金融机构，以负债资金出资，推升整体杠杆率，或者利用分业监管的缝隙，操控壳公司进行循环注资，或者借助外部融资，短短几年内总资产翻了上百倍。虚假出资情况下，集团整体缺乏能够抵御风险的真实资本，资本约束严重弱化。

集团运作。一些企业通过集团式运作，使旗下各公司能够涉足更为广泛的领域，复杂架构也不易被外界看懂，并通过各种整合，更多地利用政策差异进行监管套利，其中不乏违法违规操作。

隐匿架构。部分非金融企业特别是私人资本控股的企业，利用复杂的股权安排、关联关系、特殊目的载体、股权代持等手段，尽可能隐藏受益所有权和控制关系。即使存在虚假出资和不当关联交易，监管部门也难以发现。

逃避监管。一些民营企业集团在海外宣称拥有金融全牌照，但由于其隐匿了所有权架构，国内金融监管部门难以掌握其真实情况。此类金融控股公司资金运作能力很强，在国内又得以逃避金融控股公司层面的监管，由此产生政策套利问题。

关联交易。一些非金融企业利用所控股金融机构提供贷款、担保等方式获取信贷资金、操纵利润、转移或隐匿资产，将所控股金融机构作为“提款机”套取巨额资金，向实际控制人或最终受益人进行利益输送，严重损害金融机构和投资者的权益。

急剧扩张。借助以上手段，一些企业集团已经实现了惊人的扩张速度与规模，除此之外，还利用创投、上市等实现更为快速的扩张。其中，少数企业为掩盖违法违规行为，向境外快速扩张，实现资产转移。从外汇资金来源看，一是出售国内资产用于国外买入；二是利用国内上市和收购兼并，套现和转移资金；三是利用介入银行业金融机构的便利，进行内保外贷。

四、建立我国金融控股公司的监管制度

通过上述手段野蛮生长的金融控股集团已经成为可能引发系统性风险、具有急性病特征的问题，而在分业监管体制下，金融控股公司的监管主体不明确，存在监管盲点，金融控股集团的风险还在加速积累和显现，迫切需要明确监管主体，出台监管规则，将金融控股公司纳入监管。第五次全国金融工作会议明确要求，“严格规范金融综合经营和产融结合”，习近平总书记在党的十八届五中全会上、中央政治局第四十次集体学习中均强调，要统筹监管金融控股公司，补齐监管短板，避免监管空白。党的十九大将防范化解重大风险攻坚战列为三大攻坚战的首要战役。

为落实以上要求，有效防控野蛮生长的金融控股公司风险，守住不发生系统性金融风险的底线，必须抓紧建立金融控股公司监管制度，规范金融控股公司发展，填补监管空白。对金融控股公司监管可考虑采取宏观审慎管理与微观审慎监管相结合的方式，按照实质重于形式原则，以并表监管为基础，对金融

控股公司进行全面、持续、穿透监管，建立统筹监管机制，并赋予监管主体有效的监管手段。

明确市场准入监管。坚持金融是特许经营行业，将事实上已经形成的、对两种或两种以上类型金融机构具有实质控制权的、具备金融控股公司特征的机构，纳入监管范畴，未经许可不得从事金融控股公司活动，不得在名称中使用“金控”“金融控股”等字样。

加强资本充足率监管。为防范资本重复使用，导致出现子公司资本充足但集团资本不充足问题，应着眼于集团总体，从金融控股集团、金融控股公司、所控股金融机构三个层面衡量资本充足状况。此外，金融控股公司对所控股金融机构有资本补充义务。当所控股金融机构无法达到监管要求的资本充足水平、财务状况显著恶化时，金融控股公司应承担注资责任，一方面可以保护所控股金融机构、保护其他债权人，另一方面也可以发挥事前约束的作用。

设置资产负债率要求。为严格控制债务风险，防止高杠杆投资，金融控股公司自身的资产负债率应当保持在合理比率之内。同时，资本金来源应真实可靠，不能以债务资金、理财资金等非自有资金控股金融控股公司，严禁虚假注资、循环注资等行为，不得抽逃金融机构资金。

严格股权结构管理。要求金融控股公司的股权结构和组织架构清晰，股东、受益所有人结构透明，经营管理能力强，风险管理和内部控制机制有效，财务状况良好。同时明晰禁止性条件，如对于存在不良诚信记录、严重逃废债务、不配合监管等问题的主体，禁止其成为金融控股公司的主要股东。

明晰公司治理结构。为避免金融控股公司滥用实际控制权、干预所控股金融机构经营、利益输送等问题，对金融控股集团的公司治理提出明确的监管要求，如依法参与所控股金融机构的公司治理，不得滥用实质控制权，不得干预所控股金融机构的独立自主经营。简化金融控股集团的法人层级，促进股权结构简洁、清晰和透明。加强对交叉持股、反向持股监管。

增强集团整体风险管控。根据金融控股集团组织架构、业务规模、复杂程度等，建立统一全面的风险管理体系。统一确定对各类风险的风险容忍度和风险限额，在并表基础上管理风险集中度与大额风险暴露，统筹管理集团的对外授信。此外，完善风险“防火墙”制度，对金融控股公司及其控股金融机构间、金融机构与非金融机构间建立风险隔离制度。对集团内部的交叉任职、信息共享以及共用营业设施、营业场所和操作系统等行为予以规范。

强化关联交易监管。集团关联交易应当遵循市场原则，不能违背公平竞争和反垄断规则。不得通过各种手段隐匿关联交易和资金真实去向，不得通过关联交易开展不正当利益输送、损害投资者或消费者权益，不能规避监管或违规操作。禁止反向融资，如所控股金融机构向金融控股公司提供融资；禁止向金融控股公司的股东、其他关联方提供无担保融资等。

专题十九　建立系统重要性金融机构监管体制

2008年，全球遭遇了自大萧条以来最为严重的金融与经济危机。这是在金融领域去监管化和自由化背景下，长期积累的金融风险的总爆发。危机中，贝尔斯登、雷曼兄弟公司、美国国际集团（AIG）、花旗集团等大型金融机构纷纷陷入困境甚至破产，重创了全球金融体系，加剧了金融危机的恶化和蔓延，并导致欧洲部分国家因救助成本巨大而加重主权债务危机。危机集中暴露出当时金融监管体系的主要弱点和缺陷，即缺乏对系统性风险的有效防范，对大型复杂金融机构监管不力，“大而不能倒”问题突出，对消费者和投资者保护不足，对规模巨大的场外衍生品市场和影子银行体系缺乏监管等。其中，具有系统重要性的大型复杂金融机构监管制度不健全的问题尤其突出，亟须出台相应制度安排。

一、加强系统重要性金融机构监管的必要性

系统重要性金融机构经营失败导致危机迅速蔓延，破坏性强。系统重要性金融机构在金融体系中居于重要地位，承担关键功能，如果发生重大风险，将对金融体系和经济活动造成较大破坏。一方面，交易对手面临信用风险，可能直接遭受重大损失；另一方面，系统重要性金融机构作为许多机构的主要经纪人，其倒闭使这些机构不能正常开展业务。此外，系统重要性金融机构被迫出售资产偿还债务，可能引发大范围的资产价格重估，形成“止损—卖出—再止损—再卖出”的恶性循环，加剧金融市场波动，引发系统性风险。

系统重要性金融机构规模巨大，结构复杂，处置难度高。以雷曼破产为例，该公司在全球的债权人共提出涉及1.2万亿美元的债权主张，其中仅金融衍生品合约就涉及6 000个交易对手及90万份交易合约的处置。雷曼破产后，各衍生品交易对手方面临提前终止合约、延迟终止合约等多项选择，且需同时处置合约所涉及的担保品（主要为证券类资产），对金融市场造成极大压力，导致风险在金融体系内加速传染。由于雷曼母公司不能提供日常资金支持，其在全球21个国家的209家子公司也只能纷纷向经营所在地的法院申请破产。

系统重要性金融机构救助成本高，增加了财政负担。考虑到系统重要性金

融机构经营失败带来的巨大负外部性，政府往往不得不花费高昂的成本进行救助，以避免对金融体系和实体经济造成更大冲击。2008年国际金融危机中，美联储和美国财政部共向AIG注入1 800亿美元的资金，才避免其陷入破产；欧盟委员会先后批准英国、法国、德国、西班牙、荷兰和奥地利等10个成员国提出的救助计划，总额超过1.5万亿欧元。高昂的救助成本不仅损害了纳税人利益，也加剧了国家财政风险，如欧洲部分国家的主权债务危机因此进一步加重。

系统重要性金融机构存在“大而不能倒”的道德风险。由于对金融稳定影响巨大，系统重要性金融机构形成政府不会任其倒闭的预期，进而采取更加激进的经营方式，存在过度使用杠杆、大量开展金融衍生品交易等高风险业务、金融机构高管享受超额薪酬等问题，道德风险高企。

二、系统重要性金融机构监管的国际经验

（一）系统重要性金融机构的评估

全球系统重要性银行（G-SIBs）。2011年，巴塞尔银行监管委员会（BCBS）首次提出G-SIBs评估方法及标准，并于2013年进行了修订完善。评估方法将总资产全球排名前75位的（或曾被认定为G-SIBs的）银行纳入评估样本，各成员经济体也可使用监管判断主动将管辖范围内的其他机构纳入评估样本；以定量指标和定性判断相结合的方法评估系统重要性，定量指标包括全球活跃度、规模、关联性、可替代性和复杂性五大类，成员经济体监管部门可以通过定量和定性信息对各银行的系统重要性进行调整，最终得出评估结果，经金融稳定理事会（FSB）批准后确定G-SIBs名单；评估工作每年进行一次，并更新G-SIBs名单，目前有30家银行入选。

全球系统重要性保险机构（G-SIIs）。2013年，国际保险监督官协会（IAIS）发布了G-SIIs评估方法和政策措施，并于2016年更新了评估方法。评估样本为总资产超过600亿美元且母国以外的保费收入超过总保费收入5%，或总资产超过2 000亿美元且在母国以外有保费收入的保险机构，但IAIS和各成员经济体也可使用监管判断主动将管辖范围内的其他机构纳入评估样本。与G-SIBs的评估方法相似，G-SIIs评估方法也将定量与定性评估相结合，定量指标包括规模、全球活跃度、关联性、资产变现、可替代性五大类。根据定量指标计算系统重要性得分并确定得分阈值后，IAIS综合考虑其他定量和定性信息，对得分超过阈值的保险机构进行进一步评估，经与相关监管部门沟通并得

到FSB批准后，确定G-SIIs名单。G-SIIs评估工作每年进行一次，目前有9家保险机构入选。

美国。美国的系统重要性机构包括大型银行控股公司（BHC）、外国银行组织在美国的大型分支机构（FBO），以及具有系统重要性的金融市场基础设施（FMU）和非银行金融公司(NFC)。其中，前两类由美联储评估认定，后两类由金融稳定监督委员会（FSOC）评估认定，评估方法上也综合运用了定量指标和定性分析。

欧盟。2013年10月，为增强监管协调性，防止监管套利，欧盟设立单一监管机制（SSM），由欧央行具体负责，欧央行及成员国监管当局共同参与。SSM根据规模、对欧盟或成员国经济的重要性、跨境活动的重要性三个维度来判断金融机构是否具有很高重要性。如果欧盟内的信用机构满足下列条件之一，原则上则被认定为在欧盟范围内具有很高重要性:（1）总资产超过300亿欧元;（2）总资产与母国GDP的比值超过20%（总资产低于50亿欧元的除外）；（3）接受欧洲稳定机制救助的机构;（4）总资产超过50亿欧元，并且在母国外的多个成员国的跨境资产（负债）占其总资产（负债）的20%以上。此外，SSM对认定标准具有裁量权，可根据定性条件对系统重要性银行直接进行认定。

英国。英国对系统重要性金融机构的认定采取两步法，第一步按照规模、重要性、复杂度、关联度4大类指标计算系统重要性得分，得分超过350分即被认定。第二步将剩余机构按业务性质分为六大类，分别设置细化标准并计算系统重要性得分，得分大于100分的机构将被认定。审慎监管局（PRA）还有权酌情将得分低于100分的机构认定为系统重要性金融机构。

（二）系统重要性金融机构的额外监管

G-SIBs。G-SIBs按照系统重要性程度分为五组，分别执行1%、1.5%、2%、2.5%和3.5%的附加资本要求，以及0.5%、0.75%、1%、1.25%和1.75%的附加杠杆率要求。此外，G-SIBs还需满足总损失吸收能力（TLAC）要求，2019年初的TLAC（主要由资本和合格债务工具组成）应达到风险加权资产的16%和杠杆率分母（即银行表内外名义敞口）的6%，2022年初达到风险加权资产的18%和杠杆率分母的6.75%；新兴市场G-SIBs延后6年执行TLAC要求，若新兴市场经济体公司债/GDP超过55%，应在3年内开始实施TLAC要求。

G-SIIs。IAIS针对G-SIIs资本要求提出了三步走计划。第一步是针对G-SIIs所有业务，制定基础资本要求（BCR），相关标准已于2015年开始实施；第二步是在BCR基础上，针对其非传统非保险业务（NTNI），提出更高的资本损失吸收能力（HLA）要求，届时G-SIIs持有的监管资本将不得低于BCR与HLA要求的资本之和；第三步是针对国际活跃保险集团，制定基于集团风险评估的全球保险资本标准（ICS），ICS制定并实施后，将取代BCR成为HLA的基础。此外，IAIS要求G-SIIs做好流动性风险应对，监督其建立和实施系统性风险管理计划（SRMP）要求，包括将系统重要性NTNI业务从传统保险业务中分离。

美国。《多德—弗兰克法案》强化了美联储对系统重要性金融机构的监管。美联储下设大型机构监管协调委员会（LISCC）负责监管系统重要性金融机构。对系统重要性银行机构，美联储已执行更加严格的审慎标准，包括附加资本要求、补充杠杆率、处置计划和信用敞口报告等。同时，定期开展压力测试、综合资本和流动性分析评估，着重考察极端情形下系统重要性金融机构是否持有足够的资本、流动性管理是否有效。此外，要求本国G-SIBs执行严于国际标准的TLAC要求，确保其有充足的损失吸收能力和可开展自救的资源，加强跨境处置及存款人保护合作。

欧盟。根据SSM，欧央行对其认定的在欧盟范围内具有重要性的机构进行直接监管，监管权力包括检查、为设立跨国分支机构颁发牌照、高管资质评价、危机处置和执法制裁等。同时，提出“自有资金和合格负债最低要求（MREL）”，要求各成员国应在评估金融机构的可处置性、总体风险状况、系统重要性等因素的基础上，确定该机构所适用的MREL最小比例。此外，按照欧洲银行业监管局（EBA）制定的《系统重要性机构评估标准指引》，各成员国可认定国内的“其他系统重要性机构”（O-SIIs），并对其适用最高2%的附加资本要求。

英国。在逆周期资本及系统重要性机构附加资本要求方面，英国沿用欧盟的相关指引；在TLAC要求及处置计划方面，英国根据欧盟的监管标准进行了细化。此外，英格兰银行每年对大型机构开展一次压力测试，考察其应对外部压力的能力。

（三）系统重要性金融机构的处置机制

国际标准。FSB于2011年首次发布并于2014年进行修订的《金融机构有效处置机制核心要素》是国际层面建立系统重要性金融机构有效处置机制的核心文件，从“适用范围”“处置当局”“处置权力”“抵销、担保及客户资产分离”“债权人安全保障机制”“处置资金”“跨境政策合作的法律框架”“危机管理小组”“针对单个机构的跨境合作协议”“可处置性评估”“恢复和处置计划”“信息获取及共享”等12个方面对有效处置机制框架作出了原则性规定。为指导成员国更好地落实处置相关国际标准，FSB已出台《关于处置策略的指引》《关于处置资金安排的指引》《关于确保关键业务不中断的指引》等10余份指引性文件。实践中，FSB要求全球系统重要性金融机构建立危机管理小组，制定恢复和处置计划，进行可处置性评估，加强跨境处置政策协调。

美国。联邦存款保险公司（FDIC）承担主要的处置职能，处置范围包括银行业金融机构和具有系统重要性的非银行金融机构。系统重要性金融机构需定期向FDIC和美联储提交处置计划，如计划不符合要求，美联储和FDIC可联合决定适用更严格的监管要求，并限制其业务增长。有序清算程序由财政部、美联储和FDIC三方启动后，FDIC作为接管人，对陷入困境的系统重要性金融机构进行接管和清算，可设立一至数家过桥机构对其业务、资产和负债进行承接。关于损失分担机制，公共资金可用于系统重要性金融机构处置的临时垫付。如公共资金发生损失，首先明确股东、无担保债权人将承担损失，然后在必要时可考虑对资产规模达到一定标准的银行进行收费。

欧盟。2013年和2014年，欧盟相继通过《单一处置机制基本框架》《银行业恢复与处置指令》《银行业单一处置机制法案》，并修订了《存款担保计划指令》，为欧盟各成员国提供了一套关于有效处置机制的制度安排，主要内容包括：初步建立覆盖全部信贷机构、金融集团、非银行住房抵押贷款或商业贷款机构、非欧盟国家在欧盟境内分支机构的处置机制，赋予监管部门和处置当局更广泛的权力，加强国内外当局的合作；明确在欧盟层面成立单一处置委员会，负责处置欧央行直接监管的所有银行以及欧洲银行业联盟成员国境内成立的所有跨国银行；所有参加银行业联盟的国家将共同出资，形成单一处置基金，规模目标为银行体系受保险存款总余额的1%左右，主要用于支持单一处置委员会的处置工作；若原本不由单一处置委员会负责处置的银行在处置中需动用单一处置基金，则仍由单一处置委员会作为这些银行的处置当局；要求金融机构和处置当局制定恢复和处置计划，处置当局会同监管部门等开展可处置性评估；完善风险处置工具和手段，包括转移被处置机构的部分或全部资产，设立过桥机构短暂经营被处置机构的业务，剥离不良资产交由处置当局进行专门处置，引入"自救"机制，要求被处置机构的部分债权转为股权，同时配合可行的重组计划等。

英国。2009年，英国颁布《银行法案》，创设了针对银行类机构的"特别处置机制"。2013年4月生效的《金融服务法》将特别处置机制的范围扩大到了投资公司和金融市场基础设施。目前，英国特别处置机制的主要内容包括：将维护金融稳定、确保关键服务不中断、维护公众信息、最大程度降低对公共资金的依赖等因素作为特别处置的法定目标；明确了英格兰银行是主要处置当局，并确定了其与监管部门、财政部门的分工合作机制；赋予英格兰银行广泛的处置权力，包括减记或转股，可以不经股东和债权人同意就出售问题机构的全部或部分业务，设立过桥机构维持业务的持续运营，必要时对问题机构实施国有化等；明确处置中的债权人保护机制，要求将过桥机构和国有化运营收益返还债权人，不得改变普通破产程序中的债权人受偿顺序，同时规定股东或债权人在特别处置中所得到的款项不得少于在一般破产程序中所能得到的款项；进一步加强存款人保护，将存款保险限额上调至8.5万英镑。

三、我国完善系统重要性金融机构监管的主要思路

近年来，我国金融体系不断发展，个别金融机构规模庞大，已跻身全球系统重要性金融机构之列。工商银行、农业银行、中国银行、建设银行已被认定为G-SIBs，且在评估中的得分和排名逐年上升；平安保险集团也是全球9家G-SIIs之一。同时，我国金融体系关联度持续上升，同业负债迅速扩张，表外业务快速发展，整个金融体系的复杂性快速增加。部分规模较大、复杂度较高的金融机构因与其他金融机构关联度高而居于金融体系的核心，其经营情况和风险状况关系到金融体系整体的稳健性。因此，完善我国系统重要性金融机构监管制度对于防范系统性风险、强化宏观审慎管理至关重要。

在此背景下，党中央、国务院作出了统筹监管系统重要性金融机构的决策部署。在借鉴国际经验基础上，结合我国金融业发展和监管体制的实际情况，人民银行将会同相关金融监管部门，对系统重要性金融机构的评估与识别、特别监管要求和特别处置机制等作出制度性安排。

（一）明确系统重要性金融机构的评估方法和流程

评估流程主要包括划定参评机构范围、确定评估指标和数据模板、收集数据、计算得分、监管判断、名单确定和名单发布。评估以定量指标体系为基础，计算参评机构系统重要性得分，指标可包括规模、关联度、复杂性、可替代性、资产变现等多个维度，力求评估结果的客观准确；同时参考定性分析等其他信息进行监管判断，弥补定量指标体系广度不够、打分体系灵活度不足的欠缺。最终评估出的系统重要性金融机构名单应符合实际情况，一方面避免遗漏可能对金融稳定造成重大威胁的金融机构，另一方面避免过度扩大名单范围，造成金融机构监管负担过重。评估方法和流程应定期审议修订，以适应金

融业的快速发展和变化。

（二）对系统重要性金融机构提出特别监管要求

制定附加监管要求。鉴于系统重要性金融机构在金融体系中的重要地位，应对其提出附加资本要求，强化其经营的稳健性。为更好地反映机构的系统重要性程度，附加资本应采取连续法计算，即选取系统重要性得分最高的金融机构作为基准机构，确定其附加资本要求，其他机构的附加资本要求根据系统重要性得分与基准机构得分的比值确定。此外，还可从杠杆率等方面提出附加监管要求，完善系统重要性金融机构监管。

完善公司治理。系统重要性金融机构应当在现有公司治理监管要求基础上，进一步建立风险覆盖全面、管理透明有效的治理架构。系统重要性金融机构应当进一步明确董事会、监事会和高级管理层的职责权限，在董事会下设风险管理委员会，明确系统性风险管理目标，制定风险防控有关措施，以形成合理承担风险、避免盲目扩张的理性企业文化。

加强持续监测。系统重要性金融机构应遵守更高的信息披露标准。金融管理部门应就系统重要性金融机构共享数据和信息，定期针对机构整体经营情况或个别业务开展风险评估。定期对系统重要性金融机构开展压力测试，评估机构在假设的压力情景下的稳健性，并根据压力测试结果，视情提出额外的监管要求或采取相应监管措施。

完善宏观审慎政策工具箱。系统重要性金融机构存在违反审慎经营规则或威胁金融稳定情况的，相关部门可向该机构直接作出风险提示。必要时，可对其业务结构、经营策略和组织架构提出调整建议，以降低其引发系统性风险的可能性。

（三）建立系统重要性金融机构的特别处置机制

首先，要组建系统重要性金融机构的危机管理小组，负责建立系统重要性金融机构的特别处置机制，推动恢复和处置计划的制定，开展可处置性评估，以确保系统重要性金融机构一旦经营失败，能够得到安全、快速、有效处置。其次，系统重要性金融机构应当制定并按年度更新恢复计划，提交危机管理小组审议修订后执行。恢复计划旨在确保机构在极端压力情景下，能够通过采取相关措施恢复正常经营。再次，应当制定系统重要性金融机构处置计划并按年度更新，经危机管理小组审议修订后执行。处置计划旨在通过预先制定的处置方案，确保机构在陷入实质性财务困难或无法持续经营时，能够得到快速有序处置，并在处置过程中维持关键业务和服务不中断，避免引发系统性风险。最后，危机管理小组应当每年开展对系统重要性金融机构的可处置性评估，评估机构处置机制的可行性与可靠性，就如何提高可处置性提出改进建议。

专题二十　金融机构风险处置国际标准

由于金融机构经营存在广泛的信息不对称，一旦经营失败，容易发生风险传染并产生较大负外部性，设计激励相容的风险防范和处置机制，有利于增强金融体系的稳健性。2008年国际金融危机最主要的教训之一在于对金融机构经营失败缺乏有效的处置机制，过于依赖公共资金救助。作为对危机反思的成果，金融稳定理事会（FSB）出台《金融机构有效处置机制核心要素》（以下简称《核心要素》），要求G20国家积极推进构建有效的金融机构风险处置机制，确保出现金融风险时能够快速、有序处置，防止个别金融机构倒闭引发系统性冲击。2014年，FSB对《核心要素》进行新一轮修订完善，要求各国金融机构风险处置机制应当全面覆盖各类金融机构。

一、2008年国际金融危机的教训及反思

2008年国际金融危机表明，金融机构特别是系统重要性金融机构倒闭将使政府面临两难。一方面，这类机构如果按照普通司法程序破产，会对金融体系产生重大冲击；另一方面，如果政府对这类机构进行救助，容易引发道德风险。经过对危机的反思，有关各方意识到，为避免个别金融机构倒闭对金融体系造成系统性冲击，应创设有效的金融机构风险处置机制，确保金融机构倒闭时，相关金融风险能够快速、有序处置，关键金融服务不中断，有效保护存款人及投资者利益，减少对公共资金的过度依赖，维护金融体系稳定。

减少对公共资金的依赖，强调"自救"。金融机构经营失败的成本应首先由股东承担，并寻求市场化处置的可能性，当股东和市场力量不足以化解风险时，行业积累的投资者保护基金及时介入，最后可考虑央行作为最后贷款人提供救助，以及使用财政资金对金融机构进行注资。原则上公共资金不应先于私人部门资金介入，一旦介入，必须有保全机制。

强化事前准备。考虑到金融机构倒闭的传染性和负面外溢效应，加强金融机构风险处置的事前准备，有助于避免处置过程的混乱和无序。事前准备是指通过制定恢复和处置计划（"生前遗嘱"），在假设金融机构出现倒闭风险的情形下，明确其自身及有关部门拟运用何种处置工具和手段恢复经营或实现有序的市场退出。

确保处置过程中关键业务和服务不中断。为防止金融机构倒闭引起其承担的支付清算、信贷供给等社会经济功能中断，应当赋予有关部门足够的权力，采取必要措施，确保风险处置过程中关键业务和服务不中断。

积极运用市场化的处置工具和手段。对金融机构的风险处置不应仅局限于注资和临时国有化，应创设更多市场化的处置工具和手段，包括转移资产及负债、建立过桥机构等，尽可能借助市场机制和资源化解金融风险。

加强跨境处置政策协调。具有全球系统重要性的金融机构通常有大量境外业务，其风险处置也会涉及跨境资产、负债的重组或清算。为此，各国应加强跨境处置政策协调，在流动性支持、存款人保护及处置成本分担等方面明确责任划分。

二、《核心要素》及其实施进展

吸取危机教训，FSB于2011年首次提出《核心要素》，要求成员经济体建立并完善金融机构风险处置机制，并针对全球系统重要性金融机构（G-SIFIs）加强跨境处置合作。2014年，FSB对核心要素进行新一轮修订完善，推动成员经济体金融机构风险处置机制全面覆盖各类金融机构及具有系统重要性的金融市场基础设施。此后，FSB共组织两轮同行评估，监测成员经济体落实《核心要素》的情况。结果表明，《核心要素》在全球范围内实施情况较为顺利。

覆盖范围。根据《核心要素》要求，金融机构风险处置机制应当全面覆盖金融机构、金融市场基础设施以及G-SIFIs在本国境内的机构。从实践来看，G20国家均已建立覆盖金融机构的风险处置机制，金融市场基础设施处置机制建设由于起步较晚，进展相对缓慢。

处置当局。《核心要素》要求成员经济体指定专门的部门负责金融风险处置，并将维护金融体系稳定作为首要处置目标，提高处置的可问责性。从G20国家的实践看，负责金融机构风险处置的部门可以是新设立的专门负责处置的机构，也可以由央行、监管部门或存款保险机构担任。2014年，欧盟出台《银行业联盟法案》，明确设立单一处置委员会，负责处置欧盟境内具有系统重要性的金融机构。美国通过危机后出台的《多德—弗兰克法案》，明确美联储会同联邦存款保险公司（FDIC）拟定金融机构有序清算方案，FDIC负责依据该方案实施有序清算。

触发机制。对问题机构介入越及时，越有利于提高处置效率。《核心要素》明确，当一家金融机构不能再继续经营时，必须提前介入，以及时采取处置措施，避免破坏被处置机构的价值和风险加速传染。目前，G20国家共设置了三类可以触发处置机制的情形：通过流动性标准或资不抵债标准判定金融机构财务状况已极度恶化；对金融机构的风险处置有利于维护金融稳定，保障公共利益；金融机构无法通过市场力量化解自身风险。

处置权力。为丰富成员国处置金融机构的工具及手段，《核心要素》共列出7项处置性权力：临时控制和运营问题机构，主要通过对问题机构的接管实现；强制转移资产及负债，无需股东及债权人事前同意；临时国有化；更换管理层；建立过桥机构；确保业务连续性；暂停金融合约对手方行使“提前终止权”；实施“自救”。目前，G20国家已基本具备绝大部分处置性权力，但因涉及不同法律之间的衔接问题，“自救”权力的引入相对缓慢。

保护各类客户及债权人权益。根据《核心要素》，有关债权抵销、追加担保及客户资产与自有资产隔离的安排不应成为有序处置金融风险的障碍。从G20国家实践看，各国在追加担保机制安排方面的改革进展较快，其他两个方面因与处置策略的制定密切相关，预计随着处置策略的完善将进一步得到落实。

处置资金。处置资金安排应该体现防范道德风险的原则。《核心要素》要求，金融机构经营失败的成本首先由股东及高级无担保债权人承担，即尽可能实施“自救”。其次，由行业收费形成的基金，如存款保险基金可作为救助资金来源。最后，公共资金可作为兜底性资金安排进入，可使用央行及财政资金对金融机构实施担保或注资，但需有相应的资金保全机制。以欧盟为例，《银行业联盟法案》规定，当金融机构进入处置程序后，处置当局应按照如下顺序将债务类工具转化为股权类工具吸收损失：股东及无担保债权人首先吸收损失，吸收额度为总负债的8%；专门的处置基金，吸收额度不得超过总负债的5%；有关债权人及存款保险基金；公共资金。

跨境合作。《核心要素》要求，母国和东道国应加强处置部门的信息共享和政策协调。如涉及司法破产程序，应推动对彼此司法行动及司法效力的互认。

针对G-SIFIs的安排。对于G-SIFIs，《核心要素》要求制定恢复和处置计划，定期开展可处置性评估，组建危机管理小组，以加强跨境政策协调，防止其倒闭风险的跨境传染。目前，FSB已建立全球系统重要性银行和保险机构评估体系，每年调整一次名单。大多数当局已针对G-SIFIs组建了危机管理小组，制定了恢复和处置计划，并完成了可处置性评估。

三、增强G-SIFIs的可处置性

考虑到G-SIFIs经营涉及多个国家及地区，为更好地落实《核心要素》，FSB提出多项具体处置安排以提高G-SIFIs的可处置性。

明确处置策略。处置策略分为单点处置和多点处置两种。单点处置是由单一处置机构（通常是负责集团并表监管的机构）在顶层母公司行使处置权力，以集团层面为主吸收损失，核心子公司和核心业务运营不受到影响，该策略主要适用于纯粹控股公司（clean holding company）。多点处置是由两个或两个以上的处置机构，在各自管辖区内对集团的顶层及子公司等不同部分分别行使处置权力，集团可能因此被分割为不同国家、区域或业务条线的实体，适用于相对分散的组织架构。

要求建立总损失吸收能力工具（TLAC）。TLAC是指全球系统重要性银行在进入处置程序时，能够通过减记或转股方式吸收银行损失的各类资本或债务工具的总和。通过实施TLAC要求，有助于确保全球系统重要性银行在进入处置阶段时尽量自救，降低政府救助的概率和道德风险。目前，按照FSB的规定，各国TLAC工具主要包括核心一级资本工具、其他一级资本工具、二级资本工具、高级非优先债务及高级无担保债务五类。

改革金融衍生品清算机制。为避免大型复杂机构倒闭过程中大量金融合约同时违约对金融市场的冲击，为落实《核心要素》要求，国际掉期与衍生品协会（ISDA）于危机后在其金融交易主协议框架中加入暂停机制，即“处置暂停”协议，明确当交易对手一方被宣布进入处置程序时，另一方在一定时间框架内（如1~3天）不得以此为触发原因，提前终止合约或要求追加保证金和抵押品。在这一时间框架内，处置当局可以将金融衍生合约整体转移至过桥机构或健康金融机构，确保这些合约在交易对手变更后仍得以继续履行，或进行正常的净额清算，避免无序的保证金追加和集中违约。

制定恢复和处置计划。FSB要求定期制定G-SIFIs的恢复和处置计划，并遵循不得使用任何公共资金处置风险这一前提。其中，恢复计划由金融机构管理层负责制定，说明存在倒闭风险情形下拟采取何种风险管理措施降低自身倒闭概率；处置计划由处置当局负责制定，说明拟采取何种处置措施，确保该机构有序退出市场，不对金融体系造成冲击。美国要求系统重要性金融机构定期制定并向美联储、FDIC提交处置计划，说明自身如何在发生重大危机时快速、有序处置风险，不对金融系统或经济造成不利影响。如美联储和FDIC共同认定金融机构提交的处置计划不可信，无法实现有序处置，应要求金融机构尽快整改。对整改不及时的，两家机构将实施更为严格的审慎监管要求，包括更严格的资本要求、限制部分业务、分拆等。

专题二十一　全球系统重要性银行总损失吸收能力要求

2015年11月，金融稳定理事会（FSB）发布针对全球系统重要性银行（G-SIBs）的总损失吸收能力（TLAC）要求框架，旨在确保G-SIBs在经营困难时，拥有充足的资本和合格债务工具来吸收损失，避免动用纳税人资金，并维持银行的核心服务功能。作为G-SIBs，我国工商银行、建设银行、中国银行和农业银行需满足TLAC要求。

一、TLAC框架概述

TLAC是指G-SIBs在进入处置程序时，能够通过减记或转股吸收银行损失的各类资本或债务工具的总和。TLAC框架要求G-SIBs必须具备充足的损失吸收能力，通过将资本和债务工具转股或减记来实现"自救"，以促进处置计划的有效实施，最大限度地降低系统性风险。

设置全球统一的TLAC要求，分两步实施。除新兴市场经济体外的G-SIBs，2019年初的TLAC应达到风险加权资产的16%和杠杆率分母（即调整后的银行表内外资产余额）的6%，2022年初达到风险加权资产的18%和杠杆率分母的6.75%。如果再加上现行的2.5%储备资本要求和1%~2.5%的系统重要性附加资本要求，2019年初的总要求为风险加权资产的19.5%~21%，2022年初将达到风险加权资产的21.5%~23%。新兴市场经济体G-SIBs可延后6年执行TLAC要求，但同时设定了提前达标的触发条件，即一旦新兴市场经济体信用债余额[①]/GDP超过55%，其G-SIBs应在三年内落实TLAC要求。

TLAC工具要求。TLAC工具包括资本和合格债务工具。首先，合格债务工具剩余期限应在1年以上，能够减记或转换为普通股，清偿顺序排在存款等一般债权之后。FSB建议合格债务工具至少占TLAC工具的三分之一。在银行破产清算时享有优先受偿权的负债不能作为TLAC债务工具，包括受保存款、活期存款、应付税金等。其次，满足一定条件的处置基金可作为TLAC工具。由

① 包括金融债和公司信用类债，不含政策性金融债。

银行缴费设立、事先承诺可用于G-SIBs资产重组、且该承诺没有金额限制的处置基金可计入TLAC。当TLAC要求为风险加权资产的16%时，处置基金计入的规模上限为风险加权资产的2.5%；当TLAC要求为风险加权资产的18%时，计入的规模上限为风险加权资产的3.5%。最后，为降低风险在银行体系内的交叉传染，银行投资G-SIBs发行的非资本类TLAC工具，超过本行普通股5%的部分应从自身二级资本中扣减。

设置内部TLAC要求。在整体TLAC要求的基础上，FSB还设定了内部TLAC要求。内部TLAC指处置实体向其重要子集团承诺的损失吸收能力。设置内部TLAC要求的目标是促进母国和东道国当局间的协作，强化跨境处置机制的有效实施，确保处置实体的损失吸收和资本重组能力在母国之外的地区合理分布。应根据各重要子集团的规模和风险敞口的占比情况分配内部TLAC资源。

二、G-SIBs落实TLAC要求情况

据FSB统计，截至2017年末，除我国四家G-SIBs外，以2019年初的TLAC要求（风险加权资产的16%和杠杆率分母的6%）衡量，仅一家G-SIB存在TLAC缺口。目前，全球G-SIBs中只有中国的四家G-SIBs和瑞典北欧联合银行（Nordea Bank）尚未发行过符合TLAC标准、非资本类的TLAC债务工具，而瑞典北欧联合银行仅靠现有资本就能满足TLAC要求。各国落实TLAC要求主要有三种模式。

立法模式。以法律形式明确债权人的受偿顺位，要求TLAC债务工具劣后于其他高级债务，发行合同中无需额外约定。典型代表是德国，规定所有高级无抵押债券的清偿顺位在其他高级债务（如存款、衍生品负债等）之后，当银行难以正常经营时，处置当局有权对其减记或转股。立法模式的优势在于简洁明确，可充分利用存量高级债券满足新规要求，并能最大程度上避免法律上的不确定性。但“一刀切”地调降所有高级债券的受偿次序，将导致依赖批发性融资的银行融资成本全面提升，影响银行国际竞争力。立法模式的前提是具有完备的银行业破产处置法律体系，TLAC债务工具的受偿顺位及损失吸收安排有法可循。

结构化模式。一些大型银行集团的控股公司基本不参与经营活动，由银行子公司开展具体业务。作为银行子公司的股东，控股公司所发行高级债券的清偿顺位次于子公司的高级债务。结构化模式以美国、英国、瑞士和日本较为典

型，其G-SIBs以集团控股公司为主体所发行的高级债券，均被认为是合格的TLAC工具。结构化模式对于已设有非运营控股公司的银行实施较为便利，但对于不具备这种架构的银行而言，新设控股公司成本较高，程序复杂。

合约加监管规定模式。合约加监管规定模式是在TLAC债务工具的发行合约条款中约定其受偿顺位位于其他高级债务之后，同时以监管规则确认其损失吸收能力。该模式以法国、西班牙为典型代表，通过对现有高级债券、次级债券进一步细分，为TLAC债务工具创设出新的“夹层”，以合约约定受偿顺位及损失吸收条件，降低法律诉讼风险，如法国的高级非优先债券。合约模式有利于明确预期，减少法律纠纷，也为完善银行业破产处置法规预留了时间。采用这种模式的挑战在于发行条款的设计和投资者教育。

FSB的TLAC框架出台后，各经济体相继出台政策落实TLAC要求（见表3-2）。

表3-2　主要经济体实施TLAC要求进展

国家	TLAC要求实施安排
美国	2016年12月，美联储发布政策规定，要求美8家G-SIBs设立纯粹控股公司，并要求境外G-SIBs在美境内设立中间控股公司，持有符合要求的TLAC工具，用于吸收处置损失。美8家G-SIBs需在2022年1月1日前将TLAC规模提高到风险加权资产的18%和杠杆率分母的9.5%，其中，长期债务需占风险加权资产的6%和杠杆率分母的4.5%以上。
欧盟	2016年11月，欧盟发布《银行业改革法案》，明确银行及投资类机构适用自有资金和合格债务最低要求（MREL）。
英国	2016年11月，英格兰银行发布英国G-SIBs适用的自有资金和合格债务最低要求。自2020年初起，英国G-SIBs的自有资金和合格债务规模应达到第一支柱资本要求的2倍与第二支柱资本要求之和；2022年初起，应达到第一支柱与第二支柱资本要求之和的2倍。
瑞士	2016年5月，瑞士发布政策，要求瑞士G-SIBs的TLAC规模在2019年底前达到风险加权资产的28.5%和杠杆率分母的10%。
日本	2016年4月，日本金融监管局发布政策，明确日本G-SIBs按照FSB要求落实TLAC框架，在控股公司层面发行TLAC工具。

资料来源：各国相关当局网站。

三、我国G-SIBs落实TLAC要求情况

（一）我国落实TLAC要求的必要性

TLAC框架作为危机后国际金融监管改革的一部分，是国际社会对本轮国际金融危机集体反思后出台的一项处置机制，旨在为G-SIBs的监管提供统一标准，降低市场对G-SIBs无序破产的担忧，避免市场恐慌导致危机传染，有效解决“大而不能倒”问题。

我国作为FSB成员积极参与了TLAC框架的制定和出台，争取到新兴市场经济体G-SIBs延期执行TLAC要求的有利条件。同时，我国也应积极履行作为成员的责任，以维护我国在国际组织中的声誉，保障我国G-SIBs在境外的经营平稳有序。

长远来看，实施TLAC要求对提高我国大型商业银行风险抵御能力、强化市场约束、增强金融体系稳健性具有积极意义，有助于促进商业银行发展轻资本业务，推动资产证券化发展，也有助于提高我国直接融资比重，促进多层次资本市场健康发展，提升金融市场的广度和深度。随着我国金融业对外开放以及大型商业银行“走出去”步伐日益加快，按照国际标准参与全球竞争也是必然趋势。因此，我国要积极而坚定地执行TLAC要求，分层有序实施。

（二）我国落实TLAC要求面临一定挑战

目前，我国满足TLAC标准的工具只有资本类工具，尚无符合TLAC标准的非资本类债务工具。且国内债券市场机构投资者类型较为单一、基础较为薄弱，考虑到银行间互持TLAC债务工具需要从资本中扣减，大规模发行面临较大挑战。

同时，虽然我国可延期6年执行TLAC要求，但鉴于近年来我国债券市场不断深化，信用债券规模上涨幅度较快，信用债/GDP比值很可能提前达到55%的触发条件。按照金融稳定理事会统计口径，截至2017年末，我国信用债/GDP比值已逼近50%。

此外，假定四家G-SIBs资产按一定速度增长，净利润扣除分红后转增资本，同时考虑到表外业务回表、资产“瘦身”等因素，经初步测算，四家G-SIBs的TLAC缺口较大，满足TLAC要求存在较大压力。

（三）下一步工作

2018年初，人民银行发布《中国人民银行公告〔2018〕第3号》，相关部门联合发布《关于进一步支持商业银行资本工具创新的意见》，鼓励银行业金融机构发行具有创新损失吸收机制或触发事件的新型资本补充债券，探索发行提高总损失吸收能力的债券。下一步，为落实TLAC框架要求，应系统规划、积极推行、分层有序实施。

监管部门应尽快明确适用于我国的合格TLAC债务工具标准，督促并支持商业银行自主多渠道发行无固定期限资本债券、转股型资本债券、合格TLAC债务工具等创新型债务工具。指导商业银行制定达标规划，加快经营转型升级，调整资产负债结构。

国内G-SIBs近期要尽快采取补充资本金、压缩业务增量、进行存量信贷资产证券化等措施提升资本充足水平，同时，尽快发行满足TLAC标准的债务工具；中长期要结合自身业务定位制定资本长远规划和资本补充计划，加大资本内源补充。

此外，要进一步发展多层次资本市场，大力培育债券市场合格投资者，支持四家G-SIBs在境外发行TLAC债务工具，推动金融业对外开放，为按时达标积极创造条件。

专题二十二　存款保险处置金融风险的几种方式

党的十八届三中全会《关于全面深化改革若干重大问题的决定》明确要求“建立存款保险制度，完善金融机构市场化退出机制”。在存款保险制度建立以前，我国对高风险机构的处置主要采取停业整顿和撤销关闭等行政方式，较少采用收购承接等市场化方式。由于处置成本主要由国家承担，在保护存款人的同时，也事实上救助了股东和经营者，容易引发道德风险。从国际实践与改革趋势看，存款保险已经发展成为各国危机应对与风险处置平台，并且逐步形成一套成熟有效的市场化处置方式，主要包括“收购承接”“过桥银行”“经营中救助”和“存款偿付”等，能够在维护市场纪律、实现金融机构有序退出的同时，充分保障存款人合法权益，维护金融稳定和社会稳定。

一、收购承接

收购承接（Purchase and Assumption，P&A）是存款保险按照成本最小化原则，通过招标、竞争性磋商等方式选择健康银行收购或者承担问题银行全部或者部分的资产、负债、业务。该处置方式的优点是：处置期间在存款保险管理下保持问题银行基本金融服务和业务经营的连续性，最大程度保留金融许可证和有效资产的价值，促使存款人和债权人继续得到充分保障。

通常情况下，收购承接方需要承担问题银行的受保存款，并收购感兴趣的问题银行资产、业务及营业网点。收购承接资产与负债之间的缺口，如果小于零，由存款保险提供资金支持弥补损失；否则，由收购承接方向存款保险支付市场对价。为促成收购承接交易，存款保险可以对收购承接方购买的资产提供损失分担，还可以对不同问题银行的资产进行组合出售。

案例一：FDIC采用收购承接方式处置华盛顿互惠银行

从实践看，美国95%以上的倒闭银行都采取收购承接的处置方式。以联邦存款保险公司（FDIC）平稳处置华盛顿互惠银行（WaMu）风险为例，2008年国际金融危机以来，美国有超过500家银行倒闭，其中WaMu是资产规模最大的一家。2008年7月倒闭前，WaMu是美国最大的储蓄银行和第四大居民住房抵押贷款服务商，也是全美第六大银行，拥有3 070亿美元资产、1 347亿美元存款、5 400余家分支机构。自2011年开始，随着美国房地产市场不断活跃，WaMu大量发放非传统性抵押贷款，使得抵押贷款业务在其资产中占比大幅提升。2007年美国房地产市场泡沫破灭，WaMu不良贷款迅速增加，形成大量呆账坏账。WaMu股价大幅下跌，穆迪和标普等评级机构把WaMu的债务等级下调至“垃圾级”。因市场信心极度匮乏，WaMu发生严重挤兑。2008年9月25日，美国储贷监理署（OTS）决定关闭WaMu，并指派FDIC接管。

OTS决定关闭WaMu的当天，FDIC宣布将WaMu的存款业务、分支机构及其他业务以18.9亿美元的价格出售给摩根大通公司。整个处置过程平稳，未发生存款人挤兑，FDIC的存款保险基金未受任何损失。

二、过桥银行

过桥银行（Bridge Bank）是存款保险设立的一种处置工具，用于实施收购承接业务。当问题银行资产规模比较大，难以在短时间内找到健康金融机构对其进行收购承接，或者问题银行资产价值难以评估、集中处置可能导致资产贬值，或者直接实施清算会严重影响金融服务等情况下，为遵循处置成本最小化原则，存款保险可以设立一家过桥银行，对问题银行实施整体或者部分收购承接。对于未被转移至过桥银行的资产、负债、业务，将保留在问题银行由存款保险实施清算。在实施处置时，使用过桥银行的策略，主要是在找到最终的处置方式前维持银行的关键业务、服务不中断。

过桥银行由存款保险负责管理运营，国际上对于商业银行的资本监管要求通常不适用于过桥银行。待市场信心恢复，存款保险可以择机将过桥银行向市场出售，发挥逆周期处置的重要作用。在国际实践上，一家过桥银行通常可以运营两年，延期三年，之后可以通过收购承接、兼并、出售股权以及买断等方式出售。

案例二：FDIC以过桥银行方式处置印地麦克银行

印地麦克银行风险处置是成功运用过桥银行的典型案例。印地麦克银行是美国最大按揭贷款银行，也是2008年国际金融危机爆发后美国倒闭的第一家大型银行，总资产320亿美元。印地麦克银行主营业务为房利美和房地美两家联邦房贷公司原则上不接受的“准A类单个家庭住房抵押贷款”。2007年次贷危机爆发后，受住房价格下降和抵押赎回权丧失率激增的影响，印地麦克银行损失严重，股价暴跌，评级下调至“CCC”级，造成存款大量流失。2008年7月

11日，美国OTS不得不关闭印地麦克银行，由FDIC进行处置。

由于印地麦克银行规模较大，且资产质量持续恶化，FDIC选择过桥银行的处置方式，以有序开展处置工作。具体分为两个阶段：第一阶段是在OTS宣布关闭印地麦克银行的当天，FDIC成立过桥银行——印地麦克联邦银行，接收并处置印地麦克银行的所有资产和除经纪存款外的几乎所有受保存款。FDIC通过设立印地麦克联邦银行，保持和延续以前由印地麦克银行为各个社区提供的银行服务，对原印地麦克银行的资产进行整合和清理，以利于最终出售。第二阶段是在过桥银行经过为期半年的运营后，FDIC将印地麦克联邦银行作价139亿美元出售给IMB管理控股有限合伙公司。出售方案包括：由IMB公司出资设立西一银行，从印地麦克联邦银行购入大部分资产；FDIC为西一银行所购入的部分指定资产（主要是经双方认可的贷款类资产）提供损失分担，对过桥银行转移至西一银行的资产提供担保融资。

FDIC在对印地麦克银行的处置中充分发挥其处置灵活、形式多样化的特点，在当时没令人满意的收购方情况下，选择过桥银行这一处置方式稳定了局面，在有效保护存款人权益的同时，也较好地维护了金融稳定，特别是防止银行倒闭对存款人和其他客户金融服务的冲击，为最终确定合适的收购方争取了时间。最后将印地麦克联邦银行出售给私人股权资本控制的IMB管理控股公司，实现了尽快处置风险、控制风险处置成本的目的。

三、经营中救助

经营中救助（Opening Bank Assistance，OBA）是使用存款保险基金或公共资金，对问题银行实施直接注资、提供贷款、存入存款、购买资产或承担负债等救助措施，以帮助其恢复经营能力，以阻止风险无序蔓延。从国际实践看，该处置方式主要用于对系统性风险的处置，或者对系统重要性金融机构实施有序处置，或者问题银行涉众性较强、直接倒闭会严重影响存款人、债权人的合法权益，或者问题银行倒闭可能造成同业交易对手方出现重大资产损失、严重影响金融市场稳定等特定情形。

从国际实践看，为防范道德风险，存款保险实施经营中救助，需要问题银行按照恢复处置计划，由股东、债权人依法承担吸收损失的责任，股东优先承担损失，直至股本清零，剩余损失由债权人承担，有序打破刚性兑付，严肃金融市场纪律。经营中救助期间，严格控制问题银行高风险业务和杠杆业务扩张，逐步降低杠杆水平，待恢复正常经营后，存款保险基金或公共资金有序退出。

案例三：美国政府对花旗集团采用经营中救助方式进行处置

以美国实践为例，存款保险在花旗集团风险处置中发挥了重要作用。国际金融危机前，花旗集团总资产2.2万亿美元，是美国第二大商业银行，危机爆发后，因持有大量信用违约互换产品（CDS）和抵押贷款支持证券（MBS）等问题资产，形成巨额的损失暴露，市场对花旗集团的信心严重动摇，股价暴跌，陷入破产危机。2008年11月23日，美国政府宣布对花旗集团实施一揽子救助计划，整体处置方案遵循了FDIC“经营中救助”的思路，核心是对花旗集团持有的问题资产给予担保，同时购买优先股，以提振市场信心。具体措施包括：FDIC与美国财政部分别对花旗银行不良资产提供100亿美元和50亿美元担保，美联储对剩余资产损失提供无追索权贷款，贷款总额为损失总额的10%。作为获得政府担保的对价，花旗集团发行70亿美元优先股，股息为8%，其中40亿美元由美国政府认购，30亿美元由FDIC认购。

美国政府在救助花旗集团的过程中尽可能地依靠和调动FDIC的力量，虽然处置系统性风险超越了存款保险职责范围，但在处置花旗集团风险过程中，处置方案的制定和执行都采用了FDIC现有的金融风险处置模式，反映出功能完善的存款保险制度在化解系统性风险中所发挥的积极作用。美国政府通过分担花旗集团问题资产损失、持有优先股等方式实施经营中救助，帮助花旗集团更好地化解风险，渡过难关。2010年，花旗集团恢复盈利，核心业务实现盈利149亿美元。FDIC深度参与了花旗集团问题资产的处置，通过动用存款保险基金参与救助，有效减轻财政压力，保护纳税人利益。

四、存款偿付

存款偿付（Deposit Reimbursement）是由存款保险使用存款保险基金直接偿付被保险存款人，通常仅在确实无法采取以上处置措施或者采取以上处置措施不符合成本最小化原则时使用。在实践中，使用该处置方式要由存款保险对问题银行实施清算，这容易导致金融许可证价值丧失、营业网点关闭、金融服务中断等问题，因此一般使用频率较低（如美国不超过5%）。

存款保险可以采取直接偿付和委托偿付的方式。直接偿付是由存款保险通过现金支付、转账、支票等方式，将限额内的被保险存款支付给存款人。委托偿付是委托其他合格银行代为偿付被保险存款，如果缺乏有意愿的受托偿付银行（主要是欠发达、不发达地区），存款保险可以设立偿付银行，为存款人办理受保存款的转账业务。存款保险偿付存款人被保险存款后，依法在偿付金额范围内取得该存款人对问题银行相同清偿顺序的债权，并从倒闭银行的清算财产中受偿。

五、总结

从国际通行做法看，存款保险实施收购承接是对金融机构进行市场化退出最常用的处置方式。在实践中，银行发生了被接管、被撤销或者破产的情况，一般先使用存款保险基金，支持其他合格的金融机构对问题银行进行收购或者承担其业务、资产、负债，使存款人的存款转移到承接银行，继续得到全面保障。确实无法由其他银行收购、承接的，按程序申请破产，实施市场退出，由存款保险依法按照最高偿付限额及时偿付被保险存款。无论采取何种方式，市场化处置机制都强调落实股东依法吸收损失的责任，严肃市场纪律，防范道德风险，有效保护公众合法权益，维护金融稳定。

2008年国际金融危机是对存款保险制度的一次检验，存款保险制度良好的早期纠正和风险处置职能，有力地防止了风险传染与扩散，维护了银行体系的稳定。截至2017年底，FDIC平稳处置了533家银行，没有引发挤兑，公众信心和银行体系总体保持稳定（见表3–3）。

表3-3　美国FDIC采用处置方式占比

处置方式	处置家数（家）	占比（%）
收购承接	504	94.6
过桥银行	11	2.0
经营中救助	2	0.4
存款偿付	16	3.0

2015年5月1日，《存款保险条例》正式施行，进一步健全和完善了我国银行业金融机构有序处置和市场化退出机制。为做到风险的早发现和少发生，借鉴国际上比较成功的做法，《存款保险条例》明确赋予我国存款保险基金管理机构早期纠正和风险处置的法定职责。存款保险制度实施方案也明确，存款保险不是单纯的出纳或“付款箱”，按照“权责对等、激励相容”的市场化原则，由存款保险依法办理对有问题投保机构接管或撤销清算的相关事项。为减少存款保险基金的损失，并与现行法律做好衔接，《存款保险条例》还规定了

存款保险具有收购承接等市场化处置措施，可以通过提供担保、损失分担、资金支持等方式，促成重组或收购承接，以充分保护存款人利益，实现基金使用成本最小化，在快速、有效处置金融风险的同时，确保银行业正常经营和金融稳定。

专题二十三　我国全球系统重要性银行可处置性评估进展情况

金融稳定理事会（FSB）于2011年11月发布了《金融机构有效处置机制核心要素》（以下简称《核心要素》），强调了处置部门未雨绸缪的事前介入和防范“大而不能倒”的道德风险，要求成员经济体就全球系统重要性金融机构（G-SIFIs）建立有序处置机制，以便处置当局在危机时对金融机构进行有序处置，避免因对金融机构救助造成纳税人损失，同时确保关键业务和服务不中断。《核心要素》要求G-SIFIs应制定恢复与处置计划，并定期接受可处置性评估。

一、可处置性评估框架概述

定义：对于SIFIs而言，如果处置当局能够在保护其关键业务和服务的前提下，以不造成系统性危害和纳税人损失的方式对其进行处置，那么它就是“可处置的”。FSB要求各经济体处置部门定期对G-SIFIs进行可处置性评估，主要评估G-SIFIs处置策略的可行性和可靠性，以及G-SIFIs发生处置和破产时对经济和金融体系造成的影响，并在此基础上提出相应的改进措施。

目标：第一，使当局和金融机构更清楚地意识到处置可能导致的国家和全球层面的系统性风险；**第二，**确定影响处置措施有效执行的因素，包括内生性因素（如公司结构）、外生性因素（如处置机制和跨境合作机制）、与被处置金融机构有关的因素以及应急准备方面的情况（如恢复和处置计划的充分性）；**第三，**在不造成系统性危害和纳税人损失，同时能够保护关键业务和服务的前提下，制定必要措施以提高金融机构的可处置性。

程序：第一阶段是处置策略的可行性评估。综合考虑当前可用的处置工具、恢复和处置计划，以及处置当局快速运用这些工具的能力，确定可行的一揽子处置策略。**第二阶段**是系统性影响评估。通过评估SIFIs的倒闭和处置对国内外金融体系和实体经济可能造成的影响，确定所有可行处置策略的可靠性。**第三阶段**是提高可处置性的改进措施。判断处置措施是否兼具可行性和可靠性，确定恢复与处置计划需要采取的改进措施，制定相应的时间表，并监测整个改进过程。

重点考察要素：关键金融服务（包括支付、清算和结算等功能）的连续性；集团内部风险敞口的性质和规模，及其对处置的影响；机构为了配合处置提供详细、准确、及时信息的能力；以及跨境合作和信息共享安排的完备性。

执行要求：可处置性评估由G-SIFIs的危机管理小组（CMG）开展。根据FSB要求，所有G-SIFIs均应在入选一年后成立CMG，CMG由母国和主要东道国或地区的监管当局组成，成员包括中央银行、监管当局、相关处置当局、财政部门和其他相关公共部门。CMG完成单家机构的可处置性评估后，应将评估结果提交FSB。

二、我国四家G-SIBs的可处置性评估进展情况

目前，我国有四家全球系统重要性银行（G-SIBs），中国银行、工商银行、农业银行和建设银行分别自2011年、2013年、2014年和2015年起入选。我国积极落实FSB对G-SIBs有效处置机制建设的相关要求，已完成四家G-SIBs的首轮可处置性评估。

成立CMG。按照FSB要求，四家银行分别成立了CMG，成员主要为人民银行、原银监会和财政部。根据G-SIBs在东道国或地区的市场影响以及海外资产占比情况，四家CMG分别邀请了部分东道国或地区的监管当局参加，其中，中国银行、工商银行CMG邀请了香港和澳门金融监管局，农业银行、建设银行CMG邀请了香港金融监管局。

制定恢复与处置计划。四家银行分别于入选G-SIBs后一年内，首次制定了恢复与处置计划，并结合可处置性评估结果、国际监管规则变化以及自身经营情况等，每年对恢复与处置计划进行更新。各家CMG每年审议更新后的恢复与处置计划。

可处置性评估。我国四家G-SIBs已全部完成首轮可处置性评估，其中工商银行和中国银行于2015年、农业银行于2016年、建设银行于2017年完成。

三、我国可处置性评估结果分析

我国的可处置性评估工作主要依据FSB《核心要素》以及一系列实施细则的相关要求，对四家G-SIBs恢复与处置计划的可行性、可靠性以及系统性影响进行了全面的评估。评估范围涵盖了“处置机制和处置工具”“处置资金

来源”“跨境处置合作机制”“银行组织架构及关键定义识别”“内部关联性”“恢复和处置计划充足性”“管理信息系统”“金融市场基础设施会员情况”“处置的系统性影响”等九个方面。

各CMG成员一致得出以下评估结论：四家G-SIBs的恢复与处置计划内容基本能够满足《核心要素》要求；处置机制、处置权力和资金来源的法律依据框架已基本具备；处置资金安排能为处置策略的实施提供支撑；银行组织架构清晰，各实体间关联依赖程度较低，内部交易公允性和复杂性基本满足可处置性要求；管理信息系统能够在日常及极端情况下提供相关信息；在危机情形下能够满足各类金融市场基础设施的准入条件并保持运营连续性；跨境监管合作方面具备良好的沟通和信息共享环境，四家银行的CMG成员均已正式签署《全球系统重要性银行恢复处置工作跨境合作协议》。总体而言，评估未发现对可处置性产生显著影响的障碍因素，四家银行的恢复与处置计划能够维持关键业务和服务不中断，有利于在危机下实现有效处置，避免对国内外金融市场和实体经济引起较大冲击。

四、我国处置机制中存在的问题

银行处置法律框架仍需完善。关于处置机构、处置权力的相关规定较为分散，《中国人民银行法》《银行业监督管理法》《商业银行法》《存款保险条例》分别明确了人民银行牵头处置系统性金融风险、银行业监督管理机构决定接管、存款保险基金管理机构担任接管组织并组织实施的职责，但未对接管的条件、时间、程序、方法、法律后果等问题作出具体规定。同时，处置工具也有待探索和完善，对于成立过桥银行、以资本工具以外的债务工具进行减记或转股等处置权力和工具，缺乏明确的法律依据。

跨境处置合作协调机制有待加强。由于各国改革进程不同步，实施处置过程中，可能存在某些处置权力和处置工具双边认可不一致的问题，导致境内外处置机构无法一致行动，特别是母国与非CMG成员的东道国或地区之间的配合衔接难度可能更大，处置机构的决策可能无法在境外得到执行。一旦G-SIFIs进入处置，不排除剥离境外实体和业务条线的可能，跨境危机管理机制的有效性有待实践检验。

实施总损失吸收能力要求面临挑战。为确保G-SIBs具有充足的损失吸收和资本重组能力，FSB要求G-SIBs应具备包括必要的股权及债权类工具在内的总损失吸收能力（TLAC）。但目前，我国国内债券市场尚无符合TLAC标准的非资本类债务工具，投资者基础有待增强，大规模发行仍面临挑战。我国G-SIBs目前也缺乏明确的TLAC资本补充规划。

关于金融市场基础设施会员资格及权利转移缺乏明确规定。当前的处置机制对于存续实体能否保留金融市场基础设施会员资格、能否有效承接中央清算合同，以及支付功能能否转移到存续实体或第三方机构等问题，没有明确规定。一旦某家G-SIB进入处置，其存续实体核心支付功能能否持续，能否继续接入各类金融市场基础设施存在不确定性。

G-SIBs管理信息系统建设有待进一步加强。目前，我国G-SIBs的管理信息系统尚未覆盖境内外所有业务和机构，影响恢复与处置计划实施。此外，危机情形下数据的加总能力和关键风险数据的提供能力需进一步加强，内部交易管理系统的建设也有待强化。

五、提高可处置性的主要措施

加快处置相关的配套法律法规建设。根据《核心要素》要求，修订完善《商业银行法》《企业破产法》等相关法律，出台配套制度和实施细则，明确金融管理部门在处置过程中的具体职责分工和处置权力。丰富处置工具，明确过桥银行、净额结算及客户资产分离等处置权力的法律依据，健全监管协调机制。

推进跨境危机管理框架不断完善。加强CMG成员在处置计划实施、处置权力行使和处置工具运用等方面的沟通，与非CMG东道国或地区建立制度化的合作和信息共享机制。

推动实施TLAC要求。尽快明确适用于我国的合格TLAC债务工具标准。加大资本市场培育力度，扩大市场规模，加快资产转让二级市场发展。推动我国G-SIBs做好资本补充规划，提升资本充足水平。

此外，应当明确处置过程中存续实体的金融市场基础设施会员资格及权利转移的相关安排，推动银行完善管理信息系统，提升风险数据加总时效性。

附录

统计资料

附表 1　　主要宏观经济指标

项　　目	2013	2014	2015	2016	2017
国内生产总值（亿元）	595 244	643 974	679 052	744 127	827 122
工业增加值	210 689	227 991	228 974	247 860	279 997
固定资产投资总额（亿元）	447 074	512 761	562 000	606 466	641 238
社会消费品零售总额（亿元）	237 810	262 394	300 931	332 316	366 262
货物进出口总额（亿美元）	41 600	264 334	245 741	243 386	277 923
出口	22 096	143 912	141 255	138 455	153 321
进口	19 504	120 423	104 485	104 932	124 602
差额	2 592	23 489	36 770	33 523	28 718
实际使用外商直接投资（亿美元）	1 176	1 196	1 263	1 260	1 310
外汇储备（亿美元）	38 213	38 430	33 304	30 105	31 399
居民消费价格指数（上年=100）	102.6	102.0	101.4	102.0	101.6
财政收入（亿元）	129 143.00	140 350	152 217	159 552	172 567
财政支出（亿元）	139 744.00	151 662	175 768	187 841	203 330
城镇居民人均可支配收入（元）	26 955	28 844	31 195	33 616	36 396
农村居民人均可支配收入（元）		10 489	11 422	12 363	13 432
城镇就业人员(百万)	382.4	393.1	404.1	414.3	424.6
城镇登记失业率（%）	4.1	4.09	4.05	4.02	3.9
总人口（百万）	1 360.7	1 367.8	1 374.6	1 382.7	1 390.1

注：① 2013—2016年国内生产总值为最终核实数，2017年国内生产总值为初步核算数。

② 2016年，国家统计局修改了国内生产总值核算方法，并据此修订了1952—2015年国内生产总值历史数据，表中为修订后数据。

数据来源：根据《中国统计年鉴》和《中国国民经济和社会发展统计公报》等相关资料整理。

附表2

主要金融指标（一）

（年末余额）

单位：亿元

项　　目	2013	2014	2015	2016	2017
M_2	1 106 525.0	1 228 374.8	1 392 278.1	1 550 067	1 676 769
M_1	337 291.1	348 056.4	400 953.4	486 557	543 790
M_0	58 574.4	60 259.5	63 217.6	68 304	70 646
金融机构各项存款	1 043 846.9	1 138 644.6	1 357 021.6	1 505 864	1 641 044
储蓄存款	447 601.6	485 261.3	526 281.8	569 149	595 973
非金融企业存款	361 555.2	378 333.8	430 247.4	502 178	542 405
金融机构各项贷款	718 961.5	816 770.0	939 540.2	1 066 040	1 201 321

数据来源：中国人民银行。

附表 3

主要金融指标（二）

（增长率）

单位：%

项　　目	2013	2014	2015	2016	2017
M_2	13.59	12.16	13.34	11.33	8.17
M_1	9.27	3.19	15.20	21.35	11.76
M_0	7.16	2.88	4.91	8.05	3.43
金融机构各项存款	13.76	9.08	12.44	10.97	8.98
储蓄存款	12.03	8.41	8.45	8.15	4.71
非金融企业存款	10.43	4.64	13.72	16.72	8.01
金融机构各项贷款	14.14	13.60	14.30	13.46	12.69

注：由于统计制度的调整，本表增长率是经过调整的可比口径的同期比。
数据来源：中国人民银行。

附表 4

国际流动性

单位：百万美元

项　　目	2013	2014	2015	2016	2017
总储备（减黄金）	3 833 291	3 853 760	3 345 193	3 029 775	3 158 817
特别提款权	11 184	10 456	10 284	9 661	10 921
在基金储备头寸	792	286	4 547	9 597	7 947
外汇	3 821 315	3 843 018	3 330 362	3 010 517	3 139 949
黄金（百万盎司）	33.89	33.89	56.66	59.24	59.24
黄金（折价）	9 815	9 815	60 191	67 878	76 473
其他存款性公司国外负债	294 789	409 995	199 865	182 683	313 413

注：黄金（折价）2016年起为市值计价，与之前的历史数据不可比。
数据来源：中国人民银行。

附表5　黄金、外汇储备

年　份	黄金储备（万盎司）	外汇储备（亿美元）	外汇储备比上年增长（%）
1999	1 267	1 546.8	6.7
2000	1 267	1 655.7	7.0
2001	1 608	2 121.7	28.1
2002	1 929	2 864.1	35.0
2003	1 929	4 032.5	40.8
2004	1 929	6 099.3	51.3
2005	1 929	8 188.7	34.3
2006	1 929	10 663.4	30.2
2007	1 929	15 282.5	43.3
2008	1 929	19 460.3	27.3
2009	3 389	23 991.5	23.3
2010	3 389	28 473.4	18.7
2011	3 389	31 811.5	10.7
2012	3 389	33 115.9	4.1
2013	3 389	38 213.2	15.4
2014	3 389	38 430.2	0.6
2015	5 666	33 303.6	−13.3
2016	5 924	30 105.2	−9.6
2017	5 924	31 399.5	4.3

数据来源：中国人民银行。

附表 6　金融业资产简表

（2017年12月31日）

单位：万亿元

项　　目	资产
金融业	310.12
中央银行	36.29
银行业金融机构	252.00
证券业金融机构	5.08
保险业金融机构	16.75

注：证券业金融机构资产指不包含客户资产的证券公司总资产。

数据来源：中国人民银行金融稳定分析小组估算。

附表 7

2017年存款性公司概览

（季末余额）

单位：亿元

项　　目	第一季度	第二季度	第三季度	第四季度
国外净资产	260 793.33	255 507.67	254 784.92	253 287.49
国内信贷	1 650 628.96	1 701 411.11	1 740 946.75	1 780 278.09
对政府债权（净）	166 268.66	176 481.27	190 194.05	204 892.15
对非金融部门债权	1 200 190.41	1 234 070.46	1 265 934.66	1 288 782.51
对其他金融部门债权	284 169.89	290 859.38	284 818.05	286 603.42
货币和准货币	1 599 609.57	1 631 282.53	1 655 662.07	1 676 768.54
货币	488 770.09	510 228.17	517 863.04	543 790.15
流通中货币	68 605.05	66 977.68	69 748.54	70 645.60
单位活期存款	420 165.04	443 250.48	448 114.50	473 144.55
准货币	1 110 839.48	1 121 054.36	1 137 799.03	1 132 978.39
单位定期存款	317 183.42	317 003.07	326 614.31	320 196.23
个人存款	643 278.44	642 931.90	648 349.70	649 341.50
其他存款	150 377.62	161 119.39	162 835.01	163 440.66
不纳入广义货币的存款	48 587.66	49 138.78	46 694.24	47 043.42
债券	213 157.16	218 171.63	223 471.80	225 877.02
实收资本	47 799.04	48 377.47	49 562.78	52 048.22
其他（净）	2 268.85	9 948.37	20 340.79	31 828.37

数据来源：中国人民银行。

附表8　**2017年货币当局资产负债表**

（季末余额）

单位：亿元

项　目	第一季度	第二季度	第三季度	第四季度
国外资产	224 290.37	223 007.56	222 589.36	221 164.12
外汇	216 209.50	215 153.03	215 106.85	214 788.33
货币黄金	2 541.50	2 541.50	2 541.50	2 541.50
其他国外资产	5 539.37	5 313.03	4 941.02	3 834.29
对政府债权	15 274.09	15 274.09	15 274.09	15 274.09
其中：中央政府	15 274.09	15 274.09	15 274.09	15 274.09
对其他存款性公司债权	80 711.21	85 906.57	89 148.68	102 230.35
对其他金融性公司债权	6 316.41	6 318.41	6 318.41	5 986.62
对非金融部门债权	117.31	97.13	95.26	101.95
其他资产	10 644.29	14 421.85	16 570.75	18 174.48
总资产	**337 353.68**	**345 025.62**	**349 996.56**	**362 931.62**
储备货币	302 387.33	303 771.57	306 044.19	321 870.76
货币发行	75 246.61	73 268.68	76 626.49	77 073.58
其他存款性公司存款	227 140.72	229 662.13	228 516.42	243 802.28
不计入储备货币的金融性公司存款	7 744.24	7 596.84	6 047.23	5 019.23
发行债券	500.00	0.00	0.00	0.00
国外负债	1 099.03	1 599.31	1 025.47	880.00
政府存款	24 025.62	28 112.90	31 095.04	28 626.03
自有资金	219.75	219.75	219.75	219.75
其他负债	1 377.72	3 725.25	5 564.88	6 315.84
总负债	**337 353.68**	**345 025.62**	**349 996.56**	**362 931.62**

数据来源：中国人民银行。

附表 9 **2017年其他存款性公司资产负债表**

（季末余额）

单位：亿元

项　　目	第一季度	第二季度	第三季度	第四季度
国外资产	52 878.54	52 266.20	53 361.16	53 482.42
储备资产	239 252.18	243 284.63	242 297.40	256 108.11
准备金存款	232 610.62	236 993.63	235 419.45	249 680.13
库存现金	6 641.56	6 290.99	6 877.95	6 427.98
对政府债权	175 020.18	189 320.08	206 014.99	218 244.08
其中：中央政府	175 020.18	189 320.08	206 014.99	218 244.08
对中央银行债权	522.15	2.59	2.59	0.00
对其他存款性公司债权	311 844.58	296 901.52	292 933.11	296 042.86
对其他金融机构债权	277 853.48	284 540.96	278 499.63	280 616.80
对非金融机构债权	852 221.87	866 964.10	879 634.60	889 011.43
对其他居民部门债权	347 851.23	367 009.24	386 204.79	399 669.14
其他资产	103 578.27	103 915.04	102 809.16	104 048.92
总资产	**2 361 022.48**	**2 404 204.36**	**2 441 757.45**	**2 497 223.76**
对非金融机构及住户负债	1 469 485.35	1 491 234.21	1 511 037.38	1 531 978.63
纳入广义货币的存款	1 380 626.90	1 403 185.46	1 423 078.51	1 442 682.27
单位活期存款	420 165.04	443 250.48	448 114.50	473 144.55
单位定期存款	317 183.42	317 003.07	326 614.31	320 196.23
个人存款	643 278.44	642 931.90	648 349.70	649 341.50
不纳入广义货币的存款	48 587.66	49 138.78	46 694.24	47 043.42
可转让存款	13 976.95	14 682.81	13 811.31	15 266.53
其他存款	34 610.71	34 455.97	32 882.94	31 776.89
其他负债	40 270.79	38 909.97	41 264.62	42 252.94
对中央银行负债	83 858.15	90 883.78	93 244.86	105 470.08
对其他存款性公司负债	133 599.68	122 164.57	119 269.64	126 116.07
对其他金融性公司负债	154 081.50	163 226.83	166 741.52	168 350.54
其中：计入广义货币的存款	150 377.62	160 278.63	161 933.73	162 445.76
国外负债	15 276.55	18 166.79	20 140.14	20 479.05
债券发行	213 157.16	218 171.63	223 471.80	225 877.02
实收资本	47 579.29	48 157.72	49 343.02	51 828.47
其他负债	243 984.80	252 198.83	258 509.08	267 123.89
总负债	**2 361 022.48**	**2 404 204.36**	**2 441 757.45**	**2 497 223.76**

数据来源：中国人民银行。

附表 10

2017年中资大型银行资产负债表

（季末余额）

单位：亿元

项　　目	第一季度	第二季度	第三季度	第四季度
国外资产	30 283.88	29 269.70	29 760.88	29 052.14
储备资产	127 991.89	128 579.71	128 480.68	130 448.93
准备金存款	124 346.16	125 140.25	124 607.46	126 966.72
库存现金	3 645.73	3 439.46	3 873.22	3 482.21
对政府债权	112 832.04	122 518.98	132 966.81	140 119.19
其中：中央政府	112 832.04	122 518.98	132 966.81	140 119.19
对中央银行债权	500.30	0.00	0.00	0.00
对其他存款性公司债权	115 450.14	111 009.13	106 320.47	105 574.79
对其他金融性公司债权	61 777.21	68 993.74	65 083.11	64 261.75
对非金融性公司债权	443 512.62	447 918.61	452 120.97	453 331.63
对其他居民部门债权	183 579.51	192 271.19	201 111.63	207 599.60
其他资产	54 725.34	53 319.78	51 924.79	51 792.44
总资产	**1 130 652.94**	**1 153 880.84**	**1 167 769.33**	**1 182 180.48**
对非金融机构及住户负债	775 081.70	778 930.95	790 054.02	784 171.21
纳入广义货币的存款	713 050.04	719 280.86	731 060.00	726 113.87
单位活期存款	206 922.76	216 727.30	220 266.99	224 714.04
单位定期存款	123 358.90	123 863.39	127 754.77	121 509.59
个人存款	382 768.38	378 690.17	383 038.24	379 890.24
不纳入广义货币的存款	26 304.67	25 596.89	24 160.26	23 797.72
可转让存款	6 704.57	6 752.36	6 596.19	7 024.98
其他存款	19 600.10	18 844.53	17 564.07	16 772.73
其他负债	35 726.98	34 053.20	34 833.76	34 259.62
对中央银行负债	47 085.63	50 588.33	51 259.15	56 824.33
对其他存款性公司负债	24 265.18	20 786.46	19 165.64	24 751.76
对其他金融性公司负债	47 593.57	61 291.33	60 552.39	60 931.85
其中：计入广义货币的存款	46 554.02	60 281.72	59 615.51	59 850.94
国外负债	6 606.62	7 787.02	8 034.13	8 531.05
债券发行	87 825.69	88 502.47	91 349.35	94 777.08
实收资本	20 834.30	20 785.93	21 246.96	21 813.48
其他负债	121 360.24	125 208.36	126 107.69	130 379.71
总负债	**1 130 652.94**	**1 153 880.84**	**1 167 769.33**	**1 182 180.48**

数据来源：中国人民银行。

附表 11　**2017年中资中型银行资产负债表**

（季末余额）

单位：亿元

项　　目	第一季度	第二季度	第三季度	第四季度
国外资产	18 930.56	19 106.92	19 677.68	20 462.16
储备资产	42 834.32	43 040.87	41 644.30	43 564.59
准备金存款	42 274.29	42 501.46	41 103.80	42 955.32
库存现金	560.03	539.41	540.49	609.27
对政府债权	36 821.19	39 498.78	43 160.64	45 819.27
其中：中央政府	36 821.19	39 498.78	43 160.64	45 819.27
对中央银行债权	0.00	0.00	0.00	0.00
对其他存款性公司债权	56 399.91	50 032.29	49 178.95	45 885.57
对其他金融性公司债权	103 390.51	100 934.19	93 653.32	96 630.01
对非金融性公司债权	199 441.78	203 263.91	206 845.00	210 328.62
对其他居民部门债权	79 574.81	85 072.26	90 316.18	94 118.71
其他资产	17 201.40	17 186.51	17 669.98	18 619.83
总资产	**554 594.47**	**558 135.74**	**562 146.04**	**575 428.76**
对非金融机构及住户负债	255 610.90	262 822.80	259 104.84	264 586.80
纳入广义货币的存款	239 139.42	245 374.75	242 065.31	246 847.61
单位活期存款	98 378.00	102 937.91	100 493.31	106 643.79
单位定期存款	93 761.61	93 879.45	95 071.79	92 988.26
个人存款	46 999.82	48 557.40	46 500.22	47 215.57
不纳入广义货币的存款	14 573.05	15 416.54	14 254.87	14 376.77
可转让存款	4 193.11	4 738.41	4 125.72	4 633.54
其他存款	10 379.94	10 678.13	10 129.15	9 743.23
其他负债	1 898.43	2 031.51	2 784.65	3 362.42
对中央银行负债	28 606.45	31 812.81	33 195.08	37 760.31
对其他存款性公司负债	44 305.62	37 125.52	38 080.91	39 070.17
对其他金融性公司负债	70 001.46	65 806.53	66 074.10	67 781.35
其中：计入广义货币的存款	68 569.32	64 902.89	63 638.27	65 258.97
国外负债	4 620.40	5 376.14	6 352.58	6 131.67
债券发行	91 596.91	94 309.41	95 916.04	94 732.61
实收资本	5 301.87	5 335.71	5 395.86	6 221.78
其他负债	54 550.84	55 546.80	58 026.62	59 144.07
总负债	**554 594.47**	**558 135.74**	**562 146.04**	**575 428.76**

数据来源：中国人民银行。

附表 12

2017年中资小型银行资产负债表

（季末余额）

单位：亿元

项　目	第一季度	第二季度	第三季度	第四季度
国外资产	1 388.34	1 444.20	1 499.17	1 461.00
储备资产	53 678.72	56 004.30	56 694.73	63 567.28
准备金存款	51 899.69	54 291.96	54 832.46	61 737.64
库存现金	1 779.03	1 712.34	1 862.27	1 829.64
对政府债权	22 198.71	23 898.63	26 301.99	28 472.72
其中：中央政府	22 198.71	23 898.63	26 301.99	28 472.72
对中央银行债权	21.85	2.59	2.59	0.00
对其他存款性公司债权	94 278.84	91 140.68	91 811.32	94 275.07
对其他金融性公司债权	104 157.04	105 641.34	110 022.41	110 144.08
对非金融性公司债权	160 373.09	165 294.01	169 153.53	173 385.87
对其他居民部门债权	65 039.24	69 713.61	75 081.11	78 880.33
其他资产	18 237.50	18 840.87	18 120.35	18 173.09
总资产	**519 373.34**	**531 980.24**	**548 687.19**	**568 359.44**
对非金融机构及住户负债	332 478.03	342 386.16	352 193.06	366 366.13
纳入广义货币的存款	327 204.74	336 578.83	345 794.03	358 988.38
单位活期存款	86 201.37	92 950.12	95 937.77	103 421.76
单位定期存款	73 835.20	73 370.05	75 228.31	76 011.46
个人存款	167 168.17	170 258.65	174 627.95	179 555.16
不纳入广义货币的存款	3 358.64	3 776.02	3 935.75	4 076.03
可转让存款	599.15	677.72	691.96	854.10
其他存款	2 759.49	3 098.30	3 243.80	3 221.93
其他负债	1 914.65	2 031.31	2 463.28	3 301.72
对中央银行负债	6 940.56	7 032.37	7 505.33	9 509.74
对其他存款性公司负债	52 542.00	51 463.14	50 029.70	50 951.69
对其他金融性公司负债	35 066.15	34 682.59	38 620.48	37 993.67
其中：计入广义货币的存款	34 088.62	34 084.34	37 608.61	36 296.87
国外负债	800.39	919.94	968.86	923.77
债券发行	33 287.56	34 932.00	35 767.66	36 013.93
实收资本	13 185.27	13 609.71	14 153.15	14 972.33
其他负债	45 073.40	46 954.32	49 448.94	51 628.18
总负债	**519 373.34**	**531 980.24**	**548 687.19**	**568 359.44**

数据来源：中国人民银行。

附表13　　2017年外资银行资产负债表

（季末余额）

单位：亿元

项　　目	第一季度	第二季度	第三季度	第四季度
国外资产	2 008.00	2 186.65	2 192.21	2 221.64
储备资产	3 478.06	3 469.10	3 296.89	3 765.50
准备金存款	3 469.66	3 461.09	3 289.12	3 758.13
库存现金	8.40	8.02	7.77	7.38
对政府债权	1 780.00	1 952.23	2 026.84	2 229.90
其中：中央政府	1 780.00	1 952.23	2 026.84	2 229.90
对中央银行债权	0.00	0.00	0.00	0.00
对其他存款性公司债权	5 377.42	5 610.69	6 110.19	6 505.27
对其他金融性公司债权	2 986.75	3 149.17	3 414.95	3 693.62
对非金融性公司债权	10 206.01	10 521.97	11 023.27	11 020.47
对其他居民部门债权	1 124.51	1 166.89	1 206.89	1 233.98
其他资产	8 875.10	10 103.78	10 958.30	11 812.50
总资产	**35 835.84**	**38 160.48**	**40 229.53**	**42 482.89**
对非金融机构及住户负债	16 241.41	16 384.34	17 066.06	18 356.56
纳入广义货币的存款	12 213.23	12 318.95	12 638.85	13 801.75
单位活期存款	3 637.31	3 873.27	3 659.50	4 886.38
单位定期存款	7 304.04	7 184.76	7 730.45	7 645.04
个人存款	1 271.88	1 260.92	1 248.90	1 270.33
不纳入广义货币的存款	3 383.75	3 361.01	3 351.13	3 372.53
可转让存款	1 795.75	1 799.82	1 716.50	1 760.69
其他存款	1 588.01	1 561.19	1 634.63	1 611.84
其他负债	644.43	704.39	1 076.07	1 182.29
对中央银行负债	216.70	333.82	259.29	284.37
对其他存款性公司负债	2 767.73	2 931.64	2 704.63	2 611.68
对其他金融性公司负债	1 020.04	895.88	911.98	941.34
其中：计入广义货币的存款	878.63	717.55	763.20	772.42
国外负债	3 238.54	4 077.89	4 778.83	4 883.55
债券发行	199.40	199.53	221.62	226.23
实收资本	1 761.68	1 763.13	1 766.28	1 835.16
其他负债	10 390.34	11 574.24	12 520.83	13 343.98
总负债	**35 835.84**	**38 160.48**	**40 229.53**	**42 482.89**

数据来源：中国人民银行。

附表 14

2017年农村信用社资产负债表

（季末余额）

单位：亿元

项　　目	第一季度	第二季度	第三季度	第四季度
国外资产	3.74	3.97	3.73	3.87
储备资产	8 757.24	9 655.93	9 458.74	11 275.38
准备金存款	8 108.90	9 064.19	8 864.55	10 775.91
库存现金	648.34	591.75	594.19	499.47
对政府债权	1 320.63	1 395.92	1 502.39	1 545.43
其中：中央政府	1 320.63	1 395.92	1 502.39	1 545.43
对中央银行债权	0.00	0.00	0.00	0.00
对其他存款性公司债权	24 980.92	23 708.23	22 617.96	20 411.71
对其他金融性公司债权	2 734.31	2 689.82	2 479.68	2 138.94
对非金融性公司债权	18 794.51	18 668.25	18 427.66	17 749.36
对其他居民部门债权	17 492.93	17 729.73	17 369.30	16 597.10
其他资产	4 223.93	4 156.30	3 820.22	3 295.44
总资产	**78 308.22**	**78 008.16**	**75 679.69**	**73 017.23**
对非金融机构及住户负债	56 991.07	56 526.34	55 228.28	52 982.74
纳入广义货币的存款	56 908.04	56 453.26	55 150.39	52 844.93
单位活期存款	9 716.14	10 190.22	10 152.96	9 569.97
单位定期存款	2 124.76	2 101.98	2 067.43	1 869.65
个人存款	45 067.14	44 161.05	42 930.00	41 405.32
不纳入广义货币的存款	5.96	4.16	4.36	4.77
可转让存款	2.04	1.14	1.12	1.15
其他存款	3.92	3.02	3.24	3.62
其他负债	77.06	68.92	73.53	133.04
对中央银行负债	850.56	934.65	850.41	886.50
对其他存款性公司负债	9 084.96	8 964.71	8 719.91	8 075.73
对其他金融性公司负债	222.14	179.99	263.19	448.95
其中：计入广义货币的存款	147.72	132.06	134.09	115.69
国外负债	0.13	0.00	0.02	0.01
债券发行	21.74	31.09	25.22	31.92
实收资本	1 965.97	1 947.45	1 874.00	1 856.32
其他负债	9 171.64	9 423.93	8 718.65	8 735.07
总负债	**78 308.22**	**78 008.16**	**75 679.69**	**73 017.23**

数据来源：中国人民银行。

附表15

证券市场概况统计表

年　份	2012	2013	2014	2015	2016	2017
境内上市公司数（A、B股）(家)	2 494	2 489	2 613	2 827	3 052	3 485
境内上市外资股（B股）(家)	107	106	104	101	100	100
境外上市公司数（H股）(家)	179	182	205	231	241	252
总发行股本（亿股）	38 395.00	40 569.08	43 610.13	49 997.26	55 820.50	53 746.67
其中：流通股本(亿股)	31 339.60	36 744.16	39 104.28	44 026.44	48 206.26	45 044.87
股票市价总值（亿元）	230 357.62	239 077.19	372 546.96	531 304.20	508 245.11	567 086.08
其中：股票流通市值（亿元）	181 658.26	199 579.54	315 624.31	417 925.40	393 266.27	449 298.14
股票交易量（亿股）	32 881.06	48 372.67	73 754.61	171 039.46	94 201.17	87 780.84
股票成交金额（亿元）	314 667.41	468 728.60	743 912.98	2 550 538.29	1 267 262.64	1 124 625.10
上证综合指数（收盘）	2 269.13	2 115.98	3 234.68	3 539.18	3 103.64	3 307.17
深证综合指数(收盘)	881.17	1 057.67	1 415.19	2 308.91	1 969.11	1 899.34
期末投资者数（万）	—	—	7 294.36	9 910.54	11 811.04	13 398.29
平均市盈率						
上海	12.30	10.99	15.99	17.63	18.03	16.30
深圳	22.01	27.76	34.05	52.75	52.20	36.21
平均换手率（%）						
上海	101.59	123.59	439.50	388.50	220.89	180.47
深圳	297.85	389.11	635.81	946.04	539.68	367.32
政府债券发行额（亿元）	16 154	20 230	21 747	59 408	91 086	83 513
公司信用类债券发行额（亿元）	37 365	36 784	51 516	67 205	82 242	56 352
银行间市场国债现货成交金额（亿元）		58 152	58 797	99 296	126 130	131 269
银行间市场国债回购成交金额（亿元）		591 766	839 347	1 589 806	1 757 356	1 862 280
证券投资基金只数（只）	1 173	1 552	1 897	2 722	3 867	4 848
证券投资基金规模（亿元）	28 661.81	30 025.77	45 353.61	83 971.83	91 593.05	115 989.13
交易所上市证券投资基金成交金额(亿元)	8 667.36	12 562.04	19 904.62	76 859.68	13 745.89	98 051.89
期货成交总量（万手）	145 052.57	206 182.30	250 585.57	357 768.26	413 781.28	307 102.71
期货成交额（亿元）	1 711 269.35	2 674 662.02	2 919 882.26	5 530 159.69	1 956 339.00	1 878 925.88

数据来源：中国人民银行、中国证监会、中国证券投资基金业协会、中央结算公司。

附表16　股票市值与GDP的比率

单位：亿元，%

年份	GDP	市价总值	比率	GDP	流通市值	比率
2000	99 215	48 091	48 .47	99 215	16 088	16.21
2001	109 655	43 522	39.69	109 655	14 463	13.19
2002	120 333	38 329	31.85	120 333	12 485	10.38
2003	135 823	42 458	31.26	135 823	13 179	9.70
2004	159 878	37 056	23.18	159 878	11 689	7.31
2005	183 868	32 430	17.64	183 868	10 631	5.78
2006	211 923	89 404	42.19	211 923	25 004	11.80
2007	249 530	327 141	131.10	249 530	93 064	37.30
2008	300 670	121 366	40.36	300 670	45 214	15.04
2009	335 353	243 939	72.74	335 353	151 259	45.10
2010	397 983	265 422	66.69	397 983	193 110	48.52
2011	471 564	214 758	45.54	471 564	164 921	34.97
2012	519 322	230 358	44.36	519 322	181 658	34.98
2013	568 845	239 077	42.03	568 845	199 580	35.09
2014	636 463	372 547	58.53	636 463	315 624	49.59
2015	676 708	531 304	78.51	676 708	417 925	61.76
2016	744 127	508 245	68.30	744 127	393 266	52.85
2017	827 122	567 086	68.56	827 122	449 298	54.32

数据来源：国家统计局、中国证监会。

附表17　境内股票筹资额和银行贷款增加额的比率

单位：亿元，%

年　份	境内股票筹资额	银行贷款增加额	比率
2000	1 541.02	13 346.61	11.55
2001	1 182.13	12 439.41	9.50
2002	779.75	18 979.20	4.11
2003	823.10	27 702.30	2.97
2004	862.67	19 201.60	4.49
2005	338.13	16 492.60	2.05
2006	2 463.70	30 594.89	8.05
2007	7 722.99	36 405.60	21.21
2008	2 619.71	41 703.76	6.28
2009	3 894.53	96 290.18	4.04
2010	8 954.99	79 510.73	11.26
2011	5 073.07	68 751.14	7.38
2012	3 127.54	81 962.95	3.82
2013	3 457.52	93 326.01	3.70
2014	4 834.04	101 548.47	4.76
2015	16 456.51	117 007.11	14.06
2016	20 435.35	123 592.46	16.53
2017	16 613.57	133 725.15	12.42

数据来源：根据中国证监会、中国人民银行数据整理。

附表18

股票市场概况统计表

年　　份		2011	2012	2013	2014	2015	2016	2017
境内上市公司数（A、B股）(家）		2 342	2 494	2 489	2 613	2 827	3 052	3 485
其中：ST公司数（家）		137	96	57	43	52	66	69
中小板公司数（家）		646	701	701	732	776	822	903
创业板公司数（家）		281	355	355	406	492	570	710
境内上市外资股（B股）(家）		108	107	106	104	101	100	100
其中：ST公司数（家）			12		4	0	4	2
总发行股本（亿股）		36 095.52	38 395.00	40 569.08	43 610.13	49 997.26	55 820.50	53 746.67
其中：中小板总发行股本		1 943.50	2 410.25	2 818.48	3 470.59	4 853.94	4 465.89	7 612.24
创业板总发行股本		399.53	600.89	761.56	1 077.26	1 840.45	2 630.61	3 258.49
市价总值（亿元）		214 758.10	230 357.62	239 077.19	372 546.96	531 304.20	508 245.11	567 086.08
其中：中小板市价总值		27 429.32	28 804.03	37 163.74	51 058.20	103 950.47	98 113.97	103 992.02
创业板市价总值		7 433.79	8 731.20	15 091.98	21 850.95	55 916.25	52 254.50	51 288.82
流通市值（亿元）		164 921.30	181 658.26	199 579.54	315 624.31	417 925.40	393 266.27	449 298.14
其中：中小板流通市值		14 343.52	16 244.15	25 543.70	36 017.99	69 737.04	64 088.77	71 155.07
创业板流通市值		2 504.08	3 335.29	8 218.83	13 072.90	32 078.68	30 536.90	30 494.77
成交量（亿股）	合计	33 957.55	32 881.06	48 372.67	73 754.61	171 039.50	94 201.17	87 780.84
	日平均	139.17	135.31	203.25	301.04	700.98	386.07	359.76
	中小板	3 729.74	5 075.85	8 245.92	11 313.54	25 409.94	20 578.14	17 409.00
	创业板	761.69	1 478.14	3 035.83	4 035.31	9 938.88	9 509.90	8 830.00

续表

年 份		2011	2012	2013	2014	2015	2016	2017
成交金额（亿元）	合计	421 649.72	314 667.41	468 728.60	743 912.98	2 550 538.29	1 267 262.64	1 124 625.10
	日平均	1 728.07	1 294.93	1 969.45	3 036.38	10 453.03	5 193.70	4 609.12
	中小板	69026.48	61891.45	100224.00	152167	497556	344164.94	259879.8
	创业板	18879.15	23304.64	51182.00	78041	285353	216832	165522
平均换手率（%）	上海	124.80	101.59	123.59	439.50	388.50	220.89	180.47
	深圳	340.49	297.85	389.11	635.81	946.04	539.68	412.88
平均市盈率	上海	13.40	12.30	10.99	15.99	17.63	15.94	16.30
	深圳	23.11	22.01	27.76	34.05	52.75	41.21	36.21
	中小板	28.26	25.42	34.07	41.06	68.06	50.35	38.90
	创业板	37.62	32.01	55.21	64.51	109.01	73.21	38.75
上证综合指数	开盘	2 825.33	2 212.00	2 289.51	2 112.13	3 258.63	3 536.59	3 105.31
	最高	3 067.46	2 478.37	2 444.80	3 234.68	5 166.35	3 538.69	3 450.5
	月日	2011/4/18	2012/2/27	2013/2/18	2014/12/31	2015/6/12	2016/1/4	2017/11/14
	最低	2 134.02	1 949.46	1 849.65	1 991.25	2 927.29	2 638.30	3 016.53
	月日	2011/12/28	2012/12/4	2013/6/25	2014/1/20	2015/8/26	2016/1/27	2017/5/11
	收盘	2 199.42	2 269.13	2 115.98	3 234.68	3 539.18	3 103.64	3 307.17
深证综合指数	开盘	1 298.60	871.93	887.36	1 055.88	1 419.44	2 304.48	1 972.55
	最高	1 316.19	1 020.29	1 106.27	1 504.48	3 140.66	2 304.49	2 054.02
	月日	2011/1/6	2012/3/14	2013/10/22	2014/12/16	2015/6/12	2016/1/4	2017/3/17
	最低	828.83	724.97	815.89	1 004.93	1 428.37	1 618.12	1 753.53
	月日	2011/12/28	2012/12/4	2013/6/25	2014/4/29	2015/1/19	2016/1/27	2017/6/2
	收盘	866.65	881.17	1 057.67	1 415.19	2 308.91	1 969.11	1 899.34

数据来源：证监会、上海证券交易所、深圳证券交易所。

附表19

中国债券发行情况汇总表

单位：亿元

年份	国债			金融债券			公司信用类债券（企业债）		
	发行额	兑付额	期末余额	发行额	兑付额	期末余额	发行额	兑付额	期末余额
1998	3 808.77	2 060.86	7 765.70				147.89	105.25	676.93
1999	4 015.00	1 238.70	10 542.00				158.20	56.50	778.63
2000	4 657.00	2 179.00	13 020.00				83.00		861.63
2001	4 884.00	2 286.00	15 618.00				147.00		
2002	5 934.30	2 216.20	19 336.10				325.00		
2003	6 280.10	2 755.80	22 603.60				358.00		
2004	6 923.90	3 749.90	25 777.60				327.00		
2005	7 042.00	4 045.50	28 774.00				2 046.50	37.00	
2006	8 883.30	6 208.61	31 448.69				3 938.30	1 672.40	
2007	23 139.10	5 846.80	48 741.00				5 181.00	2 880.90	7 683.30
2008	8 558.20	7 531.40	49 767.80				8 723.40	3 277.84	13 250.62
2009	17 927.24	9 745.06	57 949.98				16 599.30	4 309.12	25 540.80
2010	19 778.30	10 043.38	67 684.90				16 094.45	5 099.23	36 318.15
2011	17 100.00	10 959.00	75 832.00	23 491.00	7 683.00	75 748.00	23 548.00	10 326.00	49 095.00
2012	16 154.00	9 464.00	82 522.00	26 202.00	8 588.00	93 362.00	37 365.00	8 750.00	77 710.00
2013	20 229.94	8 996.11	95 470.65	26 310.04	13 305.88	105 771.74	36 783.92	18 672.74	93 241.68
2014	21 747	10 365	107 275	36 552	19 345	125 489	51 516	27 388	116 214
2015	59 408	12 803	154 524	102 095	53 852	184 596	67 205	39 757	144 329
2016	91 086	19 709	225 734	52 421	28 232	173 738	82 242	61 139	175 180
2017	83 513	27 567	281 538	258 056	216 410	278 301	56 352	52 378	183 252

注：① 金融债券指由金融企业发行的债券，包括国开行金融债、政策性金融债、商业银行普通债、商业银行次级债、商业银行资本混合债、资产支持证券、证券公司债券、证券公司短期融资券、资产管理公司金融债、同业存单。

② 因统计制度调整，自2012年起，表中“企业债”替换为“公司信用类债券”，包括非金融企业债务融资工具、企业债券以及公司债、可转债、可分离债、中小企业私募债。

数据来源：中国人民银行。

附表 20

中国保险业发展概况统计表

单位：亿元，%

项　　目	2011	同比增长	2012	同比增长	2013	同比增长	2014	同比增长	2015	同比增长	2016	同比增长	2017	同比增长
保费收入	14 339.25	—	15 487.93	8.01	17 222.24	11.2	20 234.81	17.49	24 282.52	20.00	30 959.10	27.50	36 581.01	18.16
1.财产险	4 617.82	18.54	5 330.93	15.44	6 212.26	16.53	7 203.38	15.95	7 994.97	10.99	8 724.50	9.12	9 834.66	12.72
2.人身意外伤害	334.12	—	386.18	15.58	461.34	19.5	542.57	17.61	635.56	17.14	749.89	17.99	901.32	20.19
3.健康险	691.72	—	862.76	24.73	1 123.50	30.2	1 587.18	41.27	2 410.47	51.87	4 042.50	67.71	4 389.46	8.58
4.寿险	8 695.59	—	8 908.06	2.44	9 425.14	5.8	10 901.69	15.67	13 241.52	21.46	17 442.22	31.72	21 455.57	23.01
赔款、给付	3 929.37	22.78	4 716.32	20.03	6 212.90	31.73	7 216.21	16.15	8 674.14	20.20	10 512.89	21.20	11 180.79	6.35
1.财产险	2 186.93	24.54	2 816.33	28.78	3 439.14	22.11	3 788.21	10.15	4 194.17	10.72	4 726.18	12.68	5 087.45	7.64
2.人身意外伤害	81.84	14.64	96.80	18.28	109.51	13.12	128.42	17.27	151.84	18.24	183.01	20.53	223.69	22.23
3.健康险	359.67	36.23	298.17	−17.10	411.13	37.88	571.16	38.92	762.97	33.58	1 000.75	31.17	1 294.77	29.38
4.寿险	1 300.93	17.31	1 505.01	15.69	2 253.13	49.71	2 728.43	21.09	3 565.17	30.67	4 602.95	29.11	4 574.89	−0.61
营业费用	1 882.38	22.36	2 171.46	15.36	2 459.59	13.27	2 795.79	13.67	3 336.72	19.35	3 895.52	16.75	4 288.06	10.08
银行存款	17 737.17	27.51	23 446.00	32.19	22 640.98	−3.43	25 233.44	11.45	24 349.67	−3.50	24 844.21	2.03	19 274.07	−22.42
投资	37 736.67	17.43	45 096.58	19.50	54 232.43	20.26	66 997.41	23.54	87 445.81	30.52	109 066.46	24.72	129 932.14	19.13
其中：国债	4 742.40	−1.52	4 795.02	1.11	4 776.73	−0.38	5 009.88	4.88	5 831.12	16.39	7 796.24	33.70	10 167.99	30.42
证券投资基金	2 915.86	11.26	3 625.58	24.34	3 575.52	−1.38	4 714.28	31.85	8 856.50	87.87	8 554.46	−3.41	7 524.77	−12.04
资产总额	60 138.10	19.13	73 545.73	22.29	82 886.95	12.70	101 591.47	22.57	123 597.76	21.66	151 169.16	22.31	167 489.37	10.80

注：① 保费收入、赔款给付、营业费用为年度数据。
② 银行存款、投资、资产总额为年底数据。
数据来源：根据原中国保监会网站提供数据整理。

附表 21　　2013—2017年全国非寿险保费收入构成

单位：亿元，%

险种	2013	占比	2014	占比	2015	占比	2016	占比	2017	占比
车险	4 720.79	72.84	5 515.93	73.11	6 198.96	73.59	6 834.55	73.76	7 521.07	71.35
企财险	378.80	5.84	387.35	5.13	386.16	4.58	381.54	4.12	392.10	3.72
货运险	102.94	1.59	95.44	1.27	88.16	1.05	85.46	0.92	100.19	0.95
意外险	150.93	2.33	171.93	2.28	199.95	2.37	247.69	2.67	312.66	2.97
责任险	216.63	3.34	253.30	3.36	301.85	3.58	362.35	3.91	451.27	4.28
其他	911.07	14.06	1 120.45	14.85	1 248.18	14.82	1 354.60	14.62	1 764.09	16.73
合计	6 481.16	100.00	7 544.40	100.00	8 423.26	100.00	9 266.17	100.00	10 541.38	100.00

数据来源：原中国保监会。

附表22　　2013—2017年全国寿险保费收入构成

单位：亿元，%

险种	2013	占比	2014	占比	2015	占比	2016	占比	2017	占比
人寿保险	9 424.99	87.75	10 901.57	85.90	13 241.40	83.49	17 442.09	80.40	21 455.49	82.40
其中：普通保险	1 200.27	11.17	4 296.49	33.86	6 728.14	42.42	10 451.65	48.18	12 936.48	49.68
分红保险	8 132.81	75.72	6 508.75	51.29	6 413.19	40.44	6 879.77	31.71	8 403.20	32.27
投资连结保险	4.42	0.04	4.42	0.03	4.18	0.03	3.85	0.02	3.91	0.02
意外伤害保险	310.41	2.89	370.63	2.92	435.61	2.75	502.20	2.32	588.66	2.26
健康保险	1 005.52	9.36	1 418.09	11.17	2 182.13	13.76	3 748.51	17.28	3 995.40	15.34
合计	10 740.93	100.00	12 690.28	100.00	15 859.13	100.00	21 692.81	100.00	26 039.55	100.00

数据来源：原中国保监会。

附表23　**2017年全国各地区保费收入情况表**

单位：亿元

地区	原保险保费收入	财产保险	寿险	意外险	健康险
全国合计	36 581.01	9 834.66	21 455.57	901.32	4 389.46
江　苏	3 449.51	814.00	2 211.26	69.65	354.60
广　东	3 274.85	823.03	1 953.97	95.69	402.15
山　东	2 341.08	586.37	1 407.46	43.43	303.82
河　南	2 020.07	443.59	1 297.95	37.99	240.54
北　京	1 973.15	404.38	1 208.36	58.57	301.83
四　川	1 939.39	496.36	1 161.62	46.57	234.84
浙　江	1 844.36	621.83	951.94	52.18	218.41
河　北	1 714.45	487.36	1 023.41	30.55	173.13
上　海	1 587.10	428.61	881.80	63.60	213.09
湖　北	1 346.77	308.53	830.07	35.45	172.72
湖　南	1 110.18	314.19	634.29	27.46	134.25
安　徽	1 107.16	366.28	607.53	20.59	112.75
深　圳	1 029.75	282.31	579.17	42.64	125.63
辽　宁	945.70	238.01	577.79	15.39	114.50
黑龙江	931.41	169.54	639.25	15.08	107.55
陕　西	868.69	214.21	542.27	17.24	94.97
福　建	831.75	227.81	448.60	23.59	131.74
山　西	823.92	194.10	536.07	13.91	79.84
重　庆	744.75	183.87	436.60	20.10	104.19
江　西	727.56	213.74	415.58	14.63	83.61
吉　林	641.63	155.33	411.41	9.30	65.60
云　南	613.28	255.14	260.55	20.58	77.01
内蒙古	569.91	179.83	305.96	11.43	72.69
广　西	565.10	195.98	283.55	19.48	66.09
天　津	565.01	141.57	352.28	10.23	60.93
新　疆	523.77	169.91	259.80	16.21	77.85
青　岛	396.72	107.78	226.05	8.01	54.87
贵　州	387.73	179.26	156.60	14.22	37.65
甘　肃	366.38	112.31	200.65	10.66	42.76
大　连	329.73	78.94	212.50	5.90	32.39
宁　波	302.95	138.93	137.09	7.01	19.92
厦　门	200.33	73.56	96.66	6.71	23.40
宁　夏	165.21	56.04	81.24	4.40	23.53
海　南	164.83	57.14	87.18	4.06	16.45
青　海	80.18	33.34	34.34	2.22	10.29
西　藏	28.01	16.85	4.64	3.31	3.21
集团、总公司本级	68.62	64.61	0.08	3.28	0.65

注：集团、总公司本级是指集团、总公司开展的业务，不计入任何地区。

资料来源：原中国保监会。

附表24

支付系统业务量统计表

单位：万笔，亿元

项目/年度	2013		2014		2015		2016		2017	
	笔数	金额	笔数	金额	笔数	金额	笔数	金额	笔数	金额
大额支付系统	59 548.66	20 607 617.10	71 256.49	23 468 933.87	78 883.86	29 520 565.22	82 566.97	36 162 984.12	93 208.70	37 318 633.92
小额支付系统	104 027.48	203 154.11	143 580.15	220 751.23	183 526.95	249 402.68	234 830.13	309 131.24	252 753.84	331 445.29
网上支付跨行清算系统	71 784.34	94 684.65	163 914.52	177 893.21	296 555.07	277 563.81	445 314.80	374 610.10	846 427.92	617 200.49
同城票据清算系统	41 871.79	682 892.87	38 381.54	632 193.30	39 515.72	1 243 363.80	37 246.57	1 308 049.55	35 902.76	1 308 500.57
境内外币支付系统	139.44	44 294.86	191.13	52 809.80	207.88	57 002.02	198.58	54 732.23	201.66	67 456.07
人民币跨境支付系统	—	—	—	—	8.67	4 808.98	63.61	43 617.74	125.90	145 539.58
银行业金融机构行内支付系统	1 075 915.50	7 452 224.44	1 431 813.80	8 962 797.55	1 970 775.51	11 940 122.11	2 583 027.85	12 154 693.66	3 231 336.24	13 336 885.70
银行卡跨行交易清算系统	1 513 946.08	322 972.28	1 867 366.07	411 097.10	2 066 757.44	492 752.74	2 376 180.09	670 694.00	2 934 772.13	938 491.66

数据来源：中国人民银行。

责任编辑：董　飞
责任校对：孙　蕊
责任印制：程　颖

图书在版编目（CIP）数据

中国金融稳定报告（Zhongguo Jinrong Wending Baogao）. 2018/中国人民银行金融稳定分析小组编. —北京：中国金融出版社，2018.11
ISBN 978-7-5049-9768-5

Ⅰ.①中…　Ⅱ.①中…　Ⅲ.①金融市场—研究报告—中国—2018　Ⅳ.①F832.5

中国版本图书馆CIP数据核字（2018）第226612号

出版发行　中国金融出版社
社址　北京市丰台区益泽路2号
市场开发部　（010）63266347，63805472，63439533（传真）
网上书店　http：//www.chinafph.com
（010）63286832，63365686（传真）
读者服务部　（010）66070833，62568380
邮编　100071
经销　新华书店
印刷　北京市松源印刷有限公司
尺寸　210毫米×285毫米
印张　12.75
字数　227千
版次　2018年11月第1版
印次　2018年11月第1次印刷
定价　228.00元
ISBN 978-7-5049-9768-5